Gün Tank/Biplab Basu/Eberhard Schultz/Klaus Kohlmeyer (Hrsg.)
Das Problem heißt institutioneller Rassismus
Vielfalt statt Ausgrenzung

Gün Tank/Biplab Basu/Eberhard Schultz/Klaus Kohlmeyer (Hrsg.)

Das Problem heißt institutioneller Rassismus

Vielfalt statt Ausgrenzung

VSA: Verlag Hamburg

www.vsa-verlag.de

Umschlagabbildung: Demonstration am Internationalen Tag der Menschenrechte (10.12.2011) in Berlin (Foto: Florian Schuh, dpa/picture alliance)
Druck und Buchbindearbeiten: CPI books GmbH, Leck
ISBN 978-3-96488-086-4

Inhalt

Vorwort der Herausgeber*innen

Rassismus und Diskriminierung in Deutschland sind Themen, die in den letzten Jahren vermehrt öffentlich diskutiert werden. Zu dieser begrüßenswerten Entwicklung beigetragen haben die Rezeption des tragischen Mordes an Georg Floyd (2020) und die Wirksamkeit der Black Lives Matter Bewegung *auch* in Deutschland. In letzter Zeit jedoch wird die deutsche Öffentlichkeit insbesondere durch die brisanten Enthüllungen erschüttert, die im Zusammenhang mit rassistischen Anschlägen wie denen von Halle oder auf Politiker*innen u.a. in Berlin Neukölln stehen, ebenso durch *vermehrt aufgedeckte* Neonazigruppen in der Bundeswehr und bei verschiedenen Sicherheitskräften. Auch der rasante Anstieg rassistischer Hassrede sowie Aktivitäten rechtsextremer Parteien und Organisationen in den sozialen Medien und auf politischer Ebene sind alarmierend, und ein ernsthaftes Zeichen für rassistisches Gedankengut und rassistische Strukturen in staatlichen Institutionen. Dennoch wird Kritik an diesen Vorfällen im öffentlichen Diskurs besonders staatlicherseits meist darauf reduziert, dass es »leider« immer noch Einzelfälle etwa in der Polizei und der Bundeswehr gebe, die man entschlossen bekämpfen müsse.

Bis heute trifft man auf Widerstand, wenn diese Vorfälle als Erscheinungen des institutionellen und strukturellen Rassismus diskutiert werden. Immerhin haben unterschiedliche Bundesministerien (BMSFSJ und BMI) inzwischen mehrere Förderprogramme für die Erforschung und zivilgesellschaftliche Bekämpfung von Rassismus ins Leben gerufen.

Die Bundesrepublik Deutschland hat das Internationale Übereinkommen zur Beseitigung jeder Form von rassistischer Diskriminierung (ICERD) am 16. Mai 1969 ratifiziert. Das Übereinkommen trat am 15. Juni 1969 in Kraft (Bundesgesetzblatt, BGBl 1969 II, S. 961). Dennoch scheitert die Bundesregierung im Rahmen der periodischen Staatenberichte bedauerlicherweise daran, zentrale Aspekte des alltäglichen und institutionellen Rassismus, die mindestens seit dem NSU-Komplex in der Öffentlichkeit und Wissenschaft verhandelt werden, *zu dokumentieren, zu bewerten und Gegenmaßnahmen zu entwickeln – wie es ihre Aufgabe wäre.*

Dieses Buch hat zum Ziel, insbesondere institutionelle Formen des Rassismus in der Bundesrepublik Deutschland zu thematisieren und mit teilweise bisher unveröffentlichten oder unterbeleuchteten Fällen zu illustrieren.

Wesentlich ist dabei, dass die Betroffenen selbst zu Wort kommen, *auch* durch Darstellung eigener Erfahrungen. In diesem Sinne ist die Publikation als Anstoß zu einer längst überfälligen Debatte um die Zukunft einer rassismusfreien Gesellschaft zu verstehen. Um die Verwirklichung dieser Vision zu gewährleisten, ist es notwendig, dass die Bundesrepublik Deutschland die Vorgaben des Internationalen Übereinkommens zur Beseitigung jeder Form der rassischen Diskriminierung umgehend und umfassend umsetzt und dabei vor allem die Kritikpunkte aus dem letzten Staatenbericht gebührend berücksichtigt.

Entscheidend ist, dass alle öffentlichen Einrichtungen und Behörden in Deutschland das ICERD zur Grundlage machen, um die in Art. 1 Abs. 1 Grundgesetz verbürgte Unantastbarkeit der Menschenwürde *und das in Art. 3 Grundgesetz verbürgte Gleichheitsgebot* im Hinblick auf das Diskriminierungsverbot aufgrund der Rasse zu gewährleisten, das im Lichte des ICERD auszulegen ist.

Deniz Utlu

Der rassistische Nudelsalat: Hürden des Sprechens über Rassismus

Es ist eine wichtige Frage, ob bei einer deutschen Betriebsfeier noch Nudelsalat gegessen werden darf oder Linsenköfte serviert werden muss!

Scherz.

Kaum eine Frage, die bedeutungsloser ist. Und doch war genau dies das große Thema, als es in einem Sozialunternehmen darum ging, wie die Vision der Vielfalt praktisch gelebt werden könne – auch ich war eingeladen. Wir saßen am großen Besprechungstisch vor einer Fensterfront in Berlin-Mitte und dachten darüber nach, was ein Berlin der Vielen ausmachen könnte – und wie sich dies im Unternehmen widerspiegeln müsste. Für eine der Mitarbeiterinnen, eine Sozialpädagogin, war der Nudelsalat ein Kriterium der Zugehörigkeit. Nur dann wüchse man zu einem Team, zu einer Organisation, letztlich zu einer Gesellschaft zusammen, wenn die sogenannten Menschen mit Migrationshintergrund – bei dieser Bezeichnung schaute sie kurz zu mir, da ich eben vorgetragen hatte, dass ich den Begriff irreführend fand – bei einer Betriebsfeier endlich keine Sehnsucht mehr nach Linsen, Börek oder Ähnlichem hätten, sondern nach Nudelsalat.

Ich konnte mich damals, es war das Jahr 2012, nicht entscheiden, ob ich wegen dieses Konflikts traurig oder belustigt sein sollte. Ihr lag es ja am Herzen, eine Lösung zu finden. Aber ihre drei Mitarbeitenden, zwei türkeistämmige und eine maghrebinische Deutsche, saßen bedrückt mit verschränkten Armen da. Während ich bei dem Thema des gesellschaftlichen Zusammenhalts eher an rassistische Polizeigewalt dachte oder an institutionelle Hürden für Menschen mit Migrationszuschreibung, war hier Nudelsalat wichtig. Marie Antoinette kam mir in den Sinn: Wenn sie keinen Nudelsalat haben, sollen sie doch Kuchen essen.

Während dieser Sitzung schlug ich vor, dass wir nicht nur – und vielleicht am wenigsten – über kulturelle Differenz reden sollten, wenn es um Zugehörigkeit geht, sondern vielmehr über die Differenz der Erfahrungen von Menschen mit Migrationszuschreibung, Schwarzen Menschen und anderen People of Colour, etwa beim Zugang zu Ressourcen, zum Beispiel auf dem Wohnungsmarkt. Jedoch kamen wir mit meinem Vorschlag nicht weit.

Als mir 2020 beim Literaturfestival »*Textland*« in Frankfurt am Main die Frage gestellt wurde, weshalb es uns in Deutschland so schwerfalle, über Rassismus zu reden, notierte ich drei spontane Antworten, genau genommen drei

Hürden, die es erschweren, über Rassismus zu sprechen: die Identitätshürde, die Schuldhürde und die Verzichtshürde. Wenn ich jetzt allerdings an das Nudelsalatgespräch vor vielen Jahren denke, muss ich eine vierte Hürde hinzufügen: die Imaginationshürde.

Die Liste der Hürden mag endlos sein, ganz sicher ist sie länger. Aber hier sind vier mögliche Antworten auf die Frage, weshalb es uns so schwerfällt, über Rassismus zu sprechen. Diese Hürden sind gleichsam Barrieren beim Nachdenken über eine solidarische Gesellschaft, in der Menschen mit unterschiedlichen Erfahrungen ein Zugehörigkeitsgefühl entwickeln können.

Die Identitätshürde

Es ist nicht lange her, da war das Bewusstsein für die Existenz von Rassismus in Deutschland nicht weit verbreitet. Das Wort war kaum salonfähig, vielleicht ist es das immer noch nicht ganz.

Rassismus sei vor allem ein Problem andernorts auf der Welt, weniger aber hier. Zum Beispiel hätten die USA ein Rassismusproblem, in Deutschland würde es das nicht (mehr) geben.

Die Diagnose, dass es Rassismus in Deutschland durchaus gibt, löst eine Identitätskrise aus. Denn das gegenwärtige nationale Selbst definiert sich über die Überwindung des Faschismus und die Achtung universeller Werte. Damit gehören Antisemitismus und Rassismus per Definition nicht zum nationalen Selbstverständnis, während im Umkehrschluss Antirassismus gerne als Teil der kollektiven Identität verstanden wird. Wer auf Rassismus verweist, greift damit automatisch die deutsche Identität an.

Es spricht natürlich nichts dagegen, Antirassismus zum Bestandteil eben jener Identität zu machen. Aber immer verstanden als ein Bekenntnis zu universellen Werten, wie etwa, dass jeder Mensch das Recht hat, in Würde und frei von Diskriminierung zu leben. Und nie im Sinne einer nationalen Vereinnahmung dieser universellen Werte, die sie dadurch anderen Gemeinschaften abspricht und so – wenn dies mit Macht verbunden ist – noch in der Behauptung antirassistisch zu sein, Rassismus praktiziert. Ein Beispiel hierfür ist der behördliche Umgang mit rassistischer Gewalt: Bei den NSU-Morden ermittelte die Polizei nicht in der rechtsextremen Szene, sondern im migrantischen Milieu, da solche Morde – so steht es in einer Fallanalyse der Hamburger Polizei – dem Werteverständnis von Deutschen widersprechen würden und deshalb von »Ausländern« oder »Migranten« begangen worden sein müssen.

Die Schuldhürde

Rassismus ist eine Struktur. In den Köpfen. Oder auch in den Institutionen.

Eine Struktur, die einige Menschen aufgrund willkürlicher, aber nicht beliebiger Merkmale systematisch zugunsten anderer benachteiligt. Beide Seiten sind in dieselbe Struktur verwickelt und reproduzieren sie immer wieder. Die einen profitieren davon, die anderen zahlen. Dabei ist es nicht ausschlaggebend, ob die, die bevorteilt werden, dies auch wollen. Sie können Verantwortung übernehmen, indem sie sich diese Strukturen bewusst machen, sie anfechten, bei ihrem Abbau helfen und versuchen – wo es möglich ist – auf ihre Vorteile zu verzichten.

Diese Vorteile sind zwar oft rechtmäßig, aber dennoch ungerecht. Sie sind rechtmäßig, weil Rassismus auch in die Rechtsordnung hineinreicht und in Institutionen reproduziert wird – das ist es, was institutioneller oder struktureller Rassismus genannt wird.

Rassismus ist eine Struktur in allen Bereichen der Gesellschaft, einschließlich der Rechtsordnung: in der Gesetzgebung (Wer formuliert die Gesetze und stimmt über sie ab?), der Rechtsprechung (Wer fällt die Urteile?) sowie der Durchsetzung (Stichwort: rassistische Polizeigewalt). Analoges gilt für andere Bereiche, in denen Menschen Diskriminierung erfahren: Wer sind die Lehrenden an einer Schule? Wer die Entscheidungstragenden im Schulamt? etc. In all diesen Bereichen gibt es wenige Menschen mit Migrationszuschreibung in Machtpositionen, die Entscheidungsspielräume haben. Allerdings ist dies nicht allein eine Frage der Repräsentation, denn selbst wenn sie an solche Positionen kommen, ist es für sie schwer – manchmal gar unmöglich – gegen diskriminierende Strukturen anzukommen: Eine einzige Person of Colour kann wenig an einem etablierten Bewerbungsverfahren verändern, dessen Testfragen und Auswahlkriterien so konzipiert sind, dass beispielsweise Menschen mit bildungsbürgerlichem Habitus bevorzugt eingestellt werden. Es ist auch möglich, dass migrantischen Personen aufgrund des Anreizsystems in der Institution die Strukturen der Dominanzkultur reproduzieren.

Um diese Struktur zu ändern, müssten sich Personen in Machtpositionen ihrer eigenen Rolle bewusst werden. Sie müssten sich fragen, ob ihr Verhalten oder ihre Entscheidungen dazu beigetragen haben, dass andere Menschen aufgrund ihres Namens, ihres Aussehens oder sonstiger willkürlich gesetzter äußerer Merkmale benachteiligt wurden. Das ist – gerade in Deutschland – schwierig, weil dieses Eingeständnis schnell einem Schuldbekenntnis gleichkommt, gegen das zunächst alle möglichen Abwehrmechanismen in Anschlag gebracht werden: »Ich bin nicht schuldig. Ich kann doch nichts dafür! Ich meine es doch nur gut! Es ist doch nicht meine Schuld, dass ich weiß bin und reiche Eltern mit weitreichenden Netzwerken habe!« Besser wäre es, eben nicht von Schuld, sondern von Verantwortung zu sprechen.

Niemand kann etwas für die Strukturen (z.B. Weißsein), in die er oder sie hineingeboren wurde. Aber jede und jeder hat die Möglichkeit, sich diese bewusst zu machen und zu überlegen, was sie oder er tun kann, um sie zu verändern. Es ist eine Frage der Selbstbestimmung. Und eben eine Frage der Verantwortung, in sich hineinzuhorchen, wo man selbst rassistischen Denkmustern erliegt. Das fällt aber schwer – unter anderem aufgrund der Angst, Schuld auf sich zu laden. Niemand will schuldig sein und sühnen müssen. Buße hilft auch niemandem, der von der rassistischen Struktur benachteiligt wird.

Die Verzichtshürde

Rassismus bedeutet auch einen Transfer von Ressourcen, Geld und Zeit von den einen zu den anderen.

Wenn eine weiße Person einen Monat weniger nach einer neuen Mietwohnung suchen muss als eine Schwarze Person oder eine Asiatische Deutsche, dann hat sie statistisch gesehen von einer rassistischen Struktur profitiert. Man könnte sagen, es hat eine Transaktion stattgefunden, von der kein Finanzamt und auch keine andere Behörde etwas mitbekommen hat: Die Wohnungssuchende of Colour hat der weißen Person unfreiwillig einen Monat ihrer Lebenszeit abgetreten, letztere hat dadurch einen Monat Lebenszeit geschenkt bekommen.

Wenn dies offengelegt wird, indem wir ehrlich über Rassismus sprechen, folgt daraus ein Anspruch. Wenn man es zu Ende denkt, letztlich ein Zahlungsanspruch von Menschen, die Rassismus erfahren, gegenüber denjenigen, die von rassistischen Strukturen profitieren. Es ist hier leider die Sache selbst, die es sehr schwierig macht, darüber zu reden: Selbst die gutmütigste weiße Person, die unbedingt Verantwortung übernehmen möchte, hätte wahrscheinlich Schwierigkeiten damit, wenn eine Schwarze Person an der Tür der neu bezogenen Wohnung klingelt und sagt: »Du kannst die Wohnung ruhig behalten, aber ich möchte eine Woche deiner Lebenszeit.« Es handelt sich hier zunächst nur um ein Gedankenspiel, mit dem Ziel, eine unsichtbare Transaktion sichtbar zu machen. Damit ist nicht gemeint, dass eine bestimmte, auf dem Wohnungsmarkt rassistisch diskriminierte Person von einer beliebigen, auf dem Wohnungsmarkt privilegierten Person Reparationszahlungen einfordert. Hier ist nicht der Ort, um über einen juristischen Mechanismus nachzudenken, der Betroffenen Zugang zu Abhilfe gewährt. Es sei aber angemerkt, dass Deutschland internationale Abkommen zum Schutz von Menschenrechten und vor Diskriminierung ratifiziert hat. Somit hat der Staat eine Schutzpflicht, Diskriminierung zu verhindern und im Zweifel Wiedergutmachung zu leisten.

Rassismus dient der Herstellung und Aufrechterhaltung sozialer Hierarchien, einschließlich wirtschaftlicher Ausbeutungsverhältnisse und der ungleichen Verteilung ökonomischer Ressourcen. Der Abbau von Rassismus in Form einer Gleichstellung der bislang benachteiligten Personen bedeutet – wenn er denn ernst gemeint ist – einen Verzicht auf Privilegien für diejenigen, die bislang von Ungleichheit profitiert haben.

Das ist so ähnlich, wie beim Gender-Pay-Gap: Es ist naiv zu glauben, dass die Löhne von Frauen bzw. als Frau Gelesenen einfach erhöht werden können, ohne dass die Männer bzw. als Mann Gelesenen sich verändern. Realistischer ist, dass Männer* auf einen Teil ihres Lohnes verzichten müssen. Aber das tut weh und jeder hat Argumente, weshalb er den zusätzlichen Euro braucht. Das macht es aber schwierig, die Ungleichbehandlung überhaupt beim Namen zu nennen. Dieses Problem nenne ich Verzichtshürde. Diese müssen wir überwinden, um über Rassismus reden zu können.

Die Imaginationshürde

Für viele Menschen ist es schwer, sich vorzustellen, dass Mitmenschen im selben Land, Viertel, Betrieb oder auf derselben Schule ganz unterschiedliche Lebensrealitäten haben. Dass zwar Bausubstanz und Architektur des Klassenzimmers identisch sein mögen, aber die in diesem Raum erlebten Wirklichkeiten unterschiedlich sind. Mehr als unterschiedlich: einander widersprechen, sich gegenseitig ausschließen.

Wie ist es zu ertragen, wenn eine Lehrerin, die einen immer gelobt hat, bei einem Mitschüler bei gleicher Leistung nur die Fehler gesehen hat? Die selektive Wahrnehmung von Fehlern entlang rassistischer Vorannahmen kann über die Jahre das Selbstwertgefühl von Schüler*innen sequenziell – das heißt, nicht durch eine große Diskriminierung, sondern durch unzählige, kleine alltägliche Abwertungen – nachhaltig zerstören. Die meisten, die in der Schule von Rassismus betroffen waren und sich später im Beruf behaupten konnten, mussten dieses Selbstwertgefühl mit viel Mühe wieder aufbauen. Oder andere Strategien entwickeln, etwa lernen, stets – wie selbstverständlich – die eigenen Grenzen zu übergehen, um dazuzugehören, um weiterzukommen. Umgekehrt wirkt diese Geschichte auch auf die (immerzu) gelobten Schüler*innen zurück: Sie irritiert die friedliche Erinnerung an eine glückliche Schulzeit. In einem System der relativen Erfolge, in dem die Leistungen der Schüler*innen miteinander verglichen werden, entwertet die Anerkennung der Rassismuserfahrung von Mitschüler*innen ein Stück weit auch das erhaltene Lob. Womöglich ist es deshalb so schwer, die Realität der anderen gelten zu lassen, sie überhaupt zu sehen. Technologische Entwicklungen, die die wahrgenommene Welt (zumindest die virtuelle) immer mehr auf unsere Präferenzen zuschneiden, trainieren uns ebenfalls systematisch ab, zu ertragen, dass sich unsere Wirklichkeiten unterscheiden.

Dass die Sozialpädagogin in jenem Betrieb, über dessen Vielfaltskonzept ich mit den Mitarbeitenden nachgedacht hatte, Nudelsalat als Kriterium der Zugehörigkeit formulierte, lag nicht daran, dass sie nicht interessiert oder nicht wohlgesonnen war. Sie konnte sich schlichtweg nicht vorstellen, dass Menschen zur selben Zeit im selben Land, letztlich im selben Raum wie sie, die Wirklichkeit so unterschiedlich erfahren konnten.

Im Übrigen war sie sehr engagiert: Sie setzte sich in der Bildungspolitik Berlins erfolgreich für migrantische Kinder ein und trug dazu bei, dass ihr Anteil in den Ausbildungsberufen im öffentlichen Dienst erhöht wurde – diese Ambivalenz gehört zur Realität in Deutschland.

Gün Tank/Koray Yılmaz-Günay

Die Rede über »Migration« als Hindernis für ein Gespräch über Rassismus

Wo nicht von vornherein Ignoranz oder allmähliche Abstumpfung zu verzeichnen sind, gibt es immer noch ein gewisses Erstaunen über die mobilisierende Kraft autoritärer Politikentwürfe. Parteien wie die *»Alternative für Deutschland«* und »Volks«-Bewegungen wie die *»Patriotischen Europäer gegen die Islamisierung des Abendlandes« (Pegida)* schwemmen vermeintliche Konzepte zur Lösung aller möglichen Probleme in den Mainstream. Massendemonstrationen – die vorerst unverdächtiger wirken – gegen »Genderwahn«, »Verschwulung«, »Frühsexualisierung« oder Schwangerschaftsabbrüche werden ebenso vom Mainstream aufgesaugt. Nach wie vor scheint es eine Überforderung zu geben, was die Analyse und die Interpretation dieser Phänomene angeht, wo sie nicht unzweifelhaft als »rechtsextrem« identifiziert werden.

Im Amalgam des Rechtspopulismus kommt den Themen Flucht und Asyl schon auf den ersten Blick eine zentrale Bedeutung zu: Die vermeintliche »Flüchtlingskrise« – und ihr Synonym, »das Jahr 2015« – dienen als Erklärung für die Wahlerfolge der AfD und die Massenmobilisierungen in verschiedenen Orten. Allerdings zeigen die Bundestagswahlen von 2017 und 2021, aber auch die Landtags-, die Europaparlaments- und die Kommunalwahlen seitdem, dass

a) diese Analyse des Erfolgs viel zu kurz greift und

b) der Sog, den der autoritäre Rechtspopulismus erzeugt hat, zu einem Handlungsdruck bei den anderen Parteien geführt hat, der zu nicht minder autoritären Politiken führt.

Die »Krise«, die durch flüchtende Menschen »ausgelöst« worden sein soll, wird innerhalb derselben Logik durch möglichst repressive Maßnahmen im Bereich Asyl- und Migrationspolitik überwunden. An den Wahlerfolgen rechtspopulistischer Parteien und an populistischen Diskursen insgesamt haben faktisch ausbleibende tatsächliche Krisen nichts verändert. Viele der beschlossenen Maßnahmen sind nicht nur aktionistische Schnellschüsse, sie stehen auch unmittelbar im Widerspruch zu Maßnahmen, die der allseits beklagten Landflucht, dem demografischen Wandel sowie dem Mangel an Fachkräften entgegenwirken würden.[1] Rassistische Diskurse und Politiken finden parallel und zugleich im Widerspruch zur faktischen Notwendigkeit statt, ein pragmatisches

[1] Zu den konkreten Auswirkungen beispielsweise des »Migrationspakets«, das aus der Änderung von sieben Gesetzen besteht und in einem Eilverfahren verabschiedet wurde, vgl. Informationsverbund Asyl & Migration (Hrsg.): Asylmagazin, Heft 8–9/2019. Beilage »Das Migrationspaket«.

Gespräch über Einwanderung zu führen. Nicht zuletzt verdeutlichen rassistische Anschläge wie in Halle am 9. Oktober 2019 und in Hanau am 19. Februar 2020, dass Diskurse über »Migration« reale, bisweilen tödliche Folgen für Jüd*innen, Rom*nja und Sinti*zze, Schwarze Menschen und andere Menschen of Color haben, unabhängig davon, ob sie eingewandert sind oder nicht. Staatliches Handeln in Form von Gesetzen und von institutionellen Praktiken wirkt hier – gelinde gesagt – widersprüchlich: Einerseits ist das Bekenntnis zu »Demokratie, Toleranz, Menschenrechten« unbestreitbar eine Grundlage der Berufung von Beauftragten, der Ausschreibung von Förderprogrammen und dem Begehen symbolischer Tage. Andererseits halten sich aber hartnäckig Praktiken wie das Racial Profiling, die Ethnisierung und die »Versicherheitlichung« sozialer Probleme, die regelmäßig zu repressiven Maßnahmen, Debatten zum besonderen Wert der deutschen Staatsangehörigkeit oder zu Defiziten bei der »Integration« führen, von der auch nach Jahrzehnten der Debatte niemand weiß, was sie eigentlich sein oder wann sie erreicht worden sein soll.

Steht die autoritäre Migrationspolitik auf dem Boden des Grundgesetzes?

Der Entzug bzw. die Einschränkung von Rechten sind alltägliche Realität, wie zuletzt in der Diskussion über und dann in der Einrichtung von AnkER-Zentren deutlich wurde. Elementare Menschenrechte werden in den Lagern mit der niedlich wirkenden Abkürzung im Namen noch stärker außer Kraft gesetzt als vorher. Schutzsuchende sollen aus diesen »Zentren für Ankunft, Entscheidung und Rückführung« gar nicht mehr auf Landkreise verteilt werden, sondern das gesamte Asylverfahren in der Isolation durchlaufen und ggf. auch direkt von dort abgeschoben werden. In vielerlei Hinsicht ist dies eine Zuspitzung der »Residenzpflicht«, die seit 1982 (in Westdeutschland) den physischen Aufenthalt mit einer räumlichen Beschränkung belegt, und damit die Bewegungsfreiheit elementar einschränkt. Bayern und Sachsen weigern sich nach wie vor, diese EU-weit einmalige Begrenzung wenigstens auf das gesamte Bundesland auszuweiten.[2]

Die ständige staatliche und halb-staatliche Kontrolle, unabhängig davon, wie die Lager genannt werden, verhindert sowohl eine angemessene medizinische,

---

[2] Vgl. zu den Bayerischen Vorbildern dieser Einrichtungen und zu einer menschenrechtlichen Einschätzung Schießl, Sascha: Ankerzentren: Normalfall Lager? Die Institutionalisierung der Abgrenzung. In: ProAsyl (Hrsg.): Heft zum Tag des Flüchtlings 2018. Online: www.proasyl.de/wp-content/uploads/2018/05/PRO_ASYL_Broschuere_TDF18_online_Mai18.pdf.

psychologisch und rechtsanwaltliche Versorgung als auch – über Monate und Jahre – die gesellschaftliche Teilhabe. Insbesondere weil der besondere Schutzbedarf[3] gar nicht oder nur ausgesprochen unzureichend erhoben und festgestellt wird, ist die isolierte und isolierende Unterbringung immer auch ein Instrument, die Inanspruchnahme eines wirksamen Rechtsschutzes zu verhindern.

Dabei zeigen all die Erfahrungen der letzten Jahr(zehnt)e, dass eine schlechte Behandlung und systematisches Ausgrenzen von Hunderttausenden niemals zu dem erwünschten Ergebnis führen. Die Bevormundung durch die Ausgabe von Sachleistungen anstelle von Bargeld, die Kriminalisierung und generelle Ausweitung von Haftgründen oder ein abgesenktes Existenzminimum führen ganz offenbar weder zu mehr »Sicherheit« noch zu mehr »freiwilligen« Ausreisen, sondern nur zu einer andauernden Erfahrung von Entrechtung, die ein Ankommen in der hiesigen Gesellschaft verzögern, und bisweilen sicher auch verunmöglichen. Damit werden menschenrechtliche Standards infrage gestellt, Grund- und Freiheitsrechte als verhandelbar präsentiert und gesellschaftliche Fehler der 1950er- bis 2000er-Jahre wissentlich und fahrlässig wiederholt.

Die fortwährende Erweiterung der Liste »sicherer« Herkunftsstaaten, die Einführung schwammiger Kategorien wie »gute/schlechte Bleibeperspektive« und die Ankündigung von immer mehr Abschiebungen auch in Kriegs- und Krisengebiete wird – zumindest diskursiv, weil sie real häufig genug gar nicht durchgesetzt werden können – so oft wiederholt, dass selbst zwischenstaatliche Verpflichtungen wie die Rettung aus Seenot zwischenzeitlich in Verruf geraten, und zwar bis weit in die Mitte der Gesellschaft hinein.[4] Dabei ist allen Beteiligten klar, dass kein Staat für alle Menschen, die in ihm leben, pauschal als »sicher« gelten kann – und dass ein Parlamentsbeschluss im Deutschen Bundestag für die realen Lebensbedingungen einzelner Menschen in einem »sicheren« Herkunftsstaat keinerlei Konsequenzen zum Besseren hat. Die auf den ersten Blick erkennbare systematische Diskriminierung von Rom*nja beispielsweise in Balkanstaaten, die Diskriminierung von queeren Menschen in den meisten Ländern der Welt oder die Gewalt (bis hin zum Mord), mit der sie konfrontiert sind, aber auch die systematische Schlechterbehandlung einzel-

---

[3] Vgl. Richtlinie 2013/33/EU des Europäischen Parlaments und des Rates vom 26. Juni 2013 zur Festlegung von Normen für die Aufnahme von Personen, die internationalen Schutz beantragen, insbesondere § 21. Online: eur-lex.europa.eu/LexUriServ/LexUriServ.do?uri=OJ:L:2013:180:0096:0116:DE:PDF.

[4] Sinnbildlich für die diskursive Rahmung autoritärer »Lösungen«, die im »demokratischen« Lager angekommen sind, steht das »Pro und Contra« der Wochenzeitung Die Zeit unter dem Titel Oder soll man es lassen? Private Helfer retten Flüchtlinge und Migranten im Mittelmeer aus Seenot. Ist das legitim? Online: www.zeit.de/2018/29/seenotrettung-fluechtlinge-privat-mittelmeer-pro-contra.

ner religiöser Gruppierungen, die es nur ausnahmsweise in die hiesigen Medien schaffen, verdeutlichen ein ums andere Mal, warum das *individuelle* Recht auf Asyl aus gutem Grund im Grundgesetz verbrieft ist. Die kollektive Abfertigung von Asylsuchenden, weil sie aus einem Land kommen, dessen Bevölkerungsmehrheit keine gravierenden Menschenrechtsverletzungen befürchten muss, widerspricht dem Geist und dem Text der Verfassung. Die *individuelle* Prüfung eines jeden Asylantrags – ohne Ansehen der »Bleibeperspektive« (und ob diese »schlecht« oder »gut« ist) – ist kein Privileg, dass der Staat Einzelnen geben oder nehmen kann. Sie ist ein Recht, das nicht ausgehebelt werden darf.

Die Vorgeschichte: Migrations-Abwehr als Leidkultur

Die Traditionslinien der autoritären Migrationsabwehr reichen wesentlich weiter zurück als die relativ junge »Erfolgsgeschichte« des Rechtspopulismus. Emanzipatorische Gegenstrategien werden sich an den Herausforderungen dieser hartnäckigen Traditionslinien bewähren müssen. Denn das Problem sind nicht die Flüchtenden, die ein besseres Leben für sich und ihre Angehörigen suchen. Das Problem heißt Rassismus – und der sucht sich immer neue »Schuldige«.

Bevor der Rechtspopulismus parteiförmig organisiert war – ob nun als *Pro Deutschland*, als *Alternative für Deutschland* oder eine ihrer (bisher erfolglosen) Abspaltungen – und sich völkisch-national präsentierte, hatte der Boulevard-Journalismus im Nachgang der »Finanzkrise« den »faulen Südländern« in Italien, Spanien, Portugal und vor allem Griechenland attestiert, »über ihre Verhältnisse« zu leben. Parallel dazu human-genetisierte Thilo Sarrazin, dass die »muslimische« Einwanderung anders als die »jüdische« nicht zu mehr Intelligenz und Produktivität geführt habe (vgl. Posener 2010). Davor waren es die Kriegsflüchtlinge aus dem ehemaligen Jugoslawien sowie Menschen aus ehemaligen europäischen Kolonien, die wegen der anhaltenden Konsequenzen jahrzehnte- und jahrhundertelanger Ausbeutung, Gewalt und zahlreicher Genozide aus ihren Ländern flüchteten. Es waren die Rom*nja, die Diskriminierung und Gewalt auf dem Balkan entkommen wollten, und Menschen, die im Rahmen der Vertragsarbeit in die DDR gekommen oder als Kinder ehemaliger »Gastarbeiter*innen« in der BRD geboren waren.

Beide Republiken, sowohl die Bundes- als auch die Deutsche Demokratische, verfolgten von Beginn an eine autoritäre Migrationspolitik. Im Grunde genommen ging es nie um die Menschen, das Individuum, sondern um die wirtschaftlichen Interessen des jeweiligen Staates. So waren die Einwanderungsvoraussetzungen von Anfang an selektiv und geprägt von autoritären Regeln, die nicht die Menschen, sondern die Interessen der Wirtschaft und des Gewerbes in den Mittelpunkt stellten. Viele Anwerbeländer, mit denen Verträge zur »Gast-« bzw. »Vertragsarbeit« abgeschlossen wurden, waren autoritäre politische Systeme. Die DDR warb zunächst nur für die Aus- und Weiterbildung Arbeitskräfte an. Da aber auch im realen Sozialismus Arbeitskräfte fehlten, wurden für die schlecht bezahlten und/oder gefährlichen Tätigkeiten Arbeitskräfte aus den sogenannten Bruderstaaten angeworben. Die Aufenthaltsdauer war auf zwei, später fünf Jahre begrenzt, und Familienangehörige durften nicht mitgebracht werden. Die Angeworbenen lebten in abgeschotteten Baracken oder Wohnblöcken, und konnten nur mit einer Genehmigung Kontakt zu Deutschen aufnehmen. Schwangerschaft war nicht vorgesehen und stellte einen Grund zur Ausweisung dar.

Auch die Bundesrepublik warb nicht nur um männliche Arbeitskräfte, Frauen durften ins Land, wenn ihre Urinprobe keine Schwangerschaft erkennen ließ. Das Aufheben des Rotationsprinzips und das Verlängern der Aufenthaltsdauer erfolgten weniger aus humanitären Gründen, vielmehr sprach sich die Wirtschaft dafür aus. Und auch im Westen lebten die Arbeitsmigrant*innen in Baracken, in menschenunwürdigen Verhältnissen. Proteste gegen die Arbeits- und Lebensbedingungen, sogenannte Wilde Streiks, wurden in der Bundesrepublik oft sehr schnell zerschlagen. Menschen wurden ausgewiesen und/oder verloren ihren Arbeitsplatz. Nur einige wenige beispielhafte Arbeitskämpfe endeten für alle Arbeitnehmer*innen erfolgreich, dann, wenn Gewerkschaften politisch verantwortlich handelten (vgl. Tank 2021).

Von Bundeskanzler Helmut Schmidt wird im Zusammenhang mit einem Engpass im »Gastgewerbe« der Satz zitiert: »Mir kommt kein Türke mehr über die Grenze.« (Grunenberg 1982) Die Rückkehrförderung unter seinem Nachfolger Helmut Kohl, aber auch die Asylrechtsverschärfungen in den 1990er-Jahren wurden nicht von »Extremen« oder im Rahmen eines »Rechtspopulismus« vorbereitet und durchgeführt, auch wenn sie Zeichen in entsprechende Spektren sendeten. Christian Lochte etwa, seinerzeit Chef des Verfassungsschutzes in Hamburg, wies 1986 auf den Zusammenhang zwischen der regierungsseitigen Stigmatisierung und der eskalierenden Gewalt »auf der Straße« hin: »Wenn die Asylanten-Diskussion weiter zugespitzt werde, warnte der Christdemokrat bei einem Vortragsabend der Gesellschaft für Wehrkunde, könnten neue Anschläge auf Ausländer die Folge sein. Mysteriöse Brandstiftungen in türkischen Läden, Skinhead-Überfälle auf Ausländer, Leuchtkugel-Attentate auf Flüchtlingslager – solche Vorfälle signalisieren Verfassungsschützern seit Monaten schon ein Aufflackern rechtsradikaler Aktivitäten. Die in Westdeutschland lebenden Gastarbeiter, fürchtet auch die Bonner Ausländerbeauftragte Liselotte Funcke, könnten ›in den Sog einer neu belebten Fremdenfeindlichkeit geraten.‹ […] ›Werden im Ermittlungsverfahren Folterpraktiken angewendet, weil man etwa infolge unterentwickelter Kriminaltechnik in besonderem Maße auf Geständnisse angewiesen ist‹, konstruieren dann die Bundesverwaltungsrichter unter Umständen, ›so tragen derartige Übergriffe nicht aus sich heraus politischen Charakter‹«. (DER SPIEGEL 1986)

Oft wird vergessen, dass nicht nur die Einengung des Begriffs der »politischen Verfolgung«, sondern auch die Einführung der Lagerunterbringung für Asylsuchende oder die Einführung der Visumspflicht für Menschen aus den Hauptherkunftsländern schon vor dem »Asylkompromiss« 1993, der durch die Einführung eines Artikels 16a im Grundgesetz zur De-facto-Abschaffung des Grundrechts auf Asyl führte, Realität in (West-)Deutschland waren (vgl. z.B. Pieper 2011). Bis zum Zuwanderungsgesetz (2005) war nicht einmal auf der symbolischen Ebene klar, dass die Bundesrepublik ein Einwanderungsland ist.

Migrationsabwehr in den deutschen Republiken

Die Bundesrepublik war von Beginn an ein Einwanderungsland. Neben der Einwanderung von »Reichs-« und »Volksdeutschen«, die als »Vertriebene« oder Aussiedler*innen aus den Ländern Ost- und Südosteuropas kamen, fand bis zum Mauerbau eine erhebliche Einwanderung aus der DDR statt, danach – im Rahmen der sogenannten Gastarbeit – von Menschen aus vielen verschiedenen Ländern. Während die »Deutschen«, auch wenn sie nie eine deutsche Staatsangehörigkeit besessen hatten, als organischer Teil der Gesellschaft betrachtet wurden, war dies für »Ausländer*innen« nicht vorgesehen. Die weit ins 19. Jahrhundert reichende Vorstellung, es gebe »Deutsche« qua Abstammung, auch wenn sie nie Deutsche gewesen waren, wurde in der Weimarer Republik wegen der Gebietsverluste nach dem Ersten Weltkrieg und in der BRD auch nach dem Zweiten Weltkrieg aufrechterhalten, auch nach Gründung der DDR, obwohl zumindest letztere ein anderes, eigenes Deutschsein vorsah und gestattete, ähnlich wie vorher schon Österreich. Die Zugehörigkeit zum nationalen Kollektiv blieb damit – bis zur Novelle des Staatsangehörigkeitsrechts im Jahr 2000 – vor allem eine Frage der blutsmäßigen Zugehörigkeit zu einer Gemeinschaft von Deutschen. Kinder und Kindeskinder von »Gastarbeiter*innen« gehörten demnach nicht dazu, auch wenn sie in der Bundesrepublik geboren waren, und nie woanders gelebt hatten oder leben würden.

Die faktische Abschaffung des grundgesetzlichen Rechts auf Asyl 1993 resultierte aus einer heftigen Welle neonazistischer Gewalt gegen Menschen und Einrichtungen, die auf den Beitritt der fünf neuen Bundesländer zur Bundesrepublik folgte. Der Staat wusste darauf nicht besser zu antworten als mit Restriktionen, die die (potenziellen) Opfer dieser Gewalt am stärksten trafen.

Alternativlos schien die Beschäftigung mit der Täter*innen-Perspektive, die vor allem als ostdeutsche dargestellt wurde.[5] Wer aber weiß heute vom Verbleib der vielen Opfer? Sind sie noch in der Bundesrepublik? Wurde ihnen medizinisch/therapeutisch geholfen? Oder wurden die Rom*nja und die ehemaligen vietnamesischen Vertragsarbeiter*innen aus dem »Sonnenblumenhaus«[6] abgeschoben? Solche Fragen spielten und spielen bis heute kaum eine Rolle. Das Grundrecht auf Asyl wurde daraufhin zur Makulatur – und diejenigen, die aufgrund internationaler Abkommen Schutz suchten, fielen fortan in die Zuständigkeit des Asylbewerberleistungsgesetzes. Bis dahin hatte das Bundessozialhilfegesetz gegolten, das Regelsätze, Unterkunft und Krankenhilfe regelte. Es sah fortan nicht nur ein abgesenktes Existenzminimum vor, sondern beispielsweise auch medizinische Versorgung nur dann, wenn das Problem von nicht-sachkundigen Mitarbeiter*innen von Sozialämtern als akut eingeschätzt wurde. Was bei den Geflüchteten »erprobt« wurde, traf nur wenige Jahre später als Bestandteil der Hartz-Reformen wesentlich größere Teile der Bevölkerung – etwa mit Begriffen wie »Arbeitsgelegenheiten«, »Aufwandsentschädigung«, »Zumutbarkeit« oder mit der Pflicht zur Arbeit, dem Kürzen bzw. Streichen von Leistungen bei Arbeitsverweigerung, dem Fehlen von Kranken- und Rentenversicherung oder Rechtsschutz.

Dieser Umbau des Sozialstaates, der in den letzten Jahrzehnten vor allem ein Abbau war, und auch beim Umbau der Sicherheitsarchitektur, der vor allem ein Ausbau war, sind Migration und mit Migration assoziierte Themen[7] ein wichtiger Pfeiler, der ansonsten schwer zu vermittelnden staatlichen Eingriffe in die Grund- und Freiheitsrechte und etwa die neuen Polizeiaufgabengesetze in vielen Bundesländern bis in weite Teile der Gesellschaft legitim erscheinen lässt. Auch das Beispiel »Sicherheit« zeigt deutlich, wie Maßnahmen erst gesellschaftlich marginalisierte Gruppen in ihren Rechten beschneiden, und dann die Freiheitsrechte für alle eingrenzen.

Sowohl die »Bonner«, als auch die »Berliner« Republik haben Migration immer als eine Art Nutzfaktor gesehen, als temporär notwendige zusätz-

---

[5] Dabei fand nur drei Tage nach dem »Kompromiss« der rassistische Anschlag in Solingen statt, bei dem fünf Menschen ihr Leben verloren, und der viele andere ein weiteres Mal traumatisierte. Dieser Anschlag muss zweifelsfrei als »Siegesfeier« westdeutscher Neonazis verstanden werden, die das Wechselspiel zwischen ihrer Gewalt und dem Handeln der Regierung verstanden hatten.

[6] Im sogenannten Sonnenblumenhaus in Rostock-Lichtenhagen fanden im August 1992 die massivsten rassistisch und fremdenfeindlich motivierten Angriffe in Deutschland nach Ende des Zweiten Weltkrieges statt.

[7] »Terror«, »Islamismus«, türkischer/kurdischer/russischer Nationalismus, Erosion gemeinsamer Werte etc.

liche Arbeitskraft, aber auch als Sicherheitsrisiko. Teilhabe einfordernde Arbeitsmigrant*innen wurden entlassen und ausgewiesen. In den 1960er- und 1970er-Jahren galten die »Wilden Streiks« als Sicherheitsrisiko. In den 1980er- und 1990erJahren waren es die Geflüchteten, die die sozialen Sicherungssysteme gefährdeten – und spätesten mit dem Terroranschlag in den USA (»9/11«) ist es der »islamische« Terror, vor dem »uns« Vater Staat schützen möchte. Kindern und Kindeskindern vergangener Einwanderungsgenerationen, die sich zum Teil nicht mehr aufgrund der Staatsangehörigkeit als »Gäste« oder »Fremde« aussortieren lassen, wird heute, wenn sie aufbegehren, »PC-Terror«[8] unterstellt. Die Ursachen des autoritären Sogs liegen im Gestern und in der hartnäckigen Weigerung, Einwanderung als Realität und als Normalität zu akzeptieren.

Wie »wir« und »die anderen« gemacht werden

Wie die deutschen Sinti*zze und Rom*nja, Jüd*innen und Schwarze Deutsche gehören heute die Kinder und Kindeskinder der ersten Generation diskursiv nicht zu diesem Kollektiv. Begriffe wie »mit Migrationshintergrund« im Mikrozensus, »nicht-deutscher Herkunftssprache« im Bildungssystem oder die Möglichkeit der Aberkennung der Staatsangehörigkeit, wie sie im »Migrationspaket« gestärkt wurde, aber auch die x. Debatte über »Integration« wie im Nachgang der Silvesternacht 2022/2023 erklären Migration zum Sonderfall bzw. zum zeitlich befristeten Phänomen, von dem neben ökonomischem Nutzen auch Gefahr ausgeht. Die Auslagerung der einen zum Sonderfall führt auf der anderen Seite dazu, dass die »anderen« homogenisiert und ihre »Identität« naturalisiert wird. »Deutschsein« wird zu einer natürlichen, eindeutigen Eigenschaft und Beschaffenheit erklärt und nur wenn diese erfüllt ist, »gehört man dazu«. Wer heute den Erwartungen des »Deutschsein« entspricht, kann morgen wieder zum Nicht-Deutschen werden und »nicht mehr dazu gehören«.

Es ist kein Zufall, dass die Debatten um Leitkultur, Kopftuchträgerinnen und Parallelgesellschaften zur Gründung eines »Heimat«-Ministeriums führen. Es ist kaum ein Zufall, dass nach dem Auffliegen des NSU-Komplexes nicht weniger, sondern mehr Kompetenzen und Ressourcen für Inlandsgeheimdienste gestattet wurden, dass amtlich jede Rede über den »Rechtsextremismus« er-

[8] »Politische Korrektheit«. Damit wird diskriminierungssensible Sprache beschrieben. Das beinhaltet etwa das Recht, sich selbst zu benennen und entsprechend benannt zu werden. Geschlechtersensible Sprache gehört beispielsweise dazu. Gegner*innen behaupten, es gebe einen »Terror der politischen Korrektheit«, der Denkvorschriften beinhalte.

gänzt wird um den Hinweis auf »Islamismus«. Die fehlende Aufarbeitung des deutschen Kolonialismus und das aktive Vermeiden einer Auseinandersetzung mit Rassismus führen dazu, dass alltägliche, institutionelle und strukturelle Dimensionen von rassistischer Diskriminierung und Gewalt nicht sichtbar werden – bzw. dass sie außerhalb der Communitys, die Rassismus alltäglich erleben, nicht gehört werden. Kurz, wer nicht als »deutsch« wahrgenommen wird, muss hart dafür kämpfen, dass die eigene Geschichte nicht verschwiegen wird, die eigene Stimme gehört und eigene Interessen anerkannt werden.

Die »Sorgen« und »Ängste« der »besorgten Bürger*innen« hingegen werden zentriert und damit das hierarchische Verhältnis zwischen Norm und Abweichung ein ums andere Mal wiederhergestellt. Die Trennung von Religionsgemeinschaften und Staat wird, wie die Akzeptanz sexueller und geschlechtlicher Vielfalt, problematische Geschlechterverhältnisse, mangelnde Sensibilität fürs Tierwohl oder ein sorgloser Umgang mit der Umwelt »den Migranten« als Defizit zur Last gelegt. Darüber wird rassistische Stigmatisierung bestätigt – und die Weißwaschung von »uns« immer von Neuem vollzogen. Der Umstand, dass es in der Bundesrepublik eine massive Verzahnung von Römisch-Katholischer Kirche bzw. der Evangelischen Landeskirchen mit dem Staat gibt (vgl. Polke-Majewski 2013), dass queere Menschen im Alltag – auch seitens des Staates – zum Teil massiven Diskriminierungen ausgesetzt sind (vgl. Wörz 2019), all das lässt sich bequem ausblenden, je mehr diese sozialen Probleme an die (migrantischen/muslimischen/osteuropäischen/...) »Anderen« ausgelagert werden, um dann – auch mit staatlichen Mitteln – behoben zu werden: mit präventiven Angeboten, vor allem aber Interventionen, etwa durch Ermittlungsbehörden oder Gerichte.

Der diskursiven Ausbürgerung als erhaltenswertem Dauerzustand bedienen sich dabei ausgerechnet auch rechtspopulistische Spektren anhand der Themen Antisemitismus, Sexismus sowie Trans- und Homofeindlichkeit. Dort, wo es der ethnisch-kulturellen Gemeinschaftsideologie dient, öffnen sich – zumindest oberflächlich – Gelegenheitsfenster für (binär gedachte) Frauen, Jüd*innen und »traditionelle« Schwulen und Lesben, von denen ein Teil das Angebot tatsächlich auch wahrnimmt und fürderhin autoritär-repressive Maßnahmen des Staates zur Disziplinierung der vermeintlich Zurückgebliebenen zu befürworten und mit dem Segen der ehemals progressiven sozialen Bewegung zu legitimieren (vgl. Yılmaz-Günay 2014). Dabei ist der hierarchischen Einteilung der Gesellschaft grundsätzlich mit Skepsis zu begegnen.

Eine neue Staatsraison?

Anfang April 2016 empfing der damalige französische Präsident François Hollande die BILD-Zeitung zu einem Interview. Er gab ihr einen Satz mit auf den Weg, der seitdem unzählbar oft und erstaunlich wortgleich wiederholt wird: »2016 darf sich nicht wiederholen, was 2015 geschehen ist« (vgl. Diekmann/Koch 2016). Als kollektive Beschwörungsformel wird seitdem verkündet, »2015« dürfe sich »nicht wiederholen«. Der Satz ist zum Wesenskern deutscher Politik geworden. Nach einem Tweet von Horst Seehofer, damals Bayerischer Ministerpräsident, stellte auch Angela Merkel als Parteivorsitzende der CDU auf dem Bundesparteitag Ende 2016 in Essen ein weiteres Mal fest: »Eine Situation wie die des Spätsommers *2015* kann, *darf* und soll sich *nicht wiederholen*« (Der Spiegel 2016). Seitdem äußerten sich in hunderten nur leicht veränderten Variationen Bundes- und Landesregierungsmitglieder, Fraktionsvorsitzende der Regierungs-, aber auch von Oppositionsparteien, Vereine und Verbände und alle, die sich *expressis verbis* um die Zukunft des Landes sorgen, mit demselben Satz: »2015 darf sich nicht wiederholen.«

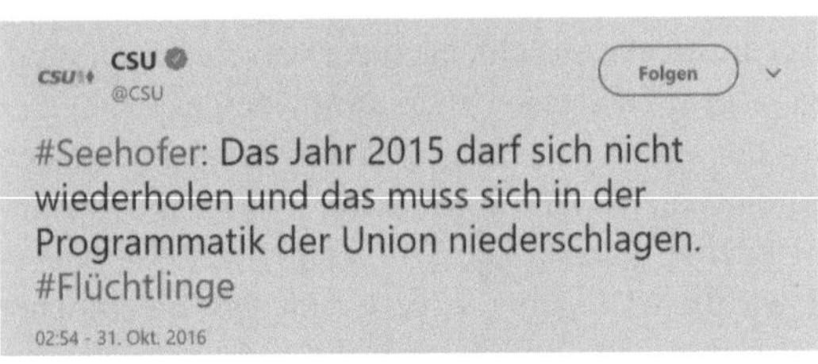

»2015« ist zum Dreh- und Angelpunkt deutscher Politik geworden. An der Frage, wie man es mit dem vermeintlichen Staatsversagen in diesem Jahr hält, entscheidet sich, auf welcher Seite einer Bruchlinie man sich wiederfindet, die vereinfacht gesagt nur noch zwischen Universalismus (die Mobilen, die heute hier und morgen dort wohnen, arbeiten, leben können und für die Verankerung neuer Kollektivrechte in nationalen Verfassungen stehen) und Partikularismus (die bornierten Fans von Sicherheiten, die nur der Nationalstaat anbieten kann) unterscheiden will.

Die Perspektiven von »Betroffenen« stärken

Im Kontext der Bewegungen von Schwarzen Frauen, Frauen of Color, behinderten Frauen, Migrantinnen und Jüdinnen sind in der Bundesrepublik Einwände gegen die weiß-christlich-deutsche Frauenbewegung entwickelt worden, die deren Repräsentationspolitik infrage stellten, später auch im Kontext von queeren Bewegungen. Davon lässt sich bis heute lernen. Spätestens seit den 1980er-Jahren ist klar: Es ist entscheidend, wer in wessen Namen spricht (vgl. etwa

Hügel 1993). Seitdem sich die Stimmen marginalisierter Gruppen nicht mehr vollkommen verleugnen lassen, werden die Grundfesten der Gesellschaftsordnung – wenigstens in Bezug auf Geschlechter-Verhältnisse und *Race Relations* – herausgefordert wie nie zuvor. Deswegen wundert es nicht, dass jeder kleine Fortschritt, der errungen wird, mit einer massiven populistischen Kampagne beantwortet wird. Der aggressive Antikommunismus vergangener Jahrzehnte hat sich in eine aggressive Anti-*Political-Correctness*-Welle verwandelt, die Emanzipation durch Regression beantwortet wissen will (vgl. Shohat/Stam 2012). Diejenigen, die die Norm verkörpern, an der sich alles messen soll – vor allem auch, wer »dazu gehört« (und wer nicht) – wissen allzu gut, dass *alle* »betroffen« sind von der diskriminierenden Einteilung der Gesellschaft: die einen zu ihrem Nachteil, die anderen zu ihrem kurz- und/oder langfristigen Vorteil. Deswegen wird jedes Aufbegehren gegen reale Ungleichbehandlung bei formaler Gleichberechtigung mit massivem Zum-Schweigen-Bringen marginalisierter Stimmen beantwortet: »Das war nicht so gemeint« oder »Sei nicht so empfindlich«, heißt es dann im individuellen Gespräch. Oder es entsteht gar nicht erst ein Gespräch, weil beispielsweise das Verwenden rassistischer Sprache nicht als illegitim gilt[9] oder die allzu politische Betätigung zur Aberkennung der Gemeinnützigkeit führt, mit der nicht nur Umweltorganisationen, sondern auch antifaschistische und antirassistische Organisationen konfrontiert sind.

Vertreter*innen von jüdischen, muslimischen, migrantischen, Schwarzen Menschen, Menschen aus der Sinti*zze und Rom*nja-Community sowie akademische Vertreter*innen insbesondere des intersektionalen Feminismus und der *Critical Race Theory* (zu »Intersektionalität« und »Critical Race Theory« vgl. de Coster/Wolter/Yılmaz-Günay 2014) kritisieren seit Jahrzehnten, dass die Grenzen des Sagbaren und Machbaren immer weiter verschoben werden, insbesondere seit der sogenannten Walser-Bubis-Debatte (vgl. Brenner 2013), aber auch angesichts des kommerziellen Erfolgs der Bücher von Thilo Sarrazin. Allein »Deutschland schafft sich ab« wurde in einer großen Tageszeitung und einer großen Wochenzeitschrift vorabgedruckt – und der Autor war danach zu Gast in fast jeder Fernsehsendung und wurde als »Integrationsexperte« herumgereicht. Das Problem des Rechtspopulismus, der die anderen Parteien und Spektren vor sich hertreibt, ist nicht erst mit den rasch wachsenden Erfolgen von PEGIDA oder denen der AfD entstanden.

---

[9] Vgl. etwa das Landesverfassungsgerichtsurteil Mecklenburg-Vorpommerns bezüglich der Verwendung des N-Wortes in einer Landtagsdebatte. Das Gericht hatte Ende 2019 geurteilt, dass ein Ordnungsruf gegen den Vorsitzenden der AfD-Fraktion nicht verfassungskonform gewesen sei, weil das beanstandete Wort nicht geeignet sei, Würde und Ordnung des Parlaments zu verletzen.

Autoritäre Politik-Konzepte werden – mit Hinweis auf die Sicherheit, die Finanzierbarkeit des Sozialstaats, den inneren Frieden im Land – seit Jahrzehnten propagiert. Was Migrant*innen, ob nun geflüchtete oder zum Arbeiten angeworbene, zuerst ereilt, verbreitert seinen Wirkungsgrad und wird dann zu einem »gesellschaftlichen« Problem. Das darf uns aber nicht darüber hinwegtäuschen, dass das Problem nicht erst dort beginnt, wo die weiß-deutsch-christliche Bevölkerung anfängt, sich Sorgen zu machen, weil die »Demokratie« gefährdet ist.

Es wäre hilfreich, die Perspektiven der unmittelbar und zuerst »Betroffenen« frühzeitig ernst zu nehmen und gemeinsam mit ihnen Strategien zu entwickeln, die sich nicht auf die Abwehr einer politischen Partei oder einer mehr oder minder großen Bewegung konzentrieren. Was uns als ganzer Gesellschaft gelingen muss, ist eine Vision zu entwickeln, die *positiv* formuliert, wofür wir alle miteinander stehen wollen – für gleichberechtigten Zugang zu allen gesellschaftlichen Orten und Gütern, für Pluralität und für Inklusion im weitesten Sinn.

Dabei ist es sicher wichtig herauszufinden, warum manche Menschen dazu neigen, rechtspopulistische Antworten auf soziale Fragen zu finden, das darf aber den Fokus nicht von denen nehmen, deren Stimme maßgeblich sein muss für die Frage, was zu tun sei: die Stimme der Marginalisierten. Ihre Erfahrungen – unsere Erfahrungen – sind, weil sie zu unserem Alltag gehören, keine bedauerlichen Einzelfälle oder Fälle, die nur einem politischen Spektrum zugeschrieben werden können. Das ist gar nicht möglich, weil sie sich immer einreihen in eine Reihe von Vorerfahrungen in der Kita, in der Schule, bei der Ausbildung, auf dem Arbeits- und Wohnungsmarkt, im Freizeitbereich, am WG-Tisch, im Sportstudio oder in der Disco – oder den Fernsehnachrichten, wo von *Racial Profiling*, einem antimuslimischen Mord im Gerichtssaal, einem geplanten Massaker in einer Synagoge oder von Abschiebungen gesprochen wird, die erleichtert werden sollen. Selbst dort, wo solche Nachrichten als das benannt werden, was sie sind – nämlich rassistisch oder antisemitisch –, werden sie als *Einzelfälle* erzählt, die sie eben für viele Menschen *nicht* sind und auch nicht sein können. Nicht zuletzt deswegen ist es wichtig, sowohl auf internationaler als auch auf nationaler, regionaler und lokaler Ebene strukturelle und institutionelle Machtgefälle und Ausschlüsse endlich zu erörtern und zu beseitigen. Dabei sind die Stimmen der Betroffenen konsequent zu stärken (Empowerment) bzw. ihre vorhandene Stärke als Expertise gelten zu lassen. Nur auf diese Weise können auch bisher allzuoft getrennt geführte Kämpfe zusammengeführt werden und in tragfähigen breiten Allianzen resultieren, in denen Ressourcen geteilt werden, in denen es keinen Paternalismus seitens wohlmeinender »Unterstützungsinitiativen« gegenüber »Betroffenen« gibt und in denen die Verschachtelung von Herrschaftsverhältnissen nicht nur »mitgedacht«, sondern zur Ressource für Solidarität und Zusammenarbeit wird (wie etwa bei den großen Welcome United- und Unteilbar-Demonstrationen 2018 und 2019, aber auch in den regionalen und lokalen Bündnissen, die in der Folge entstanden sind).

Zur Stärkung marginalisierter Perspektiven gehört sicher aber auch eine gesamtgesellschaftliche Revision des Begriffs der »politischen Verfolgung«, wie er seit dem Kalten Krieg die Debatten um das Recht auf Asyl prägt. Zum Zeitpunkt, als dieser Begriff im heutigen Sinn entstanden ist, lag die Shoa gerade ein paar Jahre zurück. Je mehr Menschen aus Deutschland – und später dem deutschen Machtbereich – hatten flüchten wollen, desto größer wurde die Ablehnung einer Aufnahme in anderen Ländern. Ein internationales Abkommen auf Gegenseitigkeit, wonach, leicht verkürzt, jeder Mensch Anspruch auf eine individuelle Prüfung eines Asylantrags hat, ist zum einen vor diesem Hintergrund zu sehen. Zum anderen aber begann bald nach dem Zweiten Weltkrieg der Kalte Krieg, was zu der Erwartung führte, Menschen, die die Sowjetunion oder ihren Einflussbereich verlassen wollten, sollten in den »Westen« gehen können. Beide Entstehungszusammenhänge hatten also vor allem eine Relevanz für Europa sowie Nordamerika.

Ein sehr großer Teil der Welt war zu dem Zeitpunkt, als die Genfer Flüchtlingskonvention verhandelt wurde, kolonisiert. Es gab für die Länder im Globalen Norden keinen Anlass, mögliche Fluchtgründe aus *diesen* Gebieten im Verhandlungsergebnis zu berücksichtigen (zu den kolonialen Grundlagen des internationalen Flüchtlingsrechts vgl. Ünsal & Yılmaz-Günay 2022). So diente der Begriff »politische Verfolgung« lange Zeit sowohl als Grund für die Gewährung von Asyl als auch als Grund für die Versagung von Asyl. Dass die Jahrzehnte und Jahrhunderte andauernde Ausbeutung von ganzen Kontinenten, der schonungslose Raubbau an Menschen und natürlichen Ressourcen etwas eminent Politisches ist, muss hier nicht ausgeführt werden. Und dennoch *meint* der Begriff bis heute etwas anderes: dass eine Regierung Staatsangehörige ihres Landes aus politischen Gründen verfolgt. Hunger, Klimawandel, Bürgerkriege, Armut und viele andere ganz reale und politische Gründe, ein Land zu verlassen, werden nicht nur in Deutschland fast vollkommen ignoriert. Wer nicht staatlich verfolgt wird, soll entweder gar nicht erst einreisen – oder möglichst schnell abgeschoben werden.

Die Debatten über Migration und die Grundlagen und Maßnahmen staatlicher Migrationspolitik in Deutschland bestätigen beständige rassistische Strukturen und sedimentiert-rassistisches Behördenhandeln bis heute. In einem Land, das weder seine Kolonialgeschichte aufgearbeitet, geschweige denn: kompensiert hat und dessen Auseinandersetzung mit seiner nationalsozialistischen Epoche vor allem mit seiner symbolischen Läuterung abgeschlossen sein soll, muss das gesellschaftliche Gespräch über rassistische Diskriminierung und Gewalt regelmäßig scheitern und zu Ersatzkommunikationen wie über »Integration«

führen. Das ist weder mit den einschlägigen internationalen Übereinkommen vereinbar, die die Bundesrepublik unterzeichnet hat, noch wird sie einer immer diverser werdenden Bevölkerung gerecht. Die Abschaffung rassistischer Sondergesetze, die Unterbindung von rassistischem Behördenhandeln, die angemessene Repräsentation aller Bevölkerungsgruppen in staatlichen und nichtstaatlichen Institutionen – also die faktische Gleichbehandlung aller – müssen Maximen allen Handelns sein.

Solange hegemoniale Vorstellungen von Deutschsein, der Ausschluss vom Wahlrecht, Einbürgerungsverhinderung und die allzu liberale Vorstellung eines Marktplatzes der guten Ideen propagieren, wird es dafür unerlässlich sein, die kollektive Willensbildung und -artikulation von marginalisierten Bevölkerungsgruppen in dekolonialen und rassismuskritischen Initiativen, in Migrant*innen-Organisationen und Organisationen von Schwarzen und Menschen of Color, in nicht-christlichen religiösen Gemeinden usw. zu stärken und denjenigen, die Ausschlüsse erleben, die Meinungsführerschaft in Fragen der Überwindung dieser Ausschlüsse zu geben.

Literatur

Brenner, Michael (12.11.2013): *1998*: Die Walser-Bubis-Kontroverse. In: Jüdische Allgemeine. Online: www.juedische-allgemeine.de/politik/1998-die-walser-bubis-kontroverse.

Das Europäische Parlament und der Rat der Europäischen Union (26.6.2013): Richtlinie 2013/33. Online: eur-lex.europa.eu/LexUriServ/LexUriServ.do?uri=OJ:L:2013:180:0096:0116:DE:PDF.

de Coster, Claudia/Wolter, Salih/Yılmaz-Günay, Koray (2014): Intersektionalität in der Bildungsarbeit. In: Kalmring, Stefan und Hawel, Marcus: Bildung mit links! Gesellschaftskritik und emanzipierte Lernprozesse im flexibilisierten Kapitalismus. Online: www.vsa-verlag.de/uploads/media/www.vsa-verlag.de-Hawel-Kalmring-Bildung-mit-links.pdf.

DER SPIEGEL (25.8.1986): Der Druck muß sich erst noch erhöhen. Online: www.spiegel.de/spiegel/print/d-13520281.html.

DER SPIEGEL (6.12.2016): »Eine Situation wie im Sommer darf sich nicht wiederholen«. Online: www.spiegel.de/politik/deutschland/angela-merkel-bei-cdu-parteitag-fluechtlingskrise-darf-sich-nicht-wiederholen-a-1124599.html.

Die Zeit (11.7.2018): Oder soll man es lassen? Private Helfer retten Flüchtlinge und Migranten im Mittelmeer aus Seenot. Ist das legitim? Online: www.zeit.de/2018/29/seenotrettung-fluechtlinge-privat-mittelmeer-pro-contra.

Diekmann, Kai/Koch, Tanit (5.4.2016): »Die EU entscheidet zu langsam!«, BILD-Zeitung. Online: www.bild.de/politik/ausland/francois-hollande/die-eu-entscheidet-zu-langsam-45226676.bild.html.

Grunenberg, Nina (5.2.1982): Die Politiker müssen Farbe bekennen. Die Zeit. Online: www.zeit.de/1982/06/die-politiker-muessen-farbe-bekennen.

Hügel, Ika u.a. (Hrsg.) (1993): Entfernte Verbindungen. Rassismus, Antisemitismus, Klassenunterdrückung. Berlin.

Informationsverbund Asyl & Migration (Hrsg.): Asylmagazin, Heft 8–9/2019. Beilage »Das Migrationspaket«.

Pieper, Tobias (2011): Flüchtlingspolitik als Lagerpolitik. In: Kasparek, Bernd und Schodder, Mareike (Hrsg.): Dossier der Heinrich-Böll-Stiftung: Grenz- statt Menschenschutz? Asyl- und Flüchtlingspolitik in Europa, S. 49–51. Online: www.boell.de/sites/default/files/assets/boell.de/images/download_de/Dossier_Asyl-_und_Fluechtlingspolitik.pdf.

Polke-Majewski, Karsten (4.12.2013): Trennt euch! Die Zeit. Online: www.zeit.de/gesellschaft/zeitgeschehen/2013-11/kirche-katholisch-evangelisch-staat-trennung.

Posener, Alan (2.9.2010): Thilo Sarrazins Obsession mit den Juden. In: Die Welt. Online: www.welt.de/debatte/kommentare/article9333263/Thilo-Sarrazins-Obsession-mit-den-Juden.html.

Schießl, Sascha (2018): Ankerzentren: Normalfall Lager? Die Institutionalisierung der Abgrenzung. In: ProAsyl (Hrsg.): Heft zum Tag des Flüchtlings 2018. Online: www.proasyl.de/wp-content/uploads/2018/05/PRO_ASYL_Broschuere_TDF18_online_Mai18.pdf.

Shohat, Ella/Stam, Robert (2012): Race in Translation: Culture Wars Around the Postcolonial Atlantic. New York City.

Tank, Gün (2021): Die Optimistinnen. Roman unserer Mütter. Frankfurt a.M.

Ünsal, Nadiye/Yılmaz-Günay, Koray (20.6.2022): »Massenzustrom«? Der Flüchtlingsschutz muss dringend reformiert werden, Berliner Zeitung. Online: www.berliner-zeitung.de/open-source/massenzustrom-der-fluechtlingsschutz-muss-dringend-reformiert-werden-li.236942.

Wörz, Aaron (12.6.2019): Hass auf die sexuelle Orientierung: Gewalt ist für viele queere Menschen in Sachsen Alltag, Dresdner Neueste Nachrichten. Online: www.dnn.de/Region/Umland/Hass-auf-die-sexuelle-Orientierung-Gewalt-ist-fuer-viele-queere-Menschen-in-Sachsen-Alltag.

Yılmaz-Günay, Koray (Hrsg.) (2014 [2011]): Karriere eines konstruierten Gegensatzes: zehn Jahre »Muslime vs. Schwule«. Sexualpolitiken seit dem 11. September 2001. Münster.

Eberhard Schultz

Neues vom strukturellen und institutionellen Rassismus

Vorbemerkung

Anknüpfend an meine Falldokumentationen im Band »Feindbild Islam und institutioneller Rassismus – Menschenrechtsarbeit in Zeiten von Migration und Antiterrorismus« (Schultz 2018) mit den historischen und politischen Bezügen auf dem Stand von 2017, soll hier versucht werden, Kontinuität herzustellen und neuere Entwicklungen zu skizzieren. Dabei muss die zunehmende öffentliche Debatte um die Probleme des Rassismus, angestoßen durch die Black Live Matter-Bewegung, ebenso wie nahezu wöchentlich neue Enthüllungen über schier unglaubliche Vorgänge in den Sicherheitsbehörden – von Polizei bis Militär – in den Blick genommen werden. Es ist zu fragen, ob die Staatsgewalten von Deutschland ihre Aufgaben im Kampf gegen den Rassismus wahrgenommen haben. Das Parlament als die gewählte Vertretung des Volkes und gesetzgebende Gewalt, die Regierung als Exekutive und die Justiz, die nicht zuletzt den von Rassismus Betroffenen zu ihrem Recht zu verhelfen hat, und nicht zu vergessen die Massenmedien als sogenannte vierte Gewalt. Eingeflossen sind dabei nicht nur die Ratschläge und Diskussionsbeiträge von Veranstaltungen der letzten Jahre, mit Lesungen meines Buches, sondern ich will auch versuchen, den Rat einer ehemaligen Richterin an einem westdeutschen Oberlandesgericht zu beherzigen, die meinte, mein Buch sollte sich darauf konzentrieren, kompliziertere Sachverhalte allgemeinverständlich darzustellen und eben nicht in der in den Rechtswissenschaften gebräuchlichen Fachsprache zu bleiben, denn Laien können sie nicht verstehen – und sollen diese Terminologie auch nicht verstehen, wie Hermann Klenner in seinem Standard Werk »Recht, Rechtsstaat und Gerechtigkeit« (Klenner 2016) überzeugend nachgewiesen hat.

Und ich will auch nicht verhehlen, dass ich, mit meiner fundamentalistischen Kritik am antimuslimischen Rassismus als heute in Deutschland vorherrschende Form des Rassismus, auch beschreibe, wie mit dessen Hilfe wichtige Grund- und Menschenrechte geschliffen werden. Dabei habe ich auch von einer Seite Zuspruch gefunden, über den ich mich besonders gefreut habe: Eveline Hecht Galinski, die Tochter des langjährigen Vorsitzenden des Zentralrats der Juden in Deutschland, hat mir in einer Rezension geschrieben: »Dieses Buch hat mich aufgewühlt und mehr als besorgt gemacht. Was hier vom Menschenrechtsanwalt Eberhard Schultz beschrieben wird, ist die bedrückende historische Kontinuität und neue Dimensionen eines systematischen Abbaus demokratischer Rechte seit den Anschlägen am 11. September 2001 in New York. Wie Schultz den institutionellen und antimuslimischen Rassismus beschreibt, ist beklemmend und trifft genau ins Schwarze. Dieses Buch ist so wichtig, da es alles das beschreibt, was uns alle betrifft und gefährdet.«

Auch deshalb soll dieser Ansatz weiterverfolgt und anhand einiger in dem Buch entwickelter Fälle und der weiteren öffentlichen Debatte kritisch überprüft werden, was sich in den letzten fünf Jahren geändert hat. In einem werden die Leser*innen mir sicher zustimmen: Die öffentliche Debatte ist sehr viel breiter und kritischer geworden, aber es fragt sich, ob dadurch auch die Situation der vom Rassismus Betroffenen zu ihren Gunsten verändert wurde.

In der Einleitung will ich dazu einige Schlaglichter aufgreifen, bevor ich im Hauptteil versuche, den zentralen Begriff des institutionellen Rassismus zu erläutern, wie er sich in der internationalen Wissenschaft und auch anhand der maßgeblichen UN-Konvention, dem Internationalen Übereinkommen zur Beseitigung jeder Form von Rassendiskriminierung (ICERD), darstellt. Im zweiten Hauptteil soll dann je eine Handvoll alter und neuer Fälle, an denen ich als Menschenrechtsanwalt beteiligt bin, auf Schlussfolgerungen und Verallgemeinerungen hin dargestellt und untersucht werden.

Da es sich hierbei um keineswegs untypische Fallkonstellationen handelt, und die Ansprüche der von rassistischer Diskriminierung Betroffenen über mehrere Instanzen – zum Teil sogar auf internationaler Ebene – verfolgt wurden, lassen sich die daraus zu ziehenden Schlussfolgerungen durchaus verallgemeinern. Jedenfalls ist davon auszugehen, so lange nicht das Gegenteil bewiesen wurde.

Einleitung

1. Vom Tabu der Corona-Kranken mit Migrationshintergrund

Beginnen wir mit einer Episode, die nur zufällig an die breitere Öffentlichkeit geriet, und vor allem von Rassismus betroffene Menschen in Deutschland aufgewühlt hat.

Zu Recht schlugen die Wellen der Empörung hoch, als Anfang März 2021 Äußerungen des RKI-Präsidenten Lothar H. Wieler bekannt wurden, die er in einem Gespräch mit Journalist*innen der BILD gemacht hatte. Vor allem bei Menschen mit Migrationshintergrund sorgten seine Äußerungen über den hohen Anteil von Menschen mit Migrationshintergrund bei den COVID-19-Patient*innen für helle Empörung – insbesondere die in diesem Zusammenhang von BILD wiedergegebenen Begriffe »Parallelgesellschaften« sowie »Menschen mit Kommunikationsbarriere«, von der der Chef der Lungenklinik Moers gesprochen habe. Wieler hatte in dem Zusammenhang, laut BILD, von einem »Tabu« gesprochen (nach dem Beitrag des Deutschlandfunks vom 3. März 2021: »RKI stellt umstrittene Wieler-Zitate zu COVID-Patienten mit Migrationshintergrund teilweise klar«): Laut BILD soll der RKI-Chef etwa gesagt haben, auf den Intensivstationen würden 50% der COVID-Patient*innen einen Migrationshintergrund haben. Das RKI teilte mit, dieses Zitat sei so aus dem Zusammenhang gerissen. Die Zahlen bezögen sich auf Berichte von Ärzt*innen dreier Intensivstationen in drei Großstädten, somit spiegeln sie nicht die Situation in ganz Deutschland wider.

Wenn das RKI, nach zum Teil scharfer Kritik auch aus den Reihen der Bundestagsabgeordneten von Grünen und FDP, die umstrittenen Zitate »teilweise klarstellt«, bleibt doch die Frage, warum der RKI-Chef in einem vertraulichen Gespräch mit Springer-Journalist*innen überhaupt solche, nach seiner Ansicht nicht repräsentativen Berichte für erwähnenswert hält, statt deren Richtigkeit infrage zu stellen. Ganz abgesehen davon, dass er mit der Rede vom angeblichen Tabu einen Schlüsselbegriff der Rassist*innen aller Couleur aufgreift, die seit Thilo Sarrazins Angriffen gegen Kritiker*innen nicht müde werden zu behaupten, unbequeme Wahrheiten über Migrant*innen im Allgemeinen und Muslim*innen im Besonderen dürfe man in diesem Land nicht mehr sagen. Und auch in dem versuchten Klarstellungsbeitrag des Deutschlandfunks wird der eigentliche Skandal aus der Sicht der Betroffenen sowie der Sicht unserer Demokratie gar nicht angesprochen: Die Tatsache, dass derartige diskriminierende Ausgrenzungsreden von einem der maßgeblichen Gesundheitsexpert*innen nur im vertraulichen Hinterzimmergespräch stattfinden können, spricht Bände. Wie können dann erst die anderen Macher*innen gerade im hochsensiblen Gesundheitsbereich gegenüber Migrant*innen denken und handeln!?

2. Vom Messen mit zweierlei Maß im NSU-Komplex und anderen Verfahren wegen Terror-Unterstützung

Werfen wir jetzt einen kurzen Blick auf einen neueren Vorgang aus dem Bereich der Justiz im Zusammenhang mit dem NSU-Komplex, der weitere Dimensionen des Themas anreißt. Dieser Vorgang hat wohl Vielen erstmals die tiefe Verstrickung unserer Sicherheitsbehörden in rassistische Massenmorde offenbart, ist aber nach dem Ende des Strafprozesses gegen Beate Zschäpe vor dem Staatsschutz-Senat des Oberlandesgerichts München aus den Schlagzeilen verschwunden.

Im Jahr 2020 meldeten die Nachrichtenagenturen, einer der NSU-Angeklagten sei verurteilt worden, die Kosten für den NSU-Prozess anteilig mitzutragen. Gleichzeitig wurde berichtet, dass der Angeklagte, nachdem der Rest seiner dreijährigen Haftstrafe zur Bewährung ausgesetzt wurde, seit Mitte 2020 wieder auf freien Fuß war. Er hatte im NSU-Prozess vor dem Staatsschutzsenat des bayerischen Oberlandesgerichts in München gestanden, der Terrorzelle um die Hauptangeklagte Beate Zschäpe die Cessna-Pistole übergeben zu haben, mit der das NSU-Netzwerk neun Menschen ermordet hatte.

Mein spontaner Gedanke bei der ersten Lektüre: Hatte ich da etwas verschlafen? Die Meldung erinnerte mich nämlich an den Fall meines Mandanten mit arabischer Migrationsgeschichte. Dieser hatte von dem gleichen Gericht eine Haftstrafe in etwa gleicher Höhe erhalten wegen Unterstützung des IS in Syrien – allerdings war sogar das Gericht ausdrücklich davon ausgegangen, dass er den IS nur deswegen eine Zeitlang habe unterstützen müssen, um die von seiner Frau entführten minderjährigen Kinder zurückzuholen, nachdem sich deutsche Sicherheitsbehörden außerstande gesehen hatten, ihm dabei anderweitig zu helfen. Im Grunde also ein Beispiel für einen besonderen Schuldausschließungsgrund, den Jura-Student*innen im Kurs Strafrecht für Fortgeschrittene lernen: die sogenannte Unzumutbarkeit des normgemäßen Verhaltens, die eine Bestrafung sogar vollkommen ausschließen kann. Diesen Grund sah der Staatsschutzsenat des Oberlandesgerichts München jedoch nicht, sondern verhängte eine mehrjährige Freiheitsstrafe, deren Rest nach Entlassung aus der Untersuchungshaft zum Ende der Hauptverhandlung zur Bewährung ausgesetzt wurde. Das für mich Erschreckende also: Das gleiche Strafmaß wird angesetzt für a) das Besorgen einer Mordwaffe für terroristischen Massenmord, und b) für eine vorübergehende Unterstützung des IS mit der Intention, die eigenen minderjährigen Kinder aus den Fängen einer terroristischen Organisation im Ausland zurückzuholen!

Und wer jetzt vielleicht meint, so eine diskriminierende Behandlung eines Moslems mit Migrationsgeschichte sei nur im hinterwäldlerischen Bayern möglich, nicht aber im aufgeklärten Norden der Republik oder gar der weltoffenen Metropole Berlin, den kann ich beruhigen – oder besser beunruhigen: Besagter vorgetäuschter IS-Unterstützer, der nach Verbüßung seiner Haftstrafe wieder in Berlin lebt und arbeitet und mein Mandant geworden war, hatte es übernommen, einen besonders eiligen Schriftsatz von meiner Anwaltskanzlei persönlich bei der Geschäftsstelle des Berliner Verwaltungsgerichts abzugeben, was auch zunächst problemlos zur Zufriedenheit aller Beteiligten gelang. Das dicke Ende aber kam einige Tage später in Form eines Schreibens des Verwaltungsgerichts. Darin wurde ihm verboten, in Zukunft ohne Begleitung durch Sicherheitsbeamte das Verwaltungsgericht zu betreten, obwohl das ja eigentlich öffentlich ist und für jedermann frei zugänglich sein sollte. Auf meine Beschwerde hin wurde zunächst auf sein (»typisch moslemisches«) Aussehen verwiesen, und dann behauptet, aus beigezogenen Akten ergebe sich, dass er (vor vielen Jahren) Frauen diskriminiert und beleidigt habe. Erst durch meinen Hinweis zu diesen völlig unbewiesenen Behauptungen, die der Mandant von Anfang an zurückgewiesen hatte, sowie der Androhung einer Richterdienst-Beschwerde, sah sich die Präsidentin des Verwaltungsgerichts zu einem Rückzieher veranlasst. Außerdem wurde mir mitgeteilt, dass die Verfügung nicht aufrechterhalten werde, jedoch folgte weder eine Entschuldigung noch eine Kostenerstattung! Also gibt es auch keine Absolution vom Vorwurf rassistischer Diskriminierung!?

3. Die Verstrickung von führenden Massenmedien bei der Befeuerung von antimuslimischem Rassismus

Über die verhängnisvolle Rolle der Massenmedien bei der Verstärkung des antimuslimischen Rassismus ist viel gesagt und geschrieben worden. Erinnert sei an dieser Stelle nur daran, dass die rassistischen Thesen des früheren Bundesbankers, Berliner Finanzsenators und SPD-Mitglieds Dr. Thilo Sarrazin von »den Türken«, die nur nach Deutschland kämen »um hier Kopftuch-Mädchen zu produzieren«, nicht nur von der Springer-Presse millionenfach verbreitet worden sind (vgl. Schultz 2018: 28ff).

Auch wenn der Fall Sarrazin vor allem wegen der Auseinandersetzungen um seine SPD-Mitgliedschaft jahrelang hochaktuell blieb, möchte ich die Rolle der Massenmedien hier anhand eines anderen verhängnisvollen Beispiels illustrieren: dem sogenannten Bremer BAMF-Skandal. Als Rechtsanwalt hatte ich in Bremen Nord seinerzeit mit der Leiterin der dortigen, für Asylverfahren zuständigen Behörde häufig beruflich zu tun. Auch in Fällen yezidischer Kurden aus der Türkei, die ins Visier der Ermittlungsbehörden und der Medien geraten waren, weil von denen angeblich mehrere hundert völlig zu Unrecht Asyl erhalten hätten. Genau genommen geht es also bei diesem Beispiel gar nicht um das Schicksal von Muslim*innen aufgrund des antimuslimischen Rassismus, sondern um die religiöse Minderheit der Yezid*innen, die aber in Deutschland in der öffentlichen Debatte praktisch umstandslos als »Moslems aus der Türkei« behandelt wurden – also die typische Zuschreibung von Eigenschaften aufgrund der Herkunft. Insofern kann auch hier vom antimuslimischen Rassismus gesprochen werden. Der Fall ist aber auch deshalb so aufschlussreich, weil in einer regional nicht unwichtigen Tageszeitung ansatzweise und eigentlich viel zu spät Selbstkritik geübt wurde.

Deshalb zitiere ich diverse Stellen aus einem Kommentar des Weser Kurier vom 22. November 2020, der kurz zuvor berichtet hatte »BAMF-Skandal größtenteils zurückgewiesen. Bremer Landgericht zerrupft BAMF-Anklage«: »Die Staatsanwaltschaft sieht keine Chance mehr, sich vor Gericht mit dem wesentlichen Teil ihrer Anklage gegen die Beschuldigten im so genannten Bremer BAMF-Skandal durchzusetzen [...] Damit steht fest, dass die Anklage gegen die ehemalige Leiterin der Bremer Außenstelle... und zwei Rechtsanwälte, mehr oder weniger in sich zusammengefallen ist. Grundlage waren Ermittlungen, die mit einem Aufwand geführt wurden, der für Bremen ohne Beispiel ist, [...] Man steht mehr oder weniger fassungslos davor, ist bekümmert, auch ein bisschen beschämt: Zweieinhalb Jahre Berichterstattung über den sogenannten Bremer BAMF-Skandal. Schlagzeile um Schlagzeile, eine mediale Lage mit bundesweiter Ausstrahlung, die ständig neues Futter bekam [...] Anfangs hatte die Staatsanwaltschaft 1.200 Verdachtsfälle ausgerufen. So oft sollte die ehemalige Leiterin der Bremer Außenstelle gemeinsam mit Rechtsanwälten Asylbewerbern zu Unrecht Schutz gewährt haben. Nach 15 Monaten Ermittlungsarbeit, die von bis zu 1.540 Beamten geleistet wurde, blieben gerade einmal 10% der Fälle übrig. Dem Gericht war aber auch das noch zu viel, sodass der Inhalt des anstehenden Prozesses wohl nur noch wenige Ordner füllen wird. Die Staatsanwaltschaft sieht keine Chance mehr, sich vor Gericht mit dem wesentlichen Teil ihrer Anklage gegen die Beschuldigten im so genannten Bremer BAMF-Skandal durchzusetzen [...] Zunächst war von rund 1.200 Verdachtsfällen die Rede, in denen Asylbewerber zwischen Juni 2014 und 2018 ohne rechtliche Grundlage ein Schutzstatus zugesprochen worden sein soll. [...] unterdessen stehen die Ermittler jetzt selbst im Fokus. Sie sollen entlastendes Material ignoriert haben. Im Raum steht der Vorwurf der Urkundenunterdrückung, ausgelöst durch einen anonymen Hinweisgeber, der Ende Juli/Juni das Landgericht informiert hatte.« (Weser Kurier 20. November 2020)

In einer Chronologie, der über Jahre hinweg schier unglaublichen Entwicklung heißt es dann im abschließenden Abschnitt mit der Überschrift »Mai 2019«: »Das Bremer Verwaltungsgericht untersagt der Staatsanwaltschaft, sich in Art und Weise wie in der Vergangenheit über die ehemalige Leiterin der BAMF-Außenstelle zu äußern [...] hatte Strafanzeige gegen einzelne Staatsanwälte erstattet, weil sie sich durch deren Aussagen vorverurteilt sieht.« (Ebd.)

Bei meinen Ausführungen zu derartigen Fällen und ihrer exemplarischen Bedeutung auf Buchlesungen und Veranstaltungen, wurde ich wiederholt mit dem Einwand konfrontiert: Zeigt nicht zumindest diese späte Entscheidung der Bremer Justiz, wie auch die Kopftuch-Entscheidung des Bundesverfassungsgerichts, dass zumindest schlimmeren Entwicklungen ein Riegel vorgeschoben wurde?

Wer gehofft hatte, dass wenigstens von den Verfassungsgerichten in Deutschland Hilfe in der Auseinandersetzung mit rassistischer Diskriminierung kommt, sieht sich enttäuscht. Zwar hatte das Bundesverfassungsgericht vor Jahren in der sogenannten Kopftuch-Entscheidung die Behördenpraxis, Kopftücher bei Lehrerinnen an Schulen zu verbieten, zu Recht als Verstoß gegen das Grundrecht auf Gleichheit eingestuft. Aber gleichzeitig hat es ein Schlupfloch gelassen, in dem es in den Entscheidungsgründen eine Art Vorbehalt einfügte: Wenn kopftuchtragende Lehrerinnen »den Schulfrieden störten«, könnte das anders zu bewerten sein – ein Einfallstor für rassistische oder auch nur AfD-nahe Kräfte mit gerichtlicher Rückendeckung gegen Kopftücher von Lehrkräften zur Hetze gegen diese! (Vgl. Schultz 2018)

Inzwischen gibt es weitere Entscheidungen, die nichts Gutes für die Zukunft verheißen: Bekanntlich ist die Aufarbeitung des NSU-Skandals »eine einzige Geschichte gezielter staatlicher Vertuschung – von der Aktenvernichtung bis hin zur Weigerung, die Verwicklung von V-Leuten in das Tatgeschehen und seine Hintergründe zu offenbaren« (Kutscha 2021), so der Berliner Staatsrechtler Prof. Dr. Martin Kutscha. Dies gilt in gleicher Weise für die Aufklärung des Falles Amri, der einen Sattelzug in den Weihnachtsmarkt auf dem Berliner Breitscheidplatz gelenkt haben soll, was bis heute nicht gerichtsfest nachgewiesen wurde. Als der Amri-Untersuchungsausschuss des Bundestages einen Verfassungsschutzbediensteten dazu vernehmen wollte, der für die Führung der V-Personen (d.h. private Vertrauenspersonen der Täter*innen, die in Zusammenarbeit mit der Polizei das Geschehen aufklären) in der Berliner Islamistenszene verantwortlich ist, verweigerte das Bundesinnenministerium, diesen V-Personen-Führer namentlich zu benennen (ebd.: 119). Kutscha beantwortet die Frage, warum dem Bundesverfassungsgericht die Gewährleistung unbedingter Vertraulichkeit gegenüber solchen zwielichtigen Gestalten im Interesse des sogenannten Staatswohls geboten sei, so: »Verteidigt werden soll anscheinend der Nimbus des Verfassungsschutzes mit seinen fragwürdigen Überwachungspraktiken. Die Öffentlichkeit soll auch weiterhin glauben, dass diese Institution zur Bekämpfung des Terrorismus und des Extremismus unverzichtbar ist.« (Ebd.: 120f.)

4. Behördliches Versagen im Umgang mit von Rassismus betroffenen Opfern

Zum Schluss der Einleitung sei an den Fall erinnert, der als erster rassistischer Mord in Deutschland (vor der Selbstenttarnung des NSU) bekannt geworden ist – deshalb wurde der 1. Juli als Todestag der betroffenen Ägypterin Marwa El Sherbiny auf Vorschlag des Zentralrats der Muslime in Deutschland zum nationalen Gedenktag gegen Antimuslimischen Rassismus eingeführt (siehe hierzu im Folgenden mein Redebeitrag auf der offiziellen Gedenkveranstaltung vor dem Landgericht Dresden am 1.7.2021, in dem der rassistische Mord 2010 stattgefunden hatte – auch im Namen der hinterbliebenen Familie, deren Vertretung ich später übernommen hatte).

Die Familie Marwa El Sherbinys mahnt einen mehr als symbolischen »Tag gegen Antimuslimischen Rassismus« an

Die Familie aus Ägypten hat mich gebeten, aus aktuellem Anlass noch einmal zu bekräftigen, was sie schon in früheren Jahren erklärt hatte. Ich zitiere aus der Erklärung der Familie an den UN-Ausschuss zur Beseitigung rassistischer Diskriminierung von 2014:

»Wir weigern uns, uns mit der Bestrafung für die Mordtat zufrieden zu geben, während andere, die für die Tragödie mitverantwortlich sind, unberührt bleiben. Wir waren zutiefst verletzt. Wir möchten, dass dies bei keiner muslimischen Frau in Europa noch einmal vorkommt, wir möchten unsere Würde schützen, da wir uns niemals wünschen, dass jemals jemand so viel Leid erfahren würde.«

Deshalb wollen wir an dieser Stelle nicht nur an die schreckliche Tat am 1. Juli erinnern, die erste bekannt gewordene rassistische Ermordung einer Kopftuchträgerin; weshalb der 1. Juli zum Tag des Antimuslimischen Rassismus in Deutschland geworden ist.

Was sind aus der Sicht der Familie und der Betroffenen die wichtigsten Merkmale über die grauenhaften Details hinaus – das buchstäbliche Abschlachten der schwangeren Marwa, der lebensgefährlichen Verletzung des Ehemanns und das Miterleben durch den damals dreijährigen Sohn?

1. Das beginnt bei der Urteilsbegründung, wonach der Verurteilte nicht »aus diffusem Rassismus«, sondern »aus blankem Hass« gehandelt habe – eine abstruse Differenzierung. Wie ich den Akten entnehmen konnte, wurde der Täter von den Ermittlungsbehörden als verwirrter Einzeltäter behandelt, rassistische Hintergründe kaum überprüft und Verbindungen zu organisierten Neonazis vollkommen ausgeblendet, obwohl er öffentlich zur Wahl der NPD aufgerufen hatte.

Und nicht nur das: Die bei ihm beschlagnahmte Festplatte seines PCs, auf der sich auch die Korrespondenz mit den Neonazis befand, ging ausgerechnet während der Untersuchung in der Staatsschutzabteilung des Landeskriminalamts in Flammen auf und war nicht mehr rekonstruierbar!

2. Auch das Verhalten der zuständigen Richter des Landgerichts Dresden wirft mehr als nur Fragen auf:

- Obwohl sie bereits Monate vor der Hauptverhandlung ein Schreiben des russlanddeutschen Rassisten erhalten hatten, wonach die Islamistin »kein Lebensrecht« bei uns habe, hatten sie es sträflich unterlassen, eine Durchsuchung vor Betreten des Gerichtssaales anzuordnen, bei der das Küchenmesser mit der 18 cm langen Klinge festgestellt worden wäre. Sie haben nicht einmal einen Justizwachtmeister zur Verhandlung hinzugezogen, der das Schlimmste hätte verhindern können. Sie sind auch nicht etwa dem Ehemann von Marwa bei dessen Versuch, seine Frau zu schützen, zu Hilfe gekommen, sondern haben sich darauf beschränkt, nach längerer Beobachtung den Alarmknopf zu betätigen.

Daraufhin ereignete sich der nächste folgenreiche Fehler: Der zufällig im Gerichtsgebäude anwesende, durch den Alarm alarmierte Bundeskriminalamt-Beamte, eilte zwar in den Gerichtssaal und versuchte zunächst mit einem Warnschuss die körperliche Auseinandersetzung zu beenden. Als dies nicht half, feuerte er einen gezielten Schuss auf einen der beiden kämpfenden Männer ab – aber nicht etwa auf den blonden Russlanddeutschen, sondern ausgerechnet auf den schwarzhaarigen Ehemann von Marwa, der lebensgefährlich verletzt wurde und ins Koma fiel.

- Es dauerte eine Stunde bis der Rettungswagen kam.

– Die Richter unterließen es, Verwandte und Freunde der Familie, die Arbeitgeber der Apothekerin Marwa und das Max-Planck-Institut, wo ihr Ehemann an seiner Doktorarbeit arbeitete, ausfindig zu machen und informieren zu lassen, obwohl ihnen dies anhand der Unterlagen aus dem Strafverfahren ohne Weiteres möglich gewesen wäre. Nicht einmal das äyptische Konsulat wurde benachrichtigt. So erfuhr die Familie erst durch Zufall von dieser schrecklichen Mordtat.

Also ist aus der Sicht der Familie keineswegs nur der verurteilte Rassist für diese »mehrdimensionale Tragödie« verantwortlich, wie sie es gegenüber dem UN-Ausschuss formuliert haben.

3. Wer vielleicht meint, diese sträflichen Fehler seien auf besondere Verhältnisse in Dresden zurückzuführen, der irrt. Bekanntlich erregte die schreckliche Mordtat seinerzeit kein besonderes mediales Echo und auf politischer Ebene wurde die Bundesregierung erst aktiv, als es massive Proteste und Demonstrationen in Ägypten gab, die international Aufsehen erregten.

Auch das dürfen wir nicht vergessen: Den großen Mut, der dazu gehörte, dass Marwa überhaupt wegen der rassistischen Beleidigungen und Bedrohungen als Zeugin und Betroffene das Ermittlungsverfahren und zwei gerichtliche Instanzen durchgestanden hat. Wir wissen heute von Organisationen, die Menschen mit Migrationsgeschichte beraten und vertreten: Etwa die Hälfte von rassistischen Beleidigungen, Nötigungen und Bedrohungen sowie tätlichen Angriffen werden von den Betroffenen nicht einmal angezeigt – aus berechtigter Furcht, nicht nur vor der Rache der Täter, sondern vor allem der Untätigkeit der Behörden oder gar davor, dass der Spieß umgedreht und sie erste Opfer von Ermittlungsmaßnahmen werden.

Und, last but not least: Es wäre noch viel über die weiteren Verfahren zu sagen, aber ich fasse hier zusammen: Auch die Familie unterstützt selbstverständlich die Forderung, den Platz vor dem Landgericht nach Marwa El Sherbiny zu benennen. Das wäre wenigstens auch ein Zeichen gegen den strukturellen Rassismus. Sie erwarten mehr als ein Gedenken von Dresden und Deutschland! Wenn die Benennung des Platzes nach Marwa El Sherbiny bisher mit der Begründung abgelehnt wurde, das würde ein »Mahnmal der Schande«, dann sollte es genau ein solches Mahnmal werden!

Im Jahr 2022 wurde der Platz dann im Rahmen der jährlichen Gedenkveranstaltung zum Tag des Antimuslimischen Rassismus – organisiert vom Justizministerium und der Stadt Dresden – offiziell zum Marwa-El-Sherbiny-Platz umbenannt. Der Rechtsanwalt der Familie aus Ägypten, Khaled Al Bakar und ich durften dazu sprechen. Eine Entschädigung und angemessene Aufarbeitung der skandalösen Hintergründe lassen allerdings immer noch auf sich warten.

Zum Schluss der Fallbeispiele noch eine aktuelle Entscheidung des EGMR zum »Racial Profiling«, d.h. zur rassistischen Kontrolle von Menschen mit zugeschriebenem Migrationshintergrund durch die Polizei und andere Sicherheitskräfte ohne begründete Verdachtsmomente. Im November 2022 hat der

Europäische Gerichtshof für Menschenrechte entschieden, dass der Leiter der Kampagne für Opfer von rassistischer Polizeigewalt (KOP) zu Unrecht dieser diskriminierenden Prozedur bei einer Zugfahrt im deutschen Grenzgebiet ausgesetzt worden war. Hierzu die Pressemitteilung von KOP:

»Berlin, den 18.10.2022: Der Europäische Gerichtshof für Menschenrechte (EGMR) hat heute in einem bahnbrechenden Urteil anerkannt, dass die Bundesregierung das Europäische Diskriminierungsverbot verletzt hat. Das Gericht hatte Vorwürfe zu Racial Profiling geprüft: Biplab Basu hatte der Bundespolizei vorgeworfen, ihn und seine Tochter im Zug rassistisch kontrolliert zu haben.

Rassistische Identitätskontrolle im Zug

Im Juli 2012 wurden Biplab Basu und seine Tochter im Zug auf dem Weg von Prag nach Dresden von Bundespolizisten kontrolliert. Sie waren die Einzigen, die von der Polizei in Grenznähe nach Ihren Ausweisen gefragt wurden. Alle anderen Fahrgäste im Waggon waren weiß. Als Biplab Basu einen der Beamten nach dem Grund der Kontrolle fragte, antwortete dieser, es handele sich um eine Stichproben-Kontrolle gegen ›illegale Einwanderung‹, die verhindert werden solle. Ob es einen Zusammenhang zwischen ihrer Stichprobe und Biplab Basus Hautfarbe gäbe, verneinte der Polizist. Vielmehr würde man grenzüberschreitende Schmuggelkriminalität bekämpfen. Biplab Basu und seine Tochter hatten keinerlei Anlass gegeben, für Kriminelle gehalten zu werden.

Biplab Basu und seine Tochter wurden von den Bundespolizisten aus rassistischen Gründen kontrolliert und kriminalisiert. Gesetzliche Grundlagen, wie § 23 Abs. 1 Nr. 3 Bundespolizeigesetz für sogenannte ›verdachtsunabhängige‹ Personenkontrollen, dienen dazu, Racial Profiling und rassistische Grenzkontrollen per Gesetz zu ermöglichen. Polizeibeamt*innen und Justiz stützen sich bei Klagen wegen Racial Profiling an Grenzübergängen auf diesen Paragrafen und legitimieren damit angewendete Gewalt. Diese rassistische Praxis ist für die Betroffenen Alltag in Deutschland.

Biplab Basu hatte sich bereits 2013 mit seiner Berliner Rechtsanwältin Prof. Dr. Maren Burkhardt an das Verwaltungsgericht Dresden gewandt, das prüfen sollte, ob die Identitätsfeststellung gegen ihn und seine Tochter diskriminierend gewesen sei. Das Verwaltungsgericht hörte keine Zeug*innen, sondern berief sich ausschließlich auf Einlassungen der Bundespolizeidirektion Dresden selbst. Diese hatte behauptet, dass sie den Vorwurf intern geprüft hätten und – wie nicht anders zu erwarten war – die Identitätskontrolle legal und legitim gewesen sei. Dem folgte das Gericht und lehnte die Klage ab. Grund für die Klageabweisung war eigentlich, dass gesagt wurde, dass kein tiefgreifender Grundrechtseingriff bestand und kein Rehabilitationsinteresse gegeben war. Dies sind die im Rahmen des Feststellungsinteresses geforderten Voraussetzungen für die Zulässigkeit einer Klage. In der Folge hat das Gericht sich mit materiell-rechtlichen Fragen gar nicht mehr auseinandergesetzt. Rassismus spielte zu keiner Zeit eine Rolle. ›Ich bedauerte, dass das Gericht in Dresden die Kontrolle verharmlost und nicht erkannt hat, dass Racial Profiling durch die Staatsgewalt als solches für die Kontrollierten, wenn auch nicht physische jedoch psychische Gewalt darstellt‹, so Basu.

Erstes Urteil des Europäischen Gerichtshofs für Menschenrechte (EGMR) zu Racial Profiling in Deutschland

Biplab Basu wandte sich an den EGMR. In einem bahnbrechenden Urteil erkannte der Gerichtshof heute für Recht, dass die Bundesregierung die rassistische Diskriminierung von Biplab Basu nicht ausreichend geprüft hat. Der EGMR stellte eine Verletzung des Diskriminierungsverbots nach Art. 14 der Europäischen Menschenrechtskonvention fest.

In der Entscheidung heißt es, dass Identitätsfeststellungen nicht immer einen gravierenden Grundrechtsverstoß darstellten. Der öffentliche Charakter der Kontrolle und der Fakt, dass vonseiten der Polizei nicht widerlegt werden konnte, dass die Kontrolle wegen der Hautfarbe durchgeführt wurde, führe im vorliegenden Fall dazu, dass Art. 14 betroffen sei.

Zudem stellte der Gerichtshof fest, dass es den Behörden obliegt, alle verfügbaren Maßnahmen zu treffen, um aufzuklären, ob einer Identitätskontrolle rassistische Motive zugrunde liegen. Dies sei vorwiegend nicht der Fall gewesen: So könne nicht von unabhängigen Ermittlungen gesprochen werden, wenn Gerichte sich auf Erkenntnisse einer Polizeidirektion stützen, die als Arbeitgeberin des Polizisten, der Biplab Basu kontrolliert hatte, fungierte. In dem Urteil heißt es: ›In Anbetracht der hierarchischen und institutionellen Verbindungen zwischen der Ermittlungsbehörde und dem Staatsbediensteten, der die fragliche Handlung vorgenommen hat, können die diesbezüglichen Ermittlungen jedoch nicht als unabhängig angesehen werden.‹ (Pkt. 36 des Urteils) Dem Dresdener Verwaltungsgericht wirft der EGMR zudem vor, es versäumt zu haben, ›die erforderlichen Beweise zu erheben und insbesondere die Zeugen zu hören, die bei der Personenkontrolle anwesend waren.‹ (Pkt. 37 des Urteils) Zusammenfassend kommt das Gericht daher zu dem Schluss, ›dass die staatlichen Behörden ihrer Pflicht nicht nachgekommen sind, alle angemessenen Maßnahmen zu ergreifen, um durch eine unabhängige Stelle festzustellen, ob bei der Identitätskontrolle eine diskriminierende Haltung eine Rolle gespielt hat oder nicht, und somit keine wirksame Untersuchung in dieser Hinsicht durchgeführt haben.‹ (Pkt. 38 des Urteils)

Biplab Basu: ›Freude über das Urteil! Aber: Der EGMR hat nicht geprüft, ob eine rassistische Diskriminierung tatsächlich vorliegt. Das Gericht hat lediglich anerkannt, dass Deutschland den Vorwurf nicht ausreichend geprüft hat. Durch ihre Verleumdungs-Politik ermöglichen deutsche Polizeibehörden Racial Profiling. Schade, dass wir so lange (9 Jahre) warten müssen, damit Racial Profiling überhaupt gerichtlich überprüft wird.‹

Prof. Dr. Maren Burkhardt: ›Eine richtungsweisende Entscheidung, die in Zukunft einerseits die bisherige Praxis der Gerichte, Klagen wegen diskriminierender polizeilicher Maßnahmen bereits in der Zulässigkeit mit dem Hinweis einer geringfügigen Grundrechtseinschränkung abzuweisen. Zudem erlegt die Entscheidung Polizei und Gerichten nun eine umfassende Pflicht zu Ermittlung und Darlegung der Vorfälle auf. Bedauerlich ist, dass § 23 Abs.1 Nr. 3 Bundespolizeigesetz, der gegen Art. 20, 21 des Schengen Vertrages verstößt, weiterhin als Gesetz anwendbar ist. Allerdings gibt es dazu bereits Entscheidungen des Europäischen Gerichtshofes, welche die Rechtswidrigkeit der Norm bestätigen.‹

Heute wurde auch das Urteil durch das EGMR bezüglich der Klage von Muhamm-ad Zeshan gegen Spanien veröffentlicht: Wir sind enttäuscht, dass die Klage eines ähnlich gelagerten Falls heute durch das EGMR abgewiesen und somit Racial Profiling nicht anerkannt wurde mit der Begründung, dass Spanien ausreichenden Schutz vor rassistischer Gewalt bieten würde, was keineswegs zutrifft. Er genießt unsere volle Solidarität.«

Hierzu darf ich als Menschenrechtsanwalt ergänzen: In seiner sogenannten abweichenden Meinung hat ein Richter noch klarer und für unser Anliegen deutlicher formuliert: »I also wish to recognise the ground-breaking nature of this judgment as, together with the judgment in Muhammad v. Spain adopted on the same day, these are the first cases in which the Court has considered allegations of racial profiling in police identity checks in a public space.« (European Court of Human Rights 2022)

Institutioneller Rassismus

1. Zur Begriffsbestimmung »institutioneller Rassismus«

Ich begegne immer wieder, auch gerade in Verfahren vor Gericht, der Ansicht, unter »Rassist*innen« müsste immer noch und vor allem der Glatzkopf mit Springerstiefeln verstanden werden. Diese Neonazis gibt es sicher auch noch. Aber unter Rassismus wird in der internationalen Wissenschaft und im Völkerrecht in den einschlägigen Normen ein sehr viel weiterer Begriff verstanden.

Rassismus bedeutet die Zuschreibung von ethnischen, religiösen oder anderen äußeren Merkmalen, die abwertend verwandt werden. Deshalb ist auch die Bezeichnung einer Person als Rassist entgegen einer, auch in der Justiz weitverbreiteten Ansicht keine Beleidigung, sondern zunächst eine objektive Feststellung, wie die, dass jemand Ökonomist sei oder einer bestimmten Schicht angehöre. Mit dem Begriff des »institutionellen Rassismus« übernehme ich einen Begriff, der vom Untersuchungsausschuss des britischen Parlaments in einem Mordfall an einem Migranten im letzten Jahrhundert entwickelt wurde.

Darin wurde ein völliges Versagen aller damit befassten Behörden aus rassistischen Gründen analysiert.

Als *institutioneller Rassismus* (oft mit ähnlicher Bedeutung struktureller Rassismus genannt) werden Rassismen bezeichnet, die von Institutionen der Gesellschaft, von ihren Gesetzen, Normen und staatlichen Institutionen ausgehen, unabhängig davon, inwiefern Akteur*innen innerhalb der Institutionen absichtsvoll handeln oder nicht. Zur aufschlussreichen Vorgeschichte hier so viel: Am 22. April 1983 hatten Unbekannte in London den 18-jährigen Steven Lawrence getötet. Der schwarze junge Mann wurde Opfer eines rassistischen Angriffs.

Die nachlässigen Polizeiermittlungen hatten zur Folge, dass erst Anfang 2012 zwei der mutmaßlichen Täter verurteilt werden konnten. 1997 hatte die Regierung eine unabhängige Untersuchung in Auftrag gegeben.

Institutioneller Rassismus wurde von der Macpherson-Kommission der britischen Regierung (!) schon 1999 definiert als das kollektive Versagen einer Organisation, Menschen aufgrund ihrer Hautfarbe, Kultur oder ethnischen Herkunft eine angemessene und professionelle Dienstleistung zu bieten. Der institutionelle Rassismus kann in Prozessen, Einstellungen und Verhaltensweisen gesehen und aufgedeckt werden, die durch unwissentliche Vorurteile, Ignoranz und Gedankenlosigkeit zu Diskriminierung führen, und durch rassistische Stereotypisierungen die Angehörigen ethnischer Minderheiten benachteiligen. Er besteht fort aufgrund des Versagens der Organisation, seine Existenz und seine Ursachen offen und in angemessener Weise zur Kenntnis zu nehmen und durch Programme, vorbildliches Handeln und Führungsverhalten anzugehen. Ohne Anerkennung seiner Existenz und ein Handeln, um solchen Rassismus zu beseitigen, kann er als Teil des Ethos oder der Kultur der Organisation weit verbreitet sein (siehe: Macpherson 1999).

Der institutionelle Rassismus kann also als ein Pendant zum strukturellen Rassismus in der Mehrheitsgesellschaft verstanden werden, der sich beispielsweise im alltäglichen Rassismus und im Rechtsextremismus in Vorurteilen oder Gewalt ausdrückt. Institutionellen Rassismus erfahren Menschen durch Ausgrenzung, Benachteiligung oder Herabsetzung, auch in gesellschaftlich relevanten Einrichtungen wie beispielsweise bei der politischen Beteiligung (Wahlrecht, fehlende Repräsentanz in politischen Einrichtungen), im Bildungs- und Gesundheitssystem, auf dem Arbeitsmarkt und auf dem Wohnungsmarkt. In diesen Bereichen sind rassistische Diskriminierungen offensichtlicher, nicht ernsthaft bestreitbar und Gegenstand umfangreicher Untersuchungen.

2. Definitionsmöglichkeiten von rassistischer Diskriminierung nach deutschem Recht

Das deutsche Recht bietet keine umfassende Definition von rassischer Diskriminierung im Sinne von Art. 1 Abs. 1 ICERD. Das grundgesetzliche Diskriminierungsverbot in Art. 3 Abs. 3 S. 1 GG ist weder zivil- noch strafrechtlich hinreichend konkretisiert. Die Definition des Art. 1 Abs. 1 ICERD ist zwar auch in Deutschland geltendes Recht, jedoch findet die menschenrechtlich geprägte Definition von rassischer Diskriminierung keine oder nur fehlerhafte Anwendung, auch wenn die Legaldefinition des Art. 1 Abs. 1 ICERD von der Bundesregierung zur Auslegung des Art. 3 Abs. 3 Satz 1 GG zugrunde gelegt wird und sie die Anwendung in der gerichtlichen und behördlichen Praxis aktiv befürwortet. Im Zusammenspiel mit einem auf direkte und intendierte Diskriminierung verengten, nicht menschenrechtskonformen Rassismusverständnis führt dies dazu, dass es bei Ermittlungsbehörden und Richter*innen an einer praktischen Handhabung von Rassismus fehlt. Auch im Staatenbericht zeigt sich das verkürzte Verständnis von Rassismus, indem der Begriff »Menschen mit Migrationshintergrund« systematisch als Synonym für von Rassismus betroffene Personen verwendet wird.

Nichtsdestotrotz ist hier auf einen Beschluss des Bundesverfassungsgerichts hinzuweisen, in dem das Gericht festgestellt hat, dass Rassismus als eine Verletzung der Menschenwürde zu qualifizieren ist. In seinem Nichtannahmebeschluss vom 2.11.2020 hatte das Bundesverfassungsgericht die Beschwerde eines wegen rassistischen Äußerungen gekündigten Arbeitsnehmers zurückgewiesen. Dieser rügte die Verletzung seiner Meinungsfreiheit durch das Arbeitsgericht Köln, LAG Köln und BAG, die die sofortige Kündigung nicht beanstandeten, und in der Begründung eine rassistische Grundeinstellung beim Beschwerdeführer feststellten. In diesem Beschluss ergriff das Bundesverfassungsgericht die Chance, das Verhältnis zwischen der Meinungsfreiheit (Art. 5), Menschenwürde (Art. 1 Abs. 1) und dem Diskriminierungsverbot (Art. 3 Abs. 3) klarzustellen. Für das Bundesverfassungsgericht stellt die Diskriminierung aufgrund der Rasse eine Verletzung der Menschwürde dar, hinter der die Meinungsfreiheit zurückzutreten hat.

Bleibt zu hoffen, dass sich diese nur sehr kurz begründete Entscheidung einer Kammer (nicht eines Senats!) durchsetzt, was keineswegs selbstverständlich ist, wie ein unglaublicher, in der Geschichte der renommierten Fachzeitschriften einmaliger Vorgang zeigt: Der UN-Ausschuss hatte in seinen letzten abschließenden Bemerkungen zum Bericht der Bundesrepublik Deutschland aus dem Jahre 2015 neben positiven Gesichtspunkten auch deutliche Kritik geübt. So nahm der Ausschuss zwar zur Kenntnis, dass Deutschland aufgrund seiner spezifischen Vergangenheit zögere, Statistiken nach rassischen bzw. ethnischen Kriterien zu erheben, wiederholte jedoch die in seinen früheren abschließenden Bemerkungen geäußerten Bedenken, dass die Erstellung zuverlässiger, Rassismus relevanter demografischer Statistiken sowie fundierter empirischer Kenntnisse über die Realität von Rassismus notwendig bleiben, um die Ziele des ICERD zu verwirklichen. Auf die Ungeeignetheit des Begriffs »Personen mit Migrationshintergrund« zur Identifikation von Menschen mit eventuellem Diskriminierungsrisiko wurde zudem auch hingewiesen.

Des Weiteren hat der Ausschuss seine Besorgnis über das Fehlen einer gesetzlichen Definition von rassischer Diskriminierung im Einklang mit Artikel 1 des Übereinkommens in der innerstaatlichen Gesetzgebung ausgedrückt. Das scheine dazu zu führen, dass die Justiz vor deutschen Gerichten zögere, sich auf das Übereinkommen zu beziehen. Der Ausschuss erkannte zwar an, dass es wichtig sei, sich mit Rechtsextremismus und Neonazismus zu befassen, war aber auch besorgt über die anhaltende Verwendung dieser Begriffe, weil dadurch Rassismus implizit auf ein Problem des Rechtsextremismus und Neonazismus reduziert werde. Der Ausschuss forderte sicherzustellen, dass eine gesetzliche Definition der rassischen Diskriminierung in die Gesetzgebung aufgenommen wird, die Artikel 1 Abs. 1 vollständig entspricht und in der die rassische Diskriminierung klar benannt wird, sodass ein umfassender Schutz aller Gruppen und Einzelpersonen im Sinne des Übereinkommens gewährleistet ist. Nach wie vor fehlt es an einer solchen, vom Ausschuss eingeforderten Definition der rassischen Diskriminierung, obschon das Diskriminierungsverbot aufgrund der Rasse fester Bestandteil nationaler Rechtsordnung ist.

Außerdem hat der Ausschuss auf die bestehenden Lücken in der innerstaatlichen Gesetzgebung hingewiesen, die Raum für Diskriminierung lassen würden. Die Bekämpfung von Rassismus würde durch hohe Kosten der Rechtsverfolgung und erschwerte Sammelklagen verhindert. Dazu komme, dass die Verwaltungsgerichte im Fall von rassistischer Diskriminierung in der Praxis nur selten das Grundgesetz heranziehen.

Ein weiterer Kritikpunkt des Ausschusses war die Besorgnis gegenüber der Verbreitung rassistischen Gedankenguts durch bestimmte politische Parteien und Bewegungen, und das Fehlen wirksamer Maßnahmen zur strengen Ahndung und Abschreckung solcher öffentlichen Diskurse und Verhaltensweisen. Nach Ansicht des Ausschusses befördert gerade das Fehlen wirksamer Mittel gegen Rassismus das weitere Auftreten rassistisch motivierter Handlungen, einschließlich der Gewalt gegen Gruppen. Als Maßnahmen zur Bekämpfung von gefährlichem rassistischem Gedankengut sollten rassistische Äußerungen von politischen Führungspersönlichkeiten, Hoheitsträgern und Personen des öffentlichen Lebens entschieden verurteilt werden. Insbesondere politische Mandatsträger*innen haben nach der Rechtsprechung des Europäischen Gerichtshofs für Menschenrechte eine besondere Verantwortung, sich für eine wehrhafte

Demokratie einzusetzen und demokratiegefährdende und intolerante Aussagen möglichst zu unterlassen. Solche vorurteilsbehafteten und hassschürenden politischen Äußerungen können nach Ansicht des Menschenrechtshofs den sozialen Frieden und die politische Stabilität demokratischer Staaten gefährden.

Wörtlich heißt es: »Schließlich soll eine umfassende Strategie ausgearbeitet werden, die auch obligatorische Schulungen umfasst, um bei Polizisten, Staatsanwälten und Richtern ein besseres Verständnis des Phänomens der rassistischen Diskriminierung und der Möglichkeiten ihrer Bekämpfung zu erreichen und sicherzustellen, dass in Bezug auf alle Handlungen, die rassistisch motiviert sein könnten, wirksam ermittelt wird und gegebenenfalls Anklage erhoben und eine Strafe verhängt wird.« Rassistischer Hass und Diskriminierung im Internet könne durch das Sperren von aufreizenden Webseiten und verstärkter Kontrolle von Internetseiten verringert werden. Wünschenswert sei es daher, im Staatenberichtsverfahren statistische Angaben zu Tendenzen im Bereich rassistischer Hassreden und Gewalt, einschließlich islamfeindlicher Tendenzen aufzunehmen.

Auch hatte der Ausschuss gefordert, spezifische Ermittlungen zu den rassistisch motivierten NSU-Morden so fortzuführen, dass Ausmaße und Verbindungen der Bewegung umfassend aufgeklärt werden. Außerdem bat der Ausschuss um die Durchsetzung aller erforderlichen Maßnahmen gegen die Strafverfolgungsbeamten, die verantwortlich für die Diskriminierung innerhalb der Ermittlungen zum NSU sind. Diese sind bisher bedauerlicherweise nicht erfolgt.

Zu diesen Kritikpunkten hat der Antidiskriminierungsverband Deutschland (ADVD) in seiner Stellungnahme vom 8.12.2020 festgestellt, dass »keine deutliche Verbesserung auf gesetzlicher Ebene« (vgl. advd, 2020, S. 1) zu beobachten sei. Fortschritt findet sich allenfalls in der einfachgesetzlichen Regelung zum Schutz vor rassischer Diskriminierung, dem Allgemeinen Gleichbehandlungsgesetz (AGG) vom 18. August 2006. Die Bundesregierung schreibt zwar: »Damit ist in Deutschland das rechtliche Instrumentarium vorhanden, um bei der Bekämpfung der rassistischen Diskriminierung in all ihren Formen einen breiten Ansatz zu verfolgen.« (Antidiskriminierungsstelle des Bundes 2022) Jedoch enthält das AGG keineswegs einen allumfassenden Schutz, der in konventionsrelevanten Bereichen nach Art. 2, 3, 4, und 4 ICERD liegt.

3. Fallbeispiele zur internationalen Dimension rassistischer Diskriminierung in Deutschland

Dies soll anhand eines Falles, den ich vor dem UN-Ausschuss vertrete, ausführlicher dargelegt werden. Bevor dies geschieht, will ich aber mithilfe von zwei anderen Fällen zunächst die internationale Dimension des in Deutschland herrschenden institutionellen Rassismus darstellen.

a) der Fall des Theologen Dr. Ahmet H.
Beginnen wir mit dem aus Ägypten stammenden islamischen Theologen Dr. Ahmet H., der zunächst in Rostock, später in Berlin trotz (oder wegen?) seiner geradezu vorbildhaften multikulturellen und multireligiösen Aktivitäten zum sogenannten Hassprediger gestempelt und 2007 in einer Nacht- und Nebelaktion während des laufenden gerichtlichen Verfahrens abgeschoben worden war. Nach einem durch mehrere Instanzen geführten Klageverfahren hat schließlich das Verwaltungsgericht Berlin einen Vergleich vermittelt, wonach die Ausländerbehörde zunächst schriftlich zu bescheinigen hatte, dass die zuständigen Sicherheitsbehörden keine Bedenken gegen eine Einreise des Mandanten hätten, sodass einer Wiedereinreise eigentlich nichts mehr im Wege stand. Umso erschreckender, dass sein Visumsantrag – nach einem längeren Aufenthalt an mehreren Standorten in den USA und anderen außereuropäischen Ländern – abgelehnt wurde.

Wir mussten also erneut vor das Gericht ziehen und zur Kenntnis nehmen, dass Deutschland sich diesmal auf die »Sicherheitsbedenken anderer europäischer Schengenstaaten« berief, ohne dies näher zu konkretisieren. Auch die Einladung des Mandanten als Referent auf kirchliche Veranstaltungen in Bayern half nichts, denn jetzt wurde argumentiert, dass wegen seiner unklaren finanziellen Verhältnisse die Rückreise in die USA nicht gesichert sei – und das, obwohl der Mandant dort Wohnungseigentümer ist. Das Verfahren zieht sich seit Jahren hin. Das Verwaltungsgericht Berlin verlangt immer neue Stellungnahmen zu den hierfür vorgelegten Unterlagen. Die Tatsache, dass der Mandant an der Moschee, in der US-Präsident Obama 2009 seine bekannte Versöhnungsrede mit der muslimischen Welt gehalten hatte, als Imam tätig war, hat das Gericht offenbar wenig beeindruckt. Wir dürfen also gespannt sein, ob die jetzt vorgelegte Bescheinigung eines Staatssekretärs a.D. daran etwas ändert, der seinerzeit als hoher Konsularbeamter in Kairo mit ihm zu tun hatte und ausdrücklich wünscht, *»dass das Gericht Kenntnis erhält von Herrn Hemayas Rolle im Dialog zwischen den Religionen und seiner besonderen Verbindung zu Großscheich Al Tayeb von Al Azhar«* – also dem Groß-Scheich, mit dem Papst Franziskus im letzten Jahr seine neue Enzyklika der Welt vorgestellt hat.

Auch dieses Schreiben scheint das Gericht nicht sonderlich beeindruckt zu haben. Jedenfalls kam im Herbst des Jahres die Nachfrage, ob noch Interesse an der Fortsetzung des Verfahrens bestehe, weil die angeforderten Belege zur finanziellen Situation immer noch nicht vorlägen, was selbstverständlich zeitnah bejaht wurde. Wir dürfen also auch hier gespannt sein, was aus diesem Verfahren wird, und ob dem Scheich, der nach Selbstansicht von Verantwortlichen eine nicht unbedeutende Rolle bei dem Versuch der Aussöhnung zwischen beiden Welten zukommt, die Möglichkeit eingeräumt wird, in Deutschland auf

Veranstaltungen christlicher Gemeinschaften zu sprechen, bevor der »Clash of Civilisations« wieder volle Fahrt aufgenommen hat…

b) Der Fall des Deutschmarokkaners Mohamed Hajib

Er wurde von deutschen Sicherheitsbehörden 2010 der Folter in Marokko überstellt – ihm wird bisher vom Bundesministerium des Inneren und der Justiz Schadensersatz und Schmerzensgeld verweigert.

Hierzu die zusammengefasste Darstellung aus der Pressemitteilung anlässlich unserer erfolgreichen Verfassungsbeschwerde vor dem Verfassungsgerichtshof. Berlin vom Mai 2021:

Die Klage des Deutsch-Marokkaners Mohamed Hajib gegen die Bundesregierung auf Schmerzensgeld darf nicht mangels Erfolgsaussichten abgelehnt werden.

Damit hebt das Verfassungsgericht den Beschluss des Kammergerichts auf, mit dem der Antrag des Deutsch-Marokkaners Mohamed Hajib auf Prozesskostenhilfe für seine Klage gegen die Bundesrepublik Deutschland auf Schmerzensgeld in Millionenhöhe wegen Mitverantwortung für schwerste Folter und langjährige Isolationshaft abgelehnt worden war.

Das Kammergericht muss nun neu entscheiden, weil es mit der Ablehnung der Prozesskostenhilfe im Wege einer unzulässigen vorweggenommenen Beweiswürdigung die Grundrechte des Beschwerdeführers verletzt hat – ausdrücklich rügt das Verfassungsgericht die Verletzung des Grundrechts auf Rechtsschutzgleichheit nach Art. 10 der Berliner Landesverfassung in Verbindung mit dem Rechtsstaatsprinzip und dem Sozialstaatsprinzip.

Damit könnte eine wichtige Hürde bei der längst überfälligen Durchsetzung der Schadenersatzansprüche meines Mandanten genommen sein. Hat sich das von uns in Anspruch genommene Bundesinnenministerium doch seit Jahren geweigert, meinem Mandanten ein angemessenes Schmerzensgeld wegen der Mitverantwortung der Bundesregierung an den schwersten Menschenrechtsverletzungen wegen angeblicher Terrorunterstützung zuzuerkennen – obwohl es allen Anlass dazu gegeben hätte. Sprachen doch nicht nur alle Umstände dafür – der Fall hatte seit 2010 nicht nur im Bundestag, sondern auch von renommierten internationalen Menschenrechtsorganisationen und schließlich den Menschenrechtsbeauftragten der UN zu Kritik und Protest geführt – hat schließlich sogar die UN-Vollversammlung eine Resolution veranlasst, die vom Königreich Marokko seine umgehende Freilassung gefordert hat. Statt dies mit diplomatischen und politischen Mitteln zu unterstützen, versuchten die Bundesbehörden meinem Mandanten die deutsche Staatsbürgerschaft zu entziehen, was nur mit anwaltlicher Hilfe verhindert werden konnte. Wie im Fall des Bremers Murat Kurnaz, der als Guantanamo-Häftling jahrelang schwer gefoltert wurde, war meinem Mandanten vorgeworfen worden, die angeblich terroristische Organisation Tablia Jamal (TJ) unterstützt zu haben. Erst als ich das von einem US-amerikanischen Militärgericht eingeholte Sachverständigengutachten vorgelegt habe, wonach es sich bei der TJ keineswegs um eine terroristische Organisation handelt, bequemte sich die zuständige Behörde, von der Ausbürgerung abzulassen.

Die deutschen Behörden schreckten nicht einmal nach seiner Haftentlassung und Rückkehr nach Duisburg 2017 davor zurück, den schwer traumatisierten und für immer gezeichneten Mandanten weiter als sogenannten Gefährder zu behandeln und bei jedem Grenzübertritt zum Besuch seiner nach Irland verzogenen Familie stundenlagen Verhören zu unterziehen, ja sogar vor der geplanten Tour de France in Düsseldorf im Jahre 2017 eine Verbotsverfügung gegen ihn zu erlassen, weil er ja dort gerade einen Terroranschlag vorhätte. Dies alles, obwohl ihnen bekannt war, dass er zu dem Zeitpunkt in Irland bei seiner Familie war. (Näheres zum Sachverhalt siehe unten)

Es wäre also Einiges wieder gutzumachen. Wir dürfen gespannt sein, ob das Bundesministerium für Inneres, Bau und Heimat die erfolgreiche Verfassungsbeschwerde zum Anlass nimmt, sich endlich seiner Mitverantwortung zu stellen.

Zu den Hintergründen:

Damit geht der Antrag vom Dezember 2017 auf Prozesskostenhilfe für die beabsichtigte Klage gegen die Bundesrepublik Deutschland in die nächste Runde. Darin hatte ich beantragt: »1. die Beklagte zu verurteilen, an den Kläger ein angemessenes Schmerzensgeld für den Zeitraum ab dem [...] zu zahlen, dessen Höhe in das Ermessen des Gerichts gestellt wird, jedoch nicht unter 1.500.000 €; 2. die Beklagte zu verurteilen, an den Kläger eine angemessene Schmerzensgeldrente zu zahlen, deren Höhe in das Ermessen des Gerichts gestellt wird, jedoch nicht unter monatlich 1.000,00 € [...] zu zahlen; 3. festzustellen, dass die Beklagten verpflichtet sind, dem Kläger sämtliche materiellen und immateriellen Schäden - letztere soweit die aus der willkürlichen Festnahme ab dem 17.2.2010 und der darauffolgenden Untersuchungshaft, und den anschließenden siebenjährigen Gefängnisaufenthalt mit weiteren Misshandlungen und Folterungen in Marokko zurückzuführen sind, zu zahlen [...]«

Das auch am Verfassungsbeschwerdeverfahren beteiligte Bundesinnenministerium hatte im Verfahren vor dem Landgericht und Kammergericht jede Mitverantwortung abgelehnt, obwohl mein Mandant 2010 (von Pakistan nach Frankfurt abgeschoben) von einem Großaufgebot von Beamten der Landeskriminalämter Hessen, Nordrhein-Westfalen und des Bundeskriminalamts genötigt worden war, entgegen seiner damaligen Absicht nach Marokko weiterzufliegen; es fand eine sogenannte Gefährder-Ansprache als möglicher Unterstützer islamistischer Terroristen der TJ statt. Er wurde von den LKA-Beamten bis ins Flugzeug begleitet und das Bundeskriminalamt (BKA) übermittelte seine bevorstehende Landung in Casablanca dem marokkanischen Geheimdienst. In dem Verfahren vor den Zivilgerichten hatte sich das Bundesinnenministerium mit den

Argumenten aus der Affäre gezogen, der Mandant habe ja sowieso vorgehabt, nach Marokko zu fliegen und außerdem hätte die marokkanische Seite ihn ohnehin als islamistischen Terror-Unterstützer auf dem Schirm gehabt, sodass keine Schuld der deutschen Seite vorliegen könnte. Diese Argumentation hatten Landgericht und Kammergericht letztlich abgesegnet, ohne auch nur über die bestrittenen Behauptungen Beweis zu erheben oder den Wortlaut der Übermittlung an den marokkanischen Geheimdienst mitzuteilen.

Dem hat das Verfassungsgericht jetzt einen Riegel vorgeschoben und insbesondere moniert, dass nicht einmal der Wortlaut der übermittelten Nachricht an den marokkanischen Geheimdienst mitgeteilt worden sei. Wir dürfen gespannt sein, ob jetzt endlich Beweis erhoben und die vollständige Mitteilung bekannt gemacht wird; oder ob sich die Bundesregierung weiter ihrer Verantwortung zu entziehen versucht. Dies dürfte jedoch nach der Entscheidung der Verfassungsrichter*innen und der zwischenzeitlichen Entwicklung auf marokkanischer und deutscher Seite immer schwieriger werden, wenn die deutsche Seite nicht jede Glaubwürdigkeit verlieren will. Versucht sie doch alles, um ihr weltweites Engagement zur Wahrung der Menschenrechte in anderen Staaten für inhaftierte Oppositionelle – selbst, wenn diese nicht zugleich deutsche Staatsangehörige sind – glaubhaft zu machen.

Das Kammergericht hat daraufhin den Parteien vorgeschlagen zunächst ein Mediationsverfahren mit anderen Richtern des Kammergerichts durchzuführen, das nach einer Reihe ausführlicher Erörterungen ergebnislos abgebrochen wurde. Daraufhin hat es vom Mandanten detaillierte Angaben über die erlittene Folter und die angewandten Methoden sowie deren Auswirkungen verlangt, obwohl wir eine Stellungnahme des behandelnden Psychiaters vorgelegt haben. Aus dieser ging hervor, dass dies deshalb kontraproduktiv sein werde, weil dadurch die Gefahr einer Retraumatisierung, bei der sogenannten Posttraumatischen Belastungsstörung, verstärkt wird.

Statt, wie von uns vorgeschlagen, den Schmerzensgeldbetrag wie vom Europäischen Gerichtshof für Menschenrechte (EGMR) nach dem in vergleichbaren Fällen angewandten Monatsdurchschnittsbetrag zu berechnen, mit dem es auf 1,5 Mio. Euro Schmerzensgeld gekommen wäre, hat das Kammergericht aber lediglich einen Betrag von 250.000 Euro für angemessen gehalten und in dieser Höhe Prozesskostenhilfe bewilligt. Nach Zurückverweisung an das jetzt wieder zuständige Landgericht soll die Beweisaufnahme nun durchgeführt werden, welche im vorangegangenen Verfahren ja im Wege vorweggenommener Beweisführung unterblieben war (siehe oben). Wir dürfen gespannt sein, was dabei herauskommt.

Unabhängig davon haben wir für den Mandanten erneut eine Verfassungsbeschwerde beim Berliner Verfassungsgerichtshof erhoben und mit ihr gerügt, dass eine völlig unzureichende Bemessungsgröße bei dem Schmerzensgeld zugrunde gelegt werde und uns hierbei auf die Rechtsprechung des EGMR bezogen. Bei Redaktionsschluss lag noch keine Entscheidung des Berliner Verfassungsgerichtshofs vor. Sollte sie dieses Mal negativ ausfallen, wäre zu prüfen, ob der Weg zum EGMR beschritten werden kann und soll.

Gleichzeitig hat es den Parteien deutlich gemacht, dass aufgrund der Verfassungsgerichtsentscheidung nunmehr Prozesskostenhilfe bewilligt werden müsste, sodass das Verfahren, sollte keine Einigung im Mediationsverfahren erfolgen, wieder an das Landgericht zurückverwiesen werden müsste, damit dort die Beweisaufnahme stattfinden kann. Sollte hier der Mandant dann auch nicht seinen umfangreichen Schadensersatzanspruch durchsetzen können, bliebe nur der erneute Weg zum Verfassungsgericht. Notfalls dann zum Europäischen Gerichtshof für Menschenrechte und schließlich der Gang zum UN-Ausschuss zur Beseitigung rassistischer Diskriminierung, der für Verfahren gegen die Bundesrepublik Deutschland, aufgrund der völkerrechtlich verbindlichen Konvention zur Beseitigung rassistischer Diskriminierung (ICERD), zuständig ist (vgl. Schultz 2018). Dass ein solches Verfahren gegen die BRD durchaus möglich und erfolgversprechend sein kann, zeigt nicht nur die Verurteilung Deutschlands im Fall Sarrazin, sondern auch die Rechtsprechung des CERD und ein weiterer Fall, in dem wir den in Genf ansässigen UN-Ausschuss angerufen haben – auch wenn diese Möglichkeit bei uns bisher zu Unrecht vollkommen unbekannt ist.

Wie dargelegt, bemängelt der UN-Ausschuss gegen rassistische Diskriminierung die fehlende klare Strafvorschrift. Dies ist von ihm bereits in seiner bahnbrechenden Entscheidung im Jahre 2013 gegen Deutschland ausdrücklich im Zusammenhang mit dem Strafverfahren gegen Dr. Sarrazin klargestellt worden. Während der Ausschuss die Wichtigkeit der freien Meinungsäußerung anerkennt, urteilt er, dass Herrn Sarrazins Äußerungen eine Verbreitung von Auffassungen, die auf einem Gefühl rassischer Überlegenheit oder Rassenhass beruhen, darstellen und Elemente der Aufstachlung zur Rassendiskriminierung, entsprechend Artikel 4, Paragraf (a) der Konvention, enthalten (vgl. TBB 2014). Ähnlich hat auch der Europäische Gerichtshof für Menschenrechte in einer Entscheidung zur Verurteilung eines belgischen Politikers argumentiert, in dem es um seine rassistisch diskriminierenden Äußerungen ging (vgl. Schultz 2018).

Auch der Fakt, dass selbst die SPD es erst nach jahrelangen Auseinandersetzungen und kontroversen Debatten geschafft hat, diesen prominenten Vertreter des antimuslimischen Rassismus aus ihren Reihen auszuschließen, unterstreicht die Dringlichkeit von Veränderung.

Der Fall des vom Berliner SEK misshandelten Syrers Mohamad S.

Hierzu zunächst meine Pressemitteilung vom 15.1.2020:

Beschwerde beim CERD nach SEK-Einsatz

Der UN-Ausschuss gegen rassistische Diskriminierung (CERD) hat die Beschwerde meines Mandanten Mohamad S. und seiner Frau Fatima gegen die Bundesrepublik Deutschland angenommen und der Bundesregierung zur Stellungnahme übersandt.

Mit Schreiben vom 09.12.2019 hat mich die Geschäftsstelle der UN-Menschenrechtskommission aus Genf benachrichtigt, dass unsere Beschwerde vom 05.12.2016 registriert wurde und an den betroffenen Staat, also an die Bundesrepublik Deutschland, vertreten durch die Bundesregierung, weitergeleitet werde. Diese hat innerhalb von drei Monaten Gelegenheit zur Stellungnahme. Damit ist eine erste wichtige Hürde in diesem internationalen Beschwerdeverfahren genommen und es besteht die realistische Chance, dass sich die hiesigen Behörden endlich ihrer Verantwortung wegen einer schwerwiegenden Menschenrechtsverletzung in vollem Umfang stellen.

Die Beschwerdeführer sind Opfer eines Polizeieinsatzes des Berliner Sondereinsatzkommandos (SEK), der zu einer Körperverletzung mit schweren Folgen führte und offensichtlich auf einer Verwechslung beruhte. Sie haben daraufhin die eingesetzten Polizeibeamten wegen der Körperverletzung im Amt, der Freiheitsberaubung, der Sachbeschädigung, des Hausfriedensbruchs und der Beleidigung angezeigt und Strafanzeige gestellt.

Das Verfahren wurde eingestellt, die dagegen erhobene Beschwerde und das Klageerzwingungsverfahren blieben ebenso erfolglos wie die Anhörungsrüge und die Verfassungsbeschwerde. (Zum Sachverhalt s.u.)

Mit der Beschwerde an den UN-Ausschuss wurde die Verletzung des internationalen Übereinkommens zur Beseitigung jeder Form von Rassendiskriminierung (ICERD) gerügt. Dieses bestimmt in Artikel 1 als Rassendiskriminierung jede auf der Rasse, der Hautfarbe, der Abstammung, dem nationalen Ursprung oder dem Volkstum beruhende Unterscheidung, Ausschließung, Beschränkung oder Bevorzugung, die zum Ziel oder zur Folge hat, dass dadurch ein gleichberechtigtes Anerkennen, Genießen oder Ausüben von Menschenrechten und Grundfreiheiten im politischen, wirtschaftlichen, sozialen, kulturellen oder jedem sonstigen Bereich des öffentlichen Lebens vereitelt oder beeinträchtigt wird.

Deutschland ist bereits einmal vom Ausschuss im Fall des früheren Berliner Finanzsenators Dr. Thilo Sarrazin wegen Verletzung des Abkommens verurteilt worden, ohne dass hieraus die notwendigen Konsequenzen gezogen worden wären. Bleibt also zu hoffen, dass das vorliegende weitere Verfahren auch auf dieser Ebene zu einem Umdenken und Umsteuern in diesem wichtigen Bereich der Menschenrechte führt.

Zum Sachverhalt:

1. Am Morgen des 21.11.2012 gegen 8:45 Uhr stürmten mehrere SEK-Beamte die Maisonette-Wohnung der Beschwerdeführer. Nachdem sie im Erdgeschoss auf die im fünften Monat schwangere Beschwerdeführerin und ihre einjährige Tochter trafen, welche angewiesen wurden, ruhig zu sein, gingen die Beamten in den ersten Stock, wo der Beschwerdeführer geschlafen hatte. Dieser hatte sich bereits vom Tumult geweckt zur Treppe begeben. Als er die vermummten Beamten sah, ging er zunächst davon aus, dass er und seine Familie von Neo-Nazis überfallen würden, stürmte zum Fenster, rief nach der Polizei und wollte in seiner Angst auf den Hof springen. Er wurde jedoch vom Fenster weggerissen, zu Boden gebracht und mit Handschellen fixiert. Dabei erlitt er erhebliche Verletzungen.

Den Beschwerdeführern wurde der Grund für die Erstürmung ihrer Wohnung nicht mitgeteilt. Als die Beschwerdeführerin – strenggläubige Muslimin – darum bat, ein Kopftuch, welches sich gleich links neben ihr auf dem Sofa befand, anlegen zu dürfen, wurde ihr diese Bitte verwehrt. Nachdem sie darum gebeten hatte, für ihren Mann, der der deutschen Sprache nicht mächtig ist, übersetzen zu dürfen, wurde ihr dies erst nach 15 Minuten erlaubt. Dann erst wurden die Pässe der Beschwerdeführer kontrolliert, um ihre Identität festzustellen. Spätestens zu diesem Zeitpunkt hätte klar sein müssen, dass es sich beim Beschwerdeführer nicht um die gesuchte Person handelte und die falsche Wohnung gestürmt worden war. Dennoch wurden die Beschwerdeführer weder aus der beängstigenden Situation entlassen, noch diese erklärt oder es ihnen erlaubt, einen Anwalt zu kontaktieren.

Nach geschätzten 45 bis 60 Minuten erst kam ein anderer Beamter, offensichtlich ein Vorgesetzter, hinzu und löste die Handschellen. Er entschuldigte sich bei der Beschwerdeführerin, teilte ihr mit, dass es ein Missverständnis gegeben habe und die falsche Wohnung gestürmt worden sei wegen einer Verwechslung aufgrund des teilidentischen Namens des Beschwerdeführers mit der eigentlichen gesuchten Person. Eigentlich sollte die Wohnung eines Mannes namens F. O. durchsucht werden, welcher im gleichen Haus wohne. Wie sich aus der späteren Akten-Einsicht ergab, wurde dieser wegen eines Diebstahls von Hemden in einem Supermarkt im Wert von einigen hundert Euro Schaden gesucht.

Die Verwechselung erscheint jedoch für den Einsatz eines Sondereinsatzkommandos in der Metropole Berlin geradezu aberwitzig; bei dem Argument, der Irrtum sei wohl aufgrund des »teilidentischen Namens« entstanden, handelt es sich vielmehr wohl um eine durchsichtige Schutzbehauptung (ganz abgesehen davon, dass während des stundenlangen Einsatzes keinerlei Suche nach angeblich gestohlen Hemden stattfand).

Der Name des Mandanten Mohamad S. ist mit dem angeblich gesuchten F. O. mit keiner Silbe, keinem Buchstaben, also in keiner Hinsicht identisch oder teilidentisch. Nur dieser Name des Antragstellers (M. S.) steht auf der Klingel, an der Wohnungstür befand sich lt. Akte überhaupt kein Name. Selbst der Name der Frau, Fatima C. O., wäre nur hinsichtlich zweier Anfangsbuchstaben von

Vor- und Familiennamen identisch. Auch insoweit kann also nicht von einer Teilidentität die Rede sein, es sei denn, es sei unbekannt, dass es sich bei Fatima um einen Frauennamen handelt, und man hielte alle arabischen Namen, die mit »Fa… OM…« beginnen, für teilidentisch, was so ähnlich wäre, wie wenn etwa »Harald Schmidt« für teilidentisch mit »Hannelore Schuster« gehalten würde.

Ein solches Ergebnis kann also bei arabischen Namen nur annehmen, wer - rassistischen Vorurteilen folgend – farbige Menschen für gleich aussehend bzw. gleichen (unaussprechlichen) Namens hält, weil er sich nicht die Mühe macht, diese mit unterschiedlichen Vor- und Nachnamen als Individuen wahrzunehmen und zu behandeln, oder sich zumindest eines Dolmetschers bedient.

Der Beschwerdeführer erlitt durch den Vorfall erhebliche physische Verletzungen und leidet seitdem außerdem an einer posttraumatischen Belastungsstörung, weshalb er in ständiger fachärztlicher Behandlung ist.

2. Am 22.11.2012 erstattete der frühere Bevollmächtigte der Antragsteller Strafanzeige bei der Staatsanwaltschaft Berlin wegen schwerer Körperverletzung im Amt, Freiheitsberaubung, Sachbeschädigung, Hausfriedensbruchs und wegen Beleidigung und begründete diese ausführlich. Im Rahmen der Akteneinsicht erfuhr er, dass auch von Amts wegen ein Ermittlungsverfahren eingeleitet worden war, welches ohne Benachrichtigung der Antragsteller eingestellt worden war. Auch alle weiteren Beschwerden gegen die bisherigen Ermittlungen, die im Wesentlichen auf Vernehmungen einiger beteiligter Polizeibeamter Bezug nahmen, blieben letztlich erfolglos. Mit Bescheid der Generalstaatsanwaltschaft vom 4.8.2014 wurde den Antragstellern mitgeteilt, dass diese sich nicht in der Lage sehe, anders zu entscheiden.

Gegen den ablehnenden Bescheid stellten die Beschwerdeführer dann, fortan durch mich vertreten, einen Antrag auf gerichtliche Entscheidung im Klageerzwingungsverfahren und begründete diesen auf 23 Seiten ausführlich. Dieser wurde als unzulässig aus formellen Gründen abgelehnt, ohne auf die Frage der rassistischen Diskriminierung einzugehen; ebenso eine Anhörungsrüge mit der Begründung, das Recht auf rechtliches Gehör sei nicht verletzt.

Mit Schriftsatz vom 15.12.2014 erhob ich Verfassungsbeschwerde zum Berliner Verfassungsgerichtshof, die mit der Begründung verworfen wurde, es seien keine Grundrechte verletzt. Auch hier wurde nicht auf die Frage der rassistischen Diskriminierung eingegangen.

3. Im Gegensatz zum bisher erfolglosen Strafverfahren, wogegen sich die Beschwerde an den UN-Ausschuss CERD richtet, hat das zivilrechtliche Verfahren gegen das Land Berlin auf Schadensersatz und Schmerzensgeld wegen unerlaubter Handlung inzwischen wenigstens einen ersten Teilerfolg erbracht: Das Landgericht Berlin hat in einem Feststellungsurteil das Land Berlin, vertreten durch den Innensenator, zur Zahlung eines Schmerzensgeldes verurteilt. Die Parteien streiten allerdings weiter über die Höhe des unserer Ansicht nach viel zu geringen Schmerzensgeldes.

Vorläufiges Fazit

Soweit die Ausführungen zum institutionellen Rassismus, seine internationale und nationale Entwicklung, sowie die Bedeutung des UN-Abkommens zur Beseitigung der rassistischen Diskriminierung (ICERD) in der heutigen Auseinandersetzung und seine brennende Aktualität – aufgezeigt an einer Reihe von Fallbeispielen, die sich fast beliebig erweitern ließen. Darüber hinaus werden damit auch die Verantwortlichen in den Institutionen Medien und Wissenschaft benannt, die für die Fortexistenz verantwortlich sind, solange die staatlichen Institutionen nicht dauerhaft und gezielt verpflichtet werden, die völkerrechtlich verbindliche UN-Konvention zur Verhinderung rassistischer Diskriminierung in die Tat umzusetzen und mit den sozialen Menschenrechten auf Gesundheit, Bildung und Wohnung für Alle die soziale Spaltung zu überwinden.

Zum Abschluss soll nun noch ein Exkurs in die Vergangenheit folgen; genauer in die neokoloniale Tradition Deutschlands. Denn diese spielt offenbar doch eine wesentliche Rolle bei der Entstehung des institutionellen Rassismus und der weiteren Entwicklung auch bei uns, und sollte daher auch bei seiner Bekämpfung angemessen berücksichtigt werden.

Exkurs: koloniale Kontinuitäten im Menschenrechtsdiskurs

Meine These lautet: Eine weitere wichtige Komponente des institutionellen Rassismus ist die Kolonialgeschichte und der Neo-Kolonialismus. Diese sind erst jüngst wieder bei den Auseinandersetzungen um die Entschädigung von Hinterbliebenen der Herero und Nama in den Verhandlungen der Bundesregierung mit Namibia ins Blickfeld geraten. Eine beschämende Geschichte, die hier nicht weiter dargestellt werden soll.[1]

Vielmehr will ich auf den Aufsatz von Felix Brönner, Dozent an der Potsdamer Universität, »Koloniale Kontinuitäten im Menschenrechtsdiskurs« bezugnehmen. Dieser skizziert die hierzulande weitgehend in Vergessenheit geratenen Zusammenhänge zwischen der europäischen Kolonialgeschichte und der Entstehung und Entwicklung der Menschenrechte nach dem Zweiten Weltkrieg und schreibt u.a., »dass auch nach dem formalen Ende europäischer Kolonialherrschaft in den 70er Jahren des 20. Jahrhunderts weiterhin koloniale Strukturen die globalen Hierarchien bestimmen.« (Brönner 2019: 25)

[1] Über die Debatte rund um die Reparationsforderungen, sowie der Anerkennung des Genozids an Herero und Nama vonseiten der Bundesregierung finden sich auf der Seite von German Foreign Policy detaillierte Schilderungen; vgl. z.B. News–GERMAN-FOREIGN-POLICY.com.

Er weist darauf hin, dass mit der Charta der Vereinten Nationen nach dem Zweiten Weltkrieg zwar ein radikaler Bruch mit der europäischen Dominanz des Völkerrechts propagiert und auch heute der Mythos einer »wirklich« universalen und gleichberechtigten Staatenwelt aufrecht erhalten werde. Dieser sei aber mit der tatsächlichen Entstehungsgeschichte nicht unbedingt vereinbar gewesen. In der entscheidenden Kernkommission der neu gebildeten Menschenrechtskommission waren vertreten: die Vorsitzende Elena Roosevelt (USA), Peng-chun Chang (China), sowie Vertreter aus dem Libanon, Australien, Chile, Frankreich, der UdSSR, dem Vereinigten Königreich sowie Kanada. P. Chang habe seinen Bachelor of Arts in den USA 1913 absolviert und den Doktorgrad von der Columbia Universität erhalten. »Darüber hinaus war seine legislatorische Legitimität stark eingeschränkt, da die teilweise von den USA unterstützte Regierung in China den Bürgerkrieg verlor, als im Jahr 1948 die maoistischen Truppen Peking erreichten [...] kein einziger Vertreter der ehemaligen Ausbeutungskolonien war damit Teil der Kernkommission.« (Ebd.: 29)

Die weitere historische Entwicklung wird von Brönner so bewertet: »Seit 1945, so kann zusammenfassend gesagt werden, waren Menschenrechte, obwohl stark eurozentrisch zwischen Vision und Institution entsprungen, ein zunächst ambivalentes globales Ordnungsprinzip. Es existierten unterschiedliche Lesarten zu der Idee der Menschenrechte, die politisch instrumentalisiert wurden. Mit den siebziger Jahren änderte sich dies. Seit dieser Zeit konnte sich ein spezifischer Diskurs und eine bestimmte Lesart durchsetzen, die eng mit dem US-amerikanischen Führungsanspruch von Demokratie, freien Märkten und globaler Überwachung durch Europa und seine ehemaligen Siedlungskolonien, allen voran die USA, verknüpft ist.« (Ebd.: 34)

Wenn wir diese allgemeinen Ausführungen zeitgeschichtlich in einem konkreten Beispiel dingfest machen wollen, bietet sich die Ausstellung im Berliner Pergamonmuseum, »Die geretteten Götter aus dem Palast von Tell Halaf« mit dem Vermächtnis von Max von Oppenheim, an. Werner Rügemer hat dies ausführlich aus Anlass der Eröffnung im Jahre 2014 dargestellt und belegt. So beschreibt er zunächst die Ausstellungsstücke; die monumentalen Götterfiguren eines Fürstensitzes eines einstmals arabischen Reiches vor 3000 Jahren. Zunächst waren sie zu Beginn des 20. Jahrhunderts durch Max von Oppenheim ausgegraben und in die Hauptstadt des Deutschen Reiches geschafft worden.

Max von Oppenheim wurde 1860 als Sohn eines Bankchefs einer ursprünglich jüdischen Familie geboren, deren Eltern zum Christentum konvertiert waren. Er selbst begann geheime Erkundungen im diplomatischen Dienst, in dem er in mehreren Expeditionen das zerfallende osmanische Reich durchstreifte und die englischen und französischen Kolonien im Nahen Osten und Nordafrika besuchte. »Er kleidet sich Arabisch, erlernte arabische Sprachen, erforscht das Leben der

Beduinen und gab sich als ihr Blutsbruder aus.« (Rügemer 2011) Dabei erkundete er in Absprache mit dem Auswärtigen Amt die Stimmung der Bevölkerungsgruppen und muslimischen Führer. Bei seiner Erkundung der Trasse für die geplante Bagdad-Bahn stößt Oppenheim auch auf die von Wüstensand überdeckten Reste des Tell Halaf-Palastes. Als Archäologe gelingt es ihm, die wertvollen entdeckten Reste des Tell Halaf-Palastes auszugraben und nach Berlin zu schaffen.

Unter der Überschrift »Muslime zum Dschihad anstacheln – der Archäologe als Terroristen-Führer« führt Rügemer aus: »die Grabungen unterbricht Oppenheim wegen des Weltkrieges, wechselt wieder übergangslos in seine Rolle als Geheimdiplomat, und zwar diesmal in der Version als Terrorismusexperte. Zu Kriegsbeginn im August 1914 meldete er sich im Auswärtigen Amt zurück. Dem Kaiser legt er die Denkschrift betreffend die Revolutionierung der islamischen Gebiete unserer Feinde vor. Darin fasst er die von ihm zuvor erkundeten islamischen Strömungen zusammen, die im Kampf um Sein oder Nichtsein für deutsche Interessen instrumentalisiert werden sollen. Türkei, Ägypten, Indien, Irak, Persien, Marokko, Algerien, Tunesien, auch Afghanistan: Land für Land nennt der Tarnkappen-Archäologe die muslimischen Führer, die als Freunde zu gewinnen sind. Im Kolonialhinterland des Erzfeindes England sollen freiwillige Verbände bewaffnet werden ›um die Engländer tot zu schlagen‹ […] Bis 1917 leitete er die von ihm selbst konzipierte ›Nachrichtenstelle für den Orient‹. Das Geld kommt vom Auswärtigen Amt und aus der Privatschatulle des Bankiers. In den ersten Kriegsjahren eröffnet das neue Amt 36 ›Nachrichtensäle‹ für die Dschihad-Agitation in den Staaten mit muslimischer Bevölkerung. Flugblätter und Bücher werden in 24 Sprachen unter das Volk gebracht.

Es werden für Analphabeten Comics mit einfachen Bildern verbreitet, muslimische Kriegsgefangene werden in Sonderlagern zusammengefasst und mithilfe von Gefangenenzeitungen aufgehetzt. Zeitschriften und Zeitungen werden subventioniert, einheimische Redakteure werden bestochen. Mit besonderem Eifer schreiben die Mitarbeiter der Nachrichtensäle unter falschem Namen Leserbriefe an die einheimischen Zeitungen. Oppenheim selbst gründet in Damaskus und Bagdad Zeitungen.

Franzosen und Briten werden in den Medien der Nachrichtenstelle als grausame Unterdrücker gebrandmarkt. Deutschland wird der beste Freund der Muslime und als Anwalt für das Selbstbestimmungsrecht der Völker gepriesen, die Gelder, Berater und Nachrichtenquelle soll nicht als Deutscher erkennbar sein.«

Nachdem diese Projekte im Zuge der Niederlagen des Deutschen Reiches im Ersten Weltkrieg sich zerschlugen, hatte Max von Oppenheim im Dritten Reich nichts Besseres zu tun, als erneut seine Dienste anzubieten. Rügemer beschreibt dies eindrucksvoll so: »Der Touristenführer Oppenheim blieb wie andere Akteure seines Milieus unbelehrbar. Den nun 80-jährigen Tarnkappen-

Archäologen trieb die Zurückhaltung der hitlerschen Kriegsführung gegenüber dem Nahen Osten dazu, am 25. Juli 1940 seine überarbeitete Denkschrift an das Auswärtige Amt zu senden. Die Grundidee blieb gleich: Muslime sollten im kolonialen Hinterland des deutschen Hauptfeindes England zum Dschihad angestachelt werden. Wieder sollten mit deutschem Geld und nach deutschem Drehbuch ›fanatische Heerschaaren‹ in den Kampf geschickt werden [...] Zeitgemäß zählt Oppenheim neben den Briten nun auch die Juden zu den Feinden des Deutschen Reiches. Aus Palästina sollten die Juden verschwinden, die nach dem Ersten Weltkrieg gekommen waren. Als ideologische zentrale Figur sah er nun den Judenhasser und Hitler-Freund Amin al-Husseini, den Mufti von Jerusalem. Mit Himmler verhandelte er den Verbleib der Juden, die er aus Palästina entfernen wollte und machte sich im KZ Oranienburg kundig, wie man Juden einsperrt. Ein Jahr nach Oppenheims Denkschrift hieß es in einer Weisung Hitlers: ›Zur Ausnutzung der arabischen Freiheitsbewegung. Die Lage der Engländer im mittleren Osten wird bei größeren deutschen Operationen umso schwerer sein, je mehr Kräfte durch Unruheherde oder Aufstandsbewegungen zeitgerecht gebunden werden.‹ Das muss keineswegs heißen, dass diese Weisungen direkt auf Oppenheim zurückgehen. Seine Auffassung hatte ja Tradition im Auswärtigen Amt und war in der NS-Führung verbreitet.«

Und dann beschreibt Rügemer unter der Überschrift »heuchlerische Pflege des Vermächtnisses« die Versuche der Oppenheimer und ihrer Freunde und Gönner in großen Unternehmen und Banken Deutschlands nach dem Zweiten Weltkrieg die Geschichte umzuschreiben, und Max von Oppenheim als eine Art Leuchtturm in der deutschen Geschichte der letzten 100 Jahre darzustellen. Auch wenn hier nicht auf die Einzelheiten dieser unterschiedlich aktualisierten Versuche eingegangen werden kann, muss zum Schluss über ein besonders schmerzliches oder sagen wir schämendes Lob des Max von Oppenheim anlässlich der Eröffnung der Ausstellung im Pergamonmuseum berichtet werden, mit dem auch Rügemers Artikel schließt. Die ARD präsentierte am 30. September 2009 die Ankündigung der Dokumentation »Faszination Orient. Das Leben des Max von Oppenheim« und präsentierte ihn als »Mittler zwischen den Welten«. Das Ende mit einem Zitat des damaligen Außenministers Frank-Walter Steinmeier: »Max von Oppenheim war einer der Pioniere auch in der deutsch-arabischen und der deutsch-türkischen Zusammenarbeit, und in dieser Hinsicht auch ein Vorbild für die Arbeit von heute.« Ausgerechnet der Tarnkappen-Archäologe und Terroristen-Freund Max von Oppenheim soll ein Vorbild für die Arbeit von heute sein!? Meines Wissens hat sich der Bundespräsident Steinmeier von dieser Aussage auch später nicht distanziert. Besser lässt sich der Einfluss des Neokolonialismus auf den institutionalisierten Rassismus nicht auf den Begriff bringen.

Statt einer Zusammenfassung – ein Bericht von ganz Außen

Ende 2022 erschien ein schwergewichtiges regierungsoffizielles Dokument von nahezu 300 Seiten mit dem Titel »15. Bericht der Bundesregierung über ihre Menschenrechtspolitik. Berichtszeitraum 1. Oktober 2020 bis 30. September 2022«. Es enthält auch ein 18-seitiges Kapitel zum Thema »Bekämpfung von Rassismus und anderen Formen gruppenbezogener Menschenfeindlichkeit«. Darin werden zwar eine Reihe von Gesetzesverschärfungen, erweiterter Aufgaben des Verfassungsschutzes und durchaus positiver Maßnahmen und Projekte dargestellt, mit denen schwerpunktmäßig Rechtsextremismus, Antisemitismus und andere Formen der gruppenbezogenen Menschenfeindlichkeit bekämpft werden; darunter auch Maßnahmen in der Bildungsarbeit, etwa zur Islamfeindlichkeit. Es wird auch ausgeführt, dass Deutschland die UN-Konvention zur Beseitigung rassistische Diskriminierung (ICERD) ratifiziert hat und anwendet. Allerdings wird mit keinem Wort erwähnt, dass Deutschland von dem eigens auf der Grundlage dieser Konvention eingerichteten UN-Ausschuss im Falle Sarrazin »verurteilt« wurde und weitere Verfahren gegen Deutschland anhängig sind (siehe oben).

Weiter wird betont: »Die Beauftragte der Bundesregierung für Antirassismus plant, einen ›Expertenrat Antirassismus‹ einzuberufen, der u.a. eine Arbeitsdefinition Rassismus für Verwaltungshandeln erarbeiten soll« – allerdings ohne zu erwähnen, dass es eine solche Arbeitsdefinition nicht nur längst in der Wissenschaft, sondern vor allem in der ICERD gibt. Drängt sich da nur uns der Verdacht auf, die Autor*innen dieses Berichtes hätten das Abkommen gar nicht gelesen oder nicht verstanden?

Und wenn dann in dem Zusammenhang auch noch vom »starken Staat« die Rede ist und mit keinem Wort der Rassismus in Polizei, Sicherheitsbehörden und Justiz auch nur erwähnt wird – könnte der*die Leser*in doch geneigt sein, diesen Staatenbericht als Versuch zu verstehen, den institutionellen Rassismus zu verschleiern und zu ignorieren.

Allerdings drängt sich mir dann doch die Frage auf, zu welchem Zweck dieser Staatenbericht zur »Menschenrechtspolitik« eigentlich verfasst wurde – der ja nicht nur vom Auswärtigen Amt herausgegeben, sondern auch noch von der Außenministerin Baerbock persönlich eingeleitet wird. Und dann werde ich als geneigter Leser auf den krönenden Abschluss dieses Dokuments gestoßen: Die letzten 40 Seiten zum Thema »Menschenrechte weltweit«, mit Berichten über knapp drei Dutzend Staaten. Darunter eine Auflistung zahlreicher Staaten mit mehr oder weniger gravierenden Menschenrechtsverletzungen: von Afghanistan über »China inklusive Hongkong« (mehrere Seiten), Russland, die Ukraine und Venezuela, bis zur Zentralafrikanischen Republik. Bezeichnenderweise aber fehlen Länder wie Brasilien, dessen Präsident Bolsonaro zu seiner Amtszeit sogar vom Präsidenten der brasilianischen Rechtsanwaltskammer (eine der größten der Welt) offen als »Faschist« bezeichnet wurde, so wie auch die USA und Israel keine Erwähnung finden.

In diesen Kontext passt, dass die Außenministerin Deutschlands – kurz nach dem Berichtszeitraum – die UN-Resolution zur Bekämpfung des Nazismus und Rassismus ausdrücklich abgelehnt hat.[2]

Literatur

Antidiskriminierungsstelle des Bundes (2022): Allgemeines Gleichbehandlungsgesetz (AGG), online: www.antidiskriminierungsstelle.de/DE/ueber-diskriminierung/recht-und-gesetz/allgemeines-gleichbehandlungsgesetz/allgemeines-gleichbehandlungsgesetz-node.html (zuletzt 11.5.2023).

Antidiskriminierungsverband Deutschland (advd) (2020): Stellungnahme des Antidiskriminierungsverband Deutschland zu den Maßnahmen des Kabinettausschuss zur Bekämpfung gegen Rechtsextremismus und Rassismus, 8.12., online: Stellungnahme-des-advd-zum-Massnahmenpaket-des-Kabinettausschuss-Rechtsextremismus-und-Rassismus.pdf (oegg.de) (zuletzt 11.5.2023).

Brönner, Felix (2019): Koloniale Kontinuitäten im Menschenrechtsdiskurs, in: Gunnarsson, Logi/Klein, Eckart/ et.al. (Hrsg.): MenschenRechtsMagazin, 24. Jahrgang, Heft 1/2, Potsdam. S. 24–37.

Deutschlandfunk vom 3. März 2021: »RKI stellt umstrittene Wieler-Zitate zu COVID-Patienten mit Migrationshintergrund teilweise klar«.

Europäischer Gerichtshof für Menschenrechte (2022): Fall Basu gg. Deutschland, 18.10., online: hudoc.echr.coe.int/eng#{%22fulltext%22:[%22Basu%20v%20Germany%22],%22documentcollectionid2%22:[%22GRANDCHAMBER%22,%22CHAMBER%22],%22itemid%22:[%22001-220007%22]} (zuletzt 11.5.2023).

FragDenStaat (2022): Abstimmung in der UNO gegen die Verurteilung des Nazismus. Anfrage an Auswärtiges Amt, 6.11., online: fragdenstaat.de/anfrage/abstimmung-in-der-uno-gegen-die-verurteilung-des-nazismus/#nachricht-747080 (zuletzt 11.5.2023).

german-foreign-policy.com: Informationen zur deutschen Außenpolitik, online: www.german-foreign-policy.com/ (zuletzt 11.5.2023).

Hinrichs, Jürgen (2020): BAMF-Skandal größtenteils zurückgewiesen, in: Weser Kurier, 7.11., online: www.weser-kurier.de/bremen/bremer-bamf-skandal-gericht-laesst-anklage-nur-in-wenigen-faellen-zu-doc7e4ebdofgyr12hhdj1pe (zuletzt 11.5.2023).

Klenner, Hermann (2016): Recht, Rechtstaat und Gerechtigkeit. Eine Einführung … mit einer Marx/Engels-Anthologie zur Natur des Rechts, Köln.

[2] Quelle: fragdenstaat.de/anfrage/abstimmung-in-der-uno-gegen-die-verurteilung-des-nazismus/ (zuletzt 11.5.2023).

Kutscha, Martin (2021): Die V-Leute und das Staatswohl, in: Ossietzky, April, S. 118, zusätzlich online: www.ossietzky.net/artikel/die-v-leute-und-das-staatswohl/ (zuletzt 11.5.2023).
Macpherson, William (1999): The Stephen Lawrence Inquiry, Home Office, 24.2., online: www.gov.uk/government/publications/the-stephen-lawrence-inquiry (zuletzt 11.5.2023).
Rügemer, Werner (2011): Dschihad Made in Germany, in: Junge Welt, 9.2., Berlin.
Schultz, Eberhard (2018): Feindbild Islam und institutioneller Rassismus. Menschenrechtsarbeit in Zeiten von Migration und Anti-Terrorismus, Hamburg.
Türkischer Bund in Berlin-Brandenburg (TBB) (2014): Thilo Sarrazin schlägt wieder zu, Presseerklärung, 15.12., online: www.tbb-berlin.de/thilo-sarrazin-schlaegt-wieder-zu (zuletzt 11.5.2023).

Biplab Basu/To Doan/Parto Tavangar

Racial Profiling

»Im Grunde genommen wird einem ja dadurch gesagt: ›Egal was Du machst oder was Du bist, was Du denkst, solange Du nicht aussiehst wie ein Deutscher, bist Du kein Deutscher. Und das zeigen wir Dir hier ganz genau‹« (Westdeutscher Rundfunk 2014).

Racial Profiling beschreibt die rassistische Kontrolle von Polizei-, Sicherheits-, Einwanderungs- und Zollpersonal. Die Beamt*innen kontrollieren und durchsuchen dabei gezielt Schwarze, PoC,[1] Rom*nja, Sinti*zze, als Muslim*a gelesene Menschen bzw. rassialisierte Menschen ohne einen konkreten Anhaltspunkt oder Verdacht. Hierbei werden zudem auch nicht *weiße* Sexarbeiter*innen und Trans*frauen verstärkt kontrolliert und kriminalisiert, somit als kriminell dargestellt, um die angewendete Gewalt zu begründen (vgl. Dankwa 2019). Um diese gewaltvolle, rassistische und rechtswidrige Praxis zu legitimieren und gesellschaftlich als notwendig darzustellen, werden rassialisierte Menschen als Bedrohung und Gefahr für die *weiße* Gesellschaft inszeniert, und als »Importeure« von Drogen- und Menschenhandel sowie sexistischer Übergriffe gegenüber *weißen* Frauen dargestellt. Hiervor müsse die *weißbürgerliche* Gesellschaft beschützt werden.

In einer vom Deutschen Bundestag herausgegebenen Studie (2015) wird Racial Profiling so definiert: »Hinter dem Begriff des ›Racial‹ oder ›Ethnic Profiling‹ verbirgt sich die auf phänotypischen Merkmalen basierende unterschiedliche Behandlung einzelner Personen im Vergleich zu anderen, welche sich in einer vergleichbaren Situation befinden. Dabei wird der Begriff im internationalen Kontext insbesondere auf die Durchführung von polizeilichen Maßnahmen bezogen. Eine völkerrechtlich einheitliche Definition existiert jedoch nicht. Phänotypische Merkmale beschreiben dabei das Erscheinungsbild eines Menschen, das durch Erbanlagen und Umwelteinflüsse geprägt ist. Von diesen Merkmalen werden etwa die Hautfarbe, die Rasse, oder sonstige äußerliche Erscheinungsmerkmale erfasst, die Hinweise etwa auf die ethnische Herkunft geben können.«

Hier fängt das Problem an: Durch diese konventionale Definition wird auch die eigentliche Motivation der Polizei – nämlich die *Kriminalisierung der sichtbaren Minderheiten* – verheimlicht. Die Bundesregierung verleugnet durchge-

[1] Abk. für People of Color: Der Begriff People of Color (im Singular Person of Color) ist eine Selbstbezeichnung von Menschen, die Rassismus erfahren.

hend Racial Profiling und verweigert die Erhebung der Statistik zu Identitätskontrollen der Bundespolizei. In einer Kleinen Anfrage der Fraktion Die Linke im Deutschen Bundestag (2022) zu Racial Profiling antwortet die Bundesregierung genauso abweisend wie in den Jahren zuvor, indem behauptet wird, dass Racial Profiling in Deutschland nicht existiert: »Ein solches ›racial profiling‹ ist mit dem geltenden deutschen Recht unvereinbar und wird innerhalb der Bundespolizei nicht angewandt. Aufgrund der Formulierung der Vorbemerkung der Fragesteller sowie mehreren Fragen entsteht der Eindruck, die Fragesteller unterstellten der Bundespolizei, dass ›rassistische‹ Verfahrensweisen angewandt bzw. geduldet würden. Gegen einen solchen pauschalen Vorwurf, für den es keine Tatsachengrundlagen gibt, verwahrt sich die Bundesregierung ausdrücklich.« (Deutscher Bundestag 2012: 3).

Die Landesregierungen verhalten sich diesbezüglich auch ähnlich.

Im Vereinigten Königreich präsentiert die britische Regierung eine umfassende und detaillierte Statistik zu Identitätskontrollen – Racial Profiling –, und veröffentlicht diese im Internet.[2] Deutlich wird, dass in England und Wales zwischen April 2020 und März 2021 insgesamt 697.405 Kontrollen und Durchsuchungen (ohne Fahrzeugdurchsuchungen) durchgeführt wurden. Es gab 12,4 Kontrollen und Durchsuchungen pro 1.000 Personen – im Vergleich zu 2010 mit 24,8 Kontrollen pro 1.000 Personen. Schaut man sich an, wie das Verhältnis der Kontrollen zwischen *weißen* und Schwarzen Menschen ist, zeigt sich deutlich, dass Schwarze Menschen siebenmal häufiger von der britischen Polizei kontrolliert werden: Es gab 7,5 Kontrollen und Durchsuchungen von *weißen Menschen* (pro 1.000 *weiße* Menschen), verglichen mit 52,6 von Schwarzen Menschen (pro 1.000 Schwarze Menschen). Durch die detaillierte Statistik zu Identitätskontrollen mit der Kategorie »Race« bei polizeilichen Kontrollen wird somit deutlich, dass Racial Profiling nicht mehr verleugnet werden kann.

Rechtlich sind diese rassistischen Kontrollen in Deutschland im Bundespolizeigesetz Art. 22 (1a)[3] verankert, indem vermeintlich verdachtsunabhängige Kontrollen zur Verhinderung der unerlaubten Überschreitung der Landesgren-

---

[2] Vgl. www.ethnicity-facts-figures.service.gov.uk/crime-justice-and-the-law/policing/stop-and-search/latest#main-facts-and-figures (zuletzt 15.5.2023).

[3] »Zur Verhinderung oder Unterbindung unerlaubter Einreise in das Bundesgebiet kann die Bundespolizei in Zügen und auf dem Gebiet der Bahnanlagen der Eisenbahnen des Bundes (§ 3), soweit auf Grund von Lageerkenntnissen oder grenzpolizeilicher Erfahrung anzunehmen ist, daß diese zur unerlaubten Einreise genutzt werden, sowie in einer dem Luftverkehr dienenden Anlage oder Einrichtung eines Verkehrsflughafens (§ 4) mit grenzüberschreitendem Verkehr jede Person kurzzeitig anhalten, befragen und verlangen, daß mitgeführte Ausweispapiere oder Grenzübertrittspapiere zur Prüfung ausgehändigt werden, sowie mitgeführte Sachen in Augenschein nehmen.«

zen und des unerlaubten Aufenthalts durchgeführt werden dürfen. Somit wird deutlich, dass Racial Profiling/Ethnic Profiling und damit staatlich sanktionierter Rassismus legitimiert werden, um sogenannte illegalisierte Grenzüberschreitungen zu verhindern.

Bereits 2013 hat das Deutsche Institut für Menschenrechte eine Studie herausgegeben, in der das Bundespolizeigesetz als menschenrechtswidrig eingestuft und ein dringender Handlungsbedarf festgestellt wurde (vgl. Cremer 2013).

2012 wurden Biplab Basu und seine Tochter auf dem Weg von Tschechien nach Deutschland im Zug als einzige Personen kontrolliert. Biplab Basu hat gegen diese rassistische Kontrolle und Racial Profiling geklagt: Alle deutschen Gerichtsinstanzen haben die Klage abgewiesen. Aus diesem Grund hat er vor dem Europäischen Gerichtshof für Menschenrechte geklagt. Dieser hat im Oktober 2022 ein Urteil gesprochen: Demnach wurde Deutschland aufgefordert, den Fall nochmal zu überprüfen. Weiterhin wurde Deutschland deutlich gemacht, dass es keine unabhängigen Ermittlungen durchgeführt hat, um die Kontrolle juristisch zu prüfen. Demnach gab es laut dem Urteil eine Verletzung der Artikel 8 und 14 der Europäischen Menschenrechtskonvention. Dieses Urteil fordert Deutschland auf, bei Fällen von Racial Profiling unabhängige Ermittlungen durchzuführen. Es macht deutlich, dass Klagen gegen die Polizei nicht durch die Polizei selbst untersucht werden können bzw. dürfen (vgl. Burkhardt/Barskanmaz 2019; EGMR 2022).

»Am 18.10.2022 hat nun erstmals der EGMR zum Racial Profiling verdachtsunabhängiger Identitätskontrollen durch die Polizei geäußert. In der Rechtssache Basu/Deutschland stellt er fest, dass die Bundesrepublik Diskriminierungsverbot des Artikel 14 EMRK verletzt hat, indem sie keine effektive Untersuchung eines Verdachtsfall von Racial Profiling durchgeführt hat. Die Entscheidung enthält wichtige Vorgaben zum rechtlichen Umgang mit Racial Profiling, weist aber auch Schwächen und Auslassungen auf.« (Payandeh 2023: 1)

Die EGMR-Entscheidung (2022) erkennt die sogenannte verdachtsunabhängige Identitätsfeststellung als Racial Profiling an und kritisiert die Untersuchungsmethode der Polizei.

Das Thema Racial Profiling »beschäftigt die Verwaltungsgerichte und auch die oberverwaltungsgerichtlichen Grundsatzentscheidungen« (Payandeh 2023) seit einigen Jahren. »Höchstrichterliche, Rechtsprechung des BVerwG oder des BVerfG existiert bislang allerdings nicht [...]« (Payandeh 2023).

Im Jahr 2019 haben Dr. Maren Burkhardt und Dr. Cengiz Barskanmaz die Berliner polizeiliche Befugnis nach § 21 ASOG hinsichtlich ihrer Verfassungsmäßigkeit überprüft und diese als bedenklich eingestuft (vgl. Burkhardt & Barskanmaz 2019). Demnach findet Racial Profiling tagtäglich im öffentlichen Raum, in Parks, Bahnhöfen, in Rotlichtvierteln, auf der Straße etc. statt. Diese vermeintlich »kriminalitätsbelasteten Orte« sind überwiegend Orte, in denen mehrheitlich rassialisierte Menschen leben und sich aufhalten. Die Kontrollen geschehen also nicht anlasslos, sondern dienen der Kriminalisierung von rassialisierten Menschen. Sie werden als Bedrohung von außen dargestellt, weswegen eine vermehrte rassistische Kontrolle auf den Straßen und an den Grenzen notwendig sei, um Sicherheit und Schutz der *weißen* Bevölkerung gewährleisten zu können.

Zwei Aufgaben von Racial Profiling werden damit deutlich: Es geht im ersten Schritt um eine Migrationskontrolle und im zweiten Schritt um die pauschale Kriminalisierung von rassialisierten Menschen.

So wird immer wieder deutlich, dass Migration aus mehrheitlich nicht *weißen* Ländern i.d.R. in den Medien und den Gesetzen als Straftat inszeniert und verfolgt wird. Durch rassistisches Framing und Begrifflichkeiten wie »Wirtschaftsflüchtling«, »Missbrauch des Flüchtlingsrechts«, »Asylmissbrauch« uvm., wurden Diskurse in der Öffentlichkeit etabliert, um rassistische Gesetzgebungen und Gewaltausübungen gegen Geflüchtete zu legitimieren und als dringend notwendig darzustellen.

Dabei fällt auf, dass je nach wirtschaftlichen Interessen Europas bzw. Deutschlands Migration unterschiedlich gewertet wird: So werden beispielsweise in Situationen, wie dem des heutigen »Fachkräftemangels« bestimmte Migrant*innengruppen als notwendig gebraucht dargestellt und sogar angeworben. Diese sollen jedoch nur übergangsweise aushelfen und gesucht werden: i.d.R. hochausgebildete Fachkräfte des IT-Bereichs, Ärzt*innen etc. Solange die »Migration« also wirtschaftliche Vorteile für Deutschland hat, wird sie legitimiert. Sobald sie jedoch keinen wirtschaftlichen Interessen dient, wird Migration kriminalisiert. Fluchtwege und Fluchthelfer*innen werden kriminalisiert und als »Schlepper« und »Menschenhändler« diffamiert. Zudem werden an europäischen Außengrenzen rassialisierte Menschen durch die EU ermordet, die sich perfiderweise dafür noch selbst den Friedensnobelpreis verleiht. (vgl. Prantl 2015; Pro Asyl 2022; Ulbricht 2017)

Institutioneller Rassismus

Diese rassistischen Narrative und Strukturen finden sich in Institutionen und Behörden wie Polizei, Justiz, Schulen und Jobcentern wieder, und werden dadurch verankert und weitergeführt. Somit ist auch Racial Profiling ein fester Bestandteil des institutionellen Rassismus.

Durch die Veröffentlichung der NSU-Morde 2011 wird deutlich, wie rassistische Morde zunächst unsichtbar gemacht werden und eine Täter-Opfer-Umkehr stattfindet. Im Fokus der Ermittlungen standen die Verstorbenen, Überlebenden und Angehörigen als Verdächtige, indem die Familienstrukturen bzw. ihre »kulturellen Hintergründe« problematisiert, dämonisiert und kriminalisiert wurden. So wurden die Hinterbliebenen und Betroffenen permanent als Täter*innen befragt, während rassistische Motive ausgeblendet wurden, obwohl die Überlebenden und Angehörigen die Behörden wiederholt darauf hinwiesen, dass es rassistische Morde waren.

Diese rassistische Ermittlungsmethode ist keine Ausnahme. Sie ist auch nicht damit zu erklären, dass der oder die eine oder andere leitende Ermittler*in etwas übersehen haben könnte. Dieser sogenannte Fehler liegt in den rassistischen Grundeinstellungen begründet, die wiederum dem institutionalisierten Rassismus Vorschub leisten. Otto Schilys Kampagne, Geflüchtete und Asylsuchende zu kriminalisieren, passte ebenso in die rassistischen Strukturen der bundesrepublikanischen Wirklichkeit, wie eine gezielt gesteuerte antimuslimische Grundstimmung in der gesamten Gesellschaft. Polizei und Geheimdienste haben faktisch schützend die Morde begleitet und die Schilys (SPD)[4] und Bosbachs (CDU)[5] sorgten für die notwendige rassistische Ideologie – im Parlament und in Fernseh-Talkshows.

Rassismus wird institutionalisiert und entsprechend wird auch gehandelt. Die Polizei handelt in dieser gesamtgesellschaftlichen Struktur auch nicht anders als die vorherrschende gesellschaftliche Meinung, Struktur und Ideologie. Das polizeiliche Handeln gegenüber Migrant*innen, Schwarzen oder People of Color, welche aufgrund ihrer Hautfarbe, Sprache, Religion oder was auch immer durch Polizist*innen kategorisiert, sortiert und hierarchisiert werden, spiegelt den gesellschaftlichen und institutionellen Rassismus wider.

Der institutionalisierte Rassismus und der Rassismus der Institutionen werden geleugnet. Und wenn dieser geleugnet wird, dann verwundert es nicht, dass auch Racial Profiling abgestritten wird. Racial Profiling ist ein Teil von institutionalisiertem Rassismus und des Rassismus der Institution Polizei. Das kann weder die Bundesregierung noch die Polizei zugeben, da Rassismus als System nicht eingestanden wird. Die Polizist*innen haben die Gedankenstruktur im Kopf, dass jede*r Nicht*weiße* ein*e Verbrecher*in sein könnte. Dieser rote Faden zieht sich durch alle Polizeistrukturen und auch alle Institutionen.

---

4 Otto Schily, Bundesminister des Innern 1998–2005.

5 Wolfgang Bosbach, Vorsitzender des parlamentarischen Innenausschusses 2009–2015.

Racial Profiling im Alltag und Gegenstrategien

»It is not light that we need, but fire; it is not the gentle shower, but thunder. We need the storm, the whirlwind, and the earthquake. « (Freederick Douglas)

Die Leugnung von Racial Profiling und institutionellem Rassismus hat Auswirkungen im Alltag rassialisierter Menschen.

In den frühen 1990er-Jahren begannen die Menschen, insbesondere die schwarze und lateinamerikanische Community in den USA, auf Racial Profiling aufmerksam zu werden. Gegen Ende des Jahrhunderts war Racial Profiling »nicht nur in New Jersey, sondern in den gesamten Vereinigten Staaten zu einem Riesenthema geworden« (Collum 2013). Sogar der damalige Präsident der USA, Bill Clinton, wurde in der New York Times mit den Worten zitiert: »Racial Profiling ist in der Tat das Gegenteil von guter Polizeiarbeit, bei der Maßnahmen auf harten Fakten und nicht auf Stereotypen beruhen.« Es ist falsch, es ist zerstörerisch und es muss aufhören (Holmes 1999).

In Deutschland/Berlin wurde es um 2005/2006 zu einem Thema der öffentlichen Debatte. Obwohl sowohl die Bundes- als auch die Landesregierungen in Deutschland die Existenz von Racial Profiling vehement bestritten, erreichte die Debatte, die von der in Berlin ansässigen gemeinnützigen Organisation KOP angeführt wurde, einen großen Teil der rassialisierten Minderheiten und einen Teil der *weißen* Bevölkerung. Die Protestbewegung, die sich um dieses Thema herum bildete, beschäftigte sich mit einer großen Anzahl von Fragen im Zusammenhang mit rassistischer Polizeigewalt und dem Fehlen jeglicher Aufsicht sowie der Tatsache, dass Polizei, Staatsanwaltschaft und Richterschaft Racial Profiling bei der Polizeiarbeit völlig ignorieren.

Anders als in den USA oder Großbritannien, wo die Erfahrungen von Afroamerikaner*innen und sichtbaren Minderheiten vor allem von ihnen selbst dokumentiert wurden und an die nächsten Generationen weitergegeben werden konnten, wurden in Deutschland die individuellen Erfahrungen nicht transportiert und sehr oft als Ausnahmen und Beschönigungen abgetan. Daher war es für KOP eine Notwendigkeit, die Erzählungen der Betroffenen rassistischer Polizeigewalt systematisch zu dokumentieren, um das mediale Verschweigen rassistischer Polizeigewalt und das rassistisch aufeinander abgestimmte System zwischen Polizei und Justiz sowie die daraus resultierende Ohnmacht der Betroffenen sichtbar zu machen.

Anhand eines aktuellen Erfahrungsberichts zeigt sich die strategische Kriminalisierung durch Racial Profiling:

Ein Schwarzer Mann ist mit Freund*innen im Park. Plötzlich wird er von Polizist*innen kontrolliert und durchsucht. Obwohl nichts gefunden wird und alle Papiere in Ordnung sind, wird er aufgefordert, mit zur Polizei zu kommen, damit er erkennungsdienstlich erfasst wird. Nachdem er fragt, wieso er erkennungsdienstlich erfasst werden soll, erklären die Polizist*innen, dass ein Zivilpolizist ihn vor drei Tagen gesehen hätte, wie er Drogen verkauft habe. Obwohl der Mann erklärt, dass er vor drei Tagen nicht im Park war und keine Drogen verkauft (hat), wird er mitgenommen und bekommt eine Anzeige wegen Drogenhandels und Widerstands gegen Vollstreckungsbeamte. Bei rassistischer Polizeigewalt setzt die Polizei regelmäßig Gegenanzeigen strategisch ein, um die Gewalt als »rechtmäßige Diensthandlung« zu legitimieren und die betroffene Person zu kriminalisieren. Die Chancen auf Verurteilung der Polizeibeamt*innen bleiben gering, selbst wenn die Belege schlagend sind und sich manche Anzeige – wie z.B. »Widerstand gegen Vollstreckungsbeamte«, »Beleidigung«, »Verletzung der Ehre«, etc. – als unbegründet und illegitime Diensthandlung herausstellt. Unter dem Deckmantel vermeintlich notwendiger Maßnahmen zur Wahrung der öffentlichen Sicherheit und Ordnung werden Betroffene rassistischer Polizeigewalt somit zur Gefahr, die aus Deutschland entfernt werden soll, gemacht und etikettiert. Nicht die Täter*innen oder rassistische Polizeigewalt werden bekämpft, sondern die Betroffenen.

Institutioneller Rassismus zeigt sich im gesamten Strafjustizsystem, sowohl bei der Polizei als auch im Gericht, bei Staatsanwält*innen, Richter*innen und in Haftanstalten. Das Nicht-Verfolgen und damit die Einstellung der Ermittlungsverfahren bei rassistischer Polizeigewalt ist ein Ausdruck eines rassistischen Entrechtungssystems. Vor allem der (öffentliche) Schein des Justizsystems als »neutrale« Instanz und vorgebliche, sogenannte Colorblindness verhindern eine positionierte Auseinandersetzung mit Rassismus im Rechtssystem. Folglich besitzen die Polizei und die Justiz ein Machtmonopol mit einer Definitionsmacht, die durch Medien und Politik permanent untermauert und gerechtfertigt wird.

Um diesem Entrechtungssystem und den rassistischen Narrativen etwas entgegenzusetzen, dokumentiert KOP Berlin[6] Erfahrungsberichte von rassistischer Polizeigewalt in Berlin durch eine Chronik[7] – mit dem Ziel, die Öffentlichkeit über diese organisierte Gewalt und die staatlichen Verbrechen, die systematisch im Dienste einer rassistischen Abschreckungspolitik stehen, zu informieren, die Position der Betroffenen zu stärken und die Polizei rechenschaftspflichtig zu machen.

---

[6] Ziel von KOP (Kampagne für Opfer rassistischer Polizeigewalt) Berlin ist es, auf verschiedenen Ebenen institutionellem Rassismus entgegenzutreten und damit den rassistischen Normalzustand zu durchbrechen. Konkret befasst sich KOP unter anderem mit der Polizeipraxis des Racial Profiling, der Dokumentation und Aufklärung rassistischer Polizeiangriffe und -übergriffe sowie der Begleitung der Opfer und die Vermittlung zu Beratungsstellen und bietet mittels ihres Rechtshilfefonds finanzielle Unterstützung bei einem Prozess an.

[7] Vgl. kop-berlin.de/chronik (zuletzt 15.5.2023).

Zunehmend fällt auf, dass nach dem Tod von George Floyd ein großes öffentliches Interesse daran besteht, rassistische Polizeikontrollen zu filmen. Auch in unserer Beratungspraxis zeigt sich immer wieder, dass die Menschen Fälle rassistischer Polizeigewalt filmen und dafür häufig in der Folge kriminalisiert werden. So beispielsweise ein Erfahrungsbericht eines Betroffenen vom 29. August 2018:

Der*die Zeug*in beobachtet am späten Abend, wie zwei Polizisten einen Schwarzen Mann am Görlitzer Bahnhof festnehmen. Sie fixieren ihn am Boden. Der Mann schreit vor Schmerzen und möchte wissen, warum er festgenommen wird. Er spricht Englisch. Eine Freundin des Betroffenen ruft immer wieder, die Polizisten sollen ihn loslassen. Ein Polizist schubst sie und stößt ihr mit der Hand vor die Brust. Viele Menschen bleiben stehen. Es kommt Verstärkung, die Zeug*innen werden zurückgedrängt. Ein Polizist kommt direkt auf den*die Zeug*in zu und droht mit dem Schlagstock, dass die Person Abstand nehmen solle. Der*die Zeug*in weicht zurück und entfernt sich mehrere Meter von der Situation. Der*die Zeug*in trifft zwei Bekannte, Adil und Bader, und beobachtet mit ihnen gemeinsam aus einiger Entfernung den Einsatz weiter. Adil filmt mit dem Handy. Der Einsatzleiter kommt auf ihn zu, wird handgreiflich und schubst den jungen Mann. Adil nimmt die Hände hoch. Bader nimmt das Telefon und sagt, er wird es ausschalten. Der Einsatzleiter geht weg, spricht mit einem Kollegen und kommt zurück. Jetzt greift er Bader direkt an, schreit, er solle das Handy ausmachen und stößt ihn vor ein Geländer. Drei weitere Polizisten kommen dazu und werfen Bader auf den Boden. Sie entreißen ihm das Handy und brechen ihm dabei den Arm. Bader wird von einem Krankenwagen ins Krankenhaus gebracht. Die Polizisten erstatten Strafanzeige gegen ihn.

Die Polizei verbietet systematisch das Filmen und droht mit Gewalt und Anzeigen nach dem »Abhörparagrafen«, § 201 StGB (Verletzung der Vertraulichkeit des Wortes). Dieser besagt, dass, wer unbefugt »das nichtöffentlich gesprochene Wort eines anderen auf einen Tonträger aufnimmt«, eine Straftat begeht. Er besagt aber auch, dass »sie [die Aufnahme] […] nicht rechtswidrig (ist), wenn die öffentliche Mitteilung zur Wahrnehmung überragender öffentlicher Interessen gemacht wird«. Leider häufen sich Dokumentationen massiver Polizeigewalt und Anzeigen aufgrund des Filmens. Offensichtlich fungiert dies als Abschreckungsmethode. Auch hier wird deutlich, dass rassistische Polizeigewalt systematisch verschleiert und unsichtbar gemacht werden soll.

Wir sehen jegliche Polizeieinsätze als eindeutig öffentliche Einsätze im Dienst, weswegen dieser Paragraf nicht im einseitigen Interesse der Polizei strategisch ausgelegt, genutzt und instrumentalisiert werden darf, um Beweismittel zu illegalisieren und Betroffene zu kriminalisieren. Vielmehr muss politisch klargestellt werden, dass Videoaufnahmen von rassistischer Polizeigewalt als Beweismittel zugelassen sind. Eine solidarische Gegenwehr und -strategie kann nur garantiert werden, wenn Videoaufnahmen von rassistischen Verbrechen als Beweismittel anerkannt werden. Schließlich dienen sie der Sichtbarmachung rassistischer Polizeigewalt und der Identifizierung und Überführung von Täter*innen. Videoaufnahmen systematisch als Beweismittel in Gerichtsverfahren zu illegalisieren, macht rassistische Polizeigewalt unsichtbar und legitimiert Rassismus. Rassistische Polizeigewalt ist immer auch staatliche Gewalt.

Aus diesem Grund hat KOP Berlin am 11. November 2021 die Kampagne »GoFilmthePolice« gestartet, in der Menschen aufgefordert werden, gezielt rassistische Polizeikontrollen zu filmen, um rassistische Polizeikontrollen gewaltlos sichtbar zu machen und ihre Zulassung als Beweismittel einzufordern. Außerdem ist »GoFilmthePolice« eine Form des Empowerments: weil Menschen, die von Rassismus betroffen sind und die Erfahrung machen, dass ihre Version von der zuständigen Justizbehörde als falsch dargestellt wird, selbst die Beweismittel sammeln.

Trotz wiederkehrender aggressiver Reaktionen der Polizei, erhält KOP regelmäßig Videoaufnahmen von rassistischer Polizeigewalt, die Betroffene entlasten und folglich zeigen, dass die Gewalt der Polizei nicht mehr zu verleugnen ist.

So auch in einem weiteren Erfahrungsbericht eines Betroffenen von Juni 2021: Ein junger Mann und seine Schwester waren dabei, mit einem Arbeitsauto am Lausitzer Platz Post auszutragen. Plötzlich kam die Polizei und fragte nach den Personalien und durchsuchte das Auto. Die Schwester wurde aus dem Auto genommen und ihr wurde vorgeworfen, dass sie Drogen eingenommen hätte. Als der Bruder beobachtete, wie unverhältnismäßig und gewaltvoll die Polizist*innen mit seiner Schwester umgingen und sein Auto ohne Ankündigung und Grund durchsuchten, filmte er die Kontrolle. Die Polizei drängte ihn dazu, das Filmen zu stoppen und nahm ihm plötzlich das Handy weg, drückte ihn gewaltvoll auf den Boden und legte ihm Handschellen an. Gleichzeitig hat ein Zeuge alles gefilmt. Der Bruder wurde von der Polizei angezeigt wegen tätlichen Angriffs und Widerstands gegen Vollstreckungsbeamte. Die Polizei behauptete, dass der Bruder versucht habe, die Polizisten gegen den Kopf zu treten und sich beim Handschellenanlegen versteift habe. In der Gerichtsverhandlung wurde schließlich die Videoaufnahme des Zeugen als Beweismittel zugelassen und der Bruder wurde freigesprochen. Dieser Fall macht deutlich, wie wichtig Videoaufnahmen sind, und wie wichtig es ist, dass diese als Beweismittel vor dem Gericht zugelassen werden.

Auch das Pilotprojekt der Polizei, anhand von Bodycams Polizeieinsätze zu filmen, ist gescheitert, u.a., weil Polizist*innen selbst entscheiden können, wann sie diese einschalten und einsetzen. Zudem wurden die Bodycams nicht zum Schutz der Betroffenen von Polizeieinsätzen eingeführt, sondern um Polizist*innen zu schützen. Somit werden diese i.d.R. nicht eingeschaltet bzw. weitergegeben, wenn rassistische Polizeigewalt angewendet wird. Daher gibt es bislang keine andere Möglichkeit, als dass Betroffene und Zeug*innen das selbst in die Hand nehmen.

Racial Profiling ist immer intersektional

Auch während der Einschränkungen aufgrund der Covid-19 Pandemie zeigte sich Racial Profiling sehr deutlich: Es wurden vermehrt Schwarze Menschen und People of Color rassistisch kontrolliert und kriminalisiert. Auch die Antidiskriminierungsstelle des Bundes stellt 2020 fest, dass die Beratungsanfragen sich fast verdoppelt haben und vor allem zu Beginn der Pandemie asiatisch gelesene Menschen rassistische Übergriffe erlebten. Es wurde berichtet, dass Rom*nja, Sinte*zze und asiatische Menschen verstärkt von Ordnungsämtern und Polizei kontrolliert und Zugänge zu medizinischen Dienstleistungen und Jobs massiv eingeschränkt wurden (vgl. ADB Jahresbericht 2020).

Auch der Zugang zu Beratungsstellen ist häufig für rassialisierte Menschen nur eingeschränkt möglich, da Opferberatungsstellen oftmals Rassismuserfahrungen, meist verwoben mit anderen Diskriminierungserfahrungen wie Sexismus, Klassismus, Ableismus etc., nicht ernst nehmen und damit den Zugang zu Beratungen verhindern.

Beispielsweise zeigt sich in der Beratungsarbeit immer wieder, dass rassialisierte Menschen, die aufgrund von rassistischer Gewalt und permanenten strukturellen Diskriminierungserfahrungen starke psychische Belastungserscheinungen zeigen, kaum Anbindung an Beratungsstellen, die überwiegend mit weißen Menschen besetzt sind, erhalten und die Versorgung somit nicht gedeckt werden kann. Häufig durchlaufen die Betroffenen bereits mehrere (stationäre) Klinikaufenthalte, wo jedoch in der Regel nicht mehrdimensional und intersektional gearbeitet wird. Daher brechen Menschen immer wieder aus diesen Strukturen aus, weil sie sich nicht gehört und gesehen fühlen. Ihre rassistischen Erfahrungen werden häufig in den Kliniken und *weißen* Beratungsstellen geleugnet und die Menschen dadurch retraumatisiert.

Auch Racial Profiling muss intersektional betrachtet werden: So werden in der Regel junge rassialisierte Männer, denen häufig die islamische Religion zugeschrieben wird, durch die Polizei scheinbar »verdachts-« und »anlassunabhängig« kontrolliert, verfolgt, angegriffen und ermordet. Durch die Konstruktion und das Zusammenwirken der verschiedenen Zuschreibungen wie Alter, Geschlecht, sexuelle Orientierung, Nationalität und Religion werden rassialisierte Männer kriminalisiert und als »Sicherheitsrisiko« dargestellt, vor der die *weiß*deutsche Mehrheitsgesellschaft geschützt werden müsse (Çetin 2021: 146). Dabei wird das Konstrukt des sexistischen heterosexuellen Mannes bzw. orientalistischen »Anderen« reproduziert und zugleich als Gefahr für das sich als *weiß* imaginierende Europa inszeniert. Muslimischen Menschen wird im *weißen* Diskurs Queerfeindlichkeit zugeschrieben, wogegen die *weiße* queere Szene sich als »fortschrittlich« und queerfreundlich konstruiert. Damit werden *weiße* Überlegenheitsnarrative und antimuslimischer Rassismus fortgeschrieben und Nationalismus bekräftigt (vgl. Çetin 2015).

Strukturell und im Alltag ist Rassismus immer intersektional zu betrachten, da Rassismus nie isoliert von anderen Machtachsen (Klassismus, Hetero-cis-Sexismus, Ableismus) analysiert werden kann und nicht allein wirkt. Aufgrund des Fortwirkens von kolonialen und imperialen Strukturen, die sich in globalen wie lokalen Ausbeutungsbeziehungen niederschlagen, erfahren rassialisierte Menschen permanent Deklassierungen (vgl. Hooks 2020), die zu prekären Arbeits- (Niedriglohnsektor) und Wohnverhältnissen führen.

Zusammenfassend kann gesagt werden, dass Rassismus immer intersektional zu betrachten ist und damit jegliche Analysen und Berichte ohne intersektionales Verständnis Rassismus verkürzen und rassistische Verbrechen damit unsichtbar machen und letztendlich legitimieren (vgl. Balibar 1990; Attia et al 2015).

Literatur

Attia, Iman/ Köbsell, Swantje/ Prasad, Nivedita (Hrsg.) (2015): Dominanzkultur reloaded. Neue Texte zu gesellschaftlichen Machtverhältnissen und ihren Wechselwirkungen, Bielefeld.

Antidiskriminierungsstelle des Bundes (2020): »Gleiche Rechte, gleiche Chancen. Jahresbericht der Antidiskriminierungsstelle des Bundes«.

Balibar, Étienne/ Wallerstein, Immanuel (Hrsg.) (1990): Rasse, Klasse, Nation. Ambivalente Identitäten, Hamburg.

Bundespolizeigesetz: BPolG, § 22 Befragung und Auskunftspflicht, unter: www.gesetze-im-internet.de/bgsg_1994/__22.html (zuletzt 15.5.2023).

Burkhardt, Maren/ Barskanmaz, Cengiz (2019): Verfassungsrechtliche Bewertung der Vorschrift des § 21 Abs.2 Nr. 1 des Allgemeinen Gesetzes zum Schutz der öffentlichen Sicherheit und Ordnung in Berlin – das Konzept der »kriminalitätsbelasteten Orte«, Berliner Bündnis BAN RACIAL PROFILING (Hrsg.), Berlin.

Çetin, Zülfukar (2015): Der Schwulenkiez. Homonationalismus und Dominanzgesellschaft, in: Attia, Iman/ Köbsell, Swantje/ Prasad, Nivedita (Hrsg.): Dominanzkultur reloaded. Neue Texte zu gesellschaftlichen Machtverhältnissen und ihren Wechselwirkungen, Bielefeld; S. 35–46.

Çetin, Zülfukar (2021): Einführung in die Intersektionalität, in: Fereidooni, Karim/ Hößl; Stefan E. (Hrsg.): Rassismuskritische Bildungsarbeit. Reflexionen zu Theorie und Praxis, Frankfurt am Main; S. 141–152.

Collum, Joseph (2013): The Black Dragon. Racial Profiling Exposed, Sun River, Montana (USA).

Cremer, Hendrik (2013): ›Racial Profiling‹. Menschenrechtswidrige Personenkontrollen nach § 22 Abs. 1 a Bundespolizeigesetz. Empfehlungen an den Gesetzgeber, Gerichte und Polizei, Deutsches Institut für Menschenrechte (Hrsg.), Berlin.

Dankwa, Serena O./ Wa Baile, Mohamed/ et.al. (Hrsg.) (2019): Racial Profiling Struktureller Rassismus und antirassistischer Widerstand, Bielefeld.

Die Bundesregierung (2012): Antwort der Bundesregierung auf die Kleine Anfrage der Abgeordneten Ulla Jelpke, Jan van Aken, Sevim Dagdelen und weiterer Abgeordneter und der Fraktion DIE LINKE. Drucksache 17/11776. racial profiling bei verdachtslosen Personenkontrollen der Bundespolizei, Berlin, unter: dserver.bundestag.de/btd/17/119/1711971.pdf (zuletzt 15.5.2023).

Die Bundesregierung (2022): Antwort auf die Kleine Anfrage der Abgeordneten Clara Bünger, Nicole Gohlke, Gökay Akbulut und weiterer Abgeordneter und der Fraktion DIE LINKE. Drucksache 20/4661. Problematik des Racial Profiling und anlasslose Kontrollen der Bundespolizei seit 2021, Berlin, unter: dserver.bundestag.de/btd/20/049/2004961.pdf (zuletzt 15.5.2023).

Europäischer Gerichtshof für Menschenrechte (EGMR 2022): Case of Basu v. Germany, Strasbourg, 18.10.2022 (Application no. 215/19) unter: https://hudoc.echr.coe.int/eng#{%22documentcollectionid2%22:[%22GRANDCHAMBER%22,%22CHAMBER%22],%22itemid%22:[%22001-220007%22]}(zuletzt 23.8,2023).

Klemp, Stefan/ Timm, Ulrike (2011): Legende vom ›sauberen Ordnungspolizisten‹ im NS-Staat, in: Deutschlandfunk Kultur, 30.3., unter: www.deutschlandfunkkultur.de/legende-vom-sauberen-ordnungspolizisten-im-ns-staat.954.de.html?dram:article_id=146158 (zuletzt 15.5.2023).

Golian, Shohreh/ Schmid, Lina/ Straube, Paula (2021): Racial Profiling und Widerstand: Zivilgesellschaftliche Strategien gegen institutionellen Rassismus, in: Heinrich-Böll-Stiftung/ Heimatkunde/ Migrationspolitisches Portal, Berlin, unter: heimatkunde.boell.de/de/2021/04/14/racial-profiling-und-widerstand-zivilgesellschaftliche-strategien-gegen-institutionellen (zuletzt 15.5.2023).

Holmes, Steven A (1999): Clinton Orders Investigation On Possible Racial Profiling, in: New York Times, New York (USA), unter: www.nytimes.com/1999/06/10/us/clinton-orders-investigation-on-possible-racial-profiling.html (zuletzt 15.5.2023).

Hooks, Bell (2020): Die Bedeutung von Klasse. Warum die Verhältnisse nicht auf Rassismus und Sexismus zu reduzieren sind, Münster.

Kampagne für Opfer rassistischer Polizeigewalt (Hrsg.) (2016): Alltäglicher Ausnahmezustand. Institutioneller Rassismus in deutschen Strafverfolgungsbehörden, Berlin.

Kampagne für Opfer rassistischer Polizeigewalt (Hrsg.) (2021): Chronik rassistisch motivierter Polizeivorfälle für Berlin von 2000 bis 2021, Berlin, unter: kop-berlin.de/files/documents/chronik.pdf (zuletzt 15.5.2023).

Kelley, D.J./ Quinn, P.C./ Slater, A.M./ et.al.: The other-race effect develops during infancy: Evidence of perceptual narrowing, in: Psychological Science, Vol. 18, Nr. 12, Thousand Oaks, Kalifornien (USA), S. 1084–1089.

Payandeh, Mehrdad (2023): EGMR. Racial Profiling - Polizeikontrolle in einem Zug. NJW, S. 123.

Prantl, Heribert (2015): Wie die EU Flüchtlinge tötet, in Süddeutsche Zeitung, 18.4., unter: www.sueddeutsche.de/politik/fluechtlingspolitik-du-sollst-nicht-toeten-1.2439653 (zuletzt 15.5.2023).

O.A. (2022a): Dreckige Deals, Misshandlungen und Tod an den EU-Grenzen, in: Pro Asyl, 29.6., unter:.www.proasyl.de/news/dreckige-deals-misshandlungen-und-tod-an-den-eu-grenzen/ (zuletzt 16.5.2023).

O.A. (2022b): Skandalöse Gerichtsprozesse an Europas Grenzen gegen Schutzsuchende und ihre Unterstützer*innen, in: Pro Asyl, 19.5.2022, unter:.www.proasyl.de/news/skandaloese-gerichtsprozesse-an-europas-grenzen-gegen-schutzsuchende-und-ihre-unterstuetzerinnen/ (zuletzt 16.5.2023).

Ulbricht, Christian (2017): Ein- und Ausgrenzung von Migranten. Zur sozialen Konstruktion von (un)erwünschter Zuwanderung, Bielefeld.

Wissenschaftliche Dienste des Deutschen Bundestags (2015): Verdachtsunabhängige Maßnahmen nach § 22 Abs. 1a BPolG und Racial Profiling. WD 3 - 3000 - 020/15, Berlin, unter: www.bundestag.de/resource/blob/408488/d66a6492df5e52e2fdc26e840b3dd3e2/WD-3-020-15-pdf-data.pdf (zuletzt 15.5.2023).

Emilia Roig

Von Un(an/aus)sprechbarkeit[1] zur Subversion

Neuskizzierung der Reisen von Intersektionalität nach Europa[2]

Einführung

Dieser Text hebt Elemente von Intersektionalität hervor, die in der Übersetzung vom US-amerikanischen zum europäischen Kontext zuvor verloren gegangen sind und illustriert die Wege der Wiederfindung und praktischen Anwendungen.

Während die Mobilisierung für Intersektionalität im Kontext eines post-rassistischen und auf colorblindness beharrenden Europas nicht ohne Schwierigkeiten war, würde ich sagen, dass die Stille um das Konstrukt »*Rasse*« (im Sinne des US-amerikanischen Diskurses um »race«)[3] letztendlich ein Segen war. Durch die Betonung der individuellen Dimensionen von Diskriminierung auf Kosten der strukturellen und historischen gelang es uns, die eigentlichen Strukturen zu dekonstruieren. Es ermöglichte uns, die, durch die Überbetonung individueller Dimensionen von Diskriminierung und auf Kosten der systemischen und historischen Dimensionen von Diskriminierung, verdeckten Systeme zu dekonstruieren. Die verbreitete Verweigerung, »Rasse« zu sehen, wahrzunehmen und von dessen Relevanz in Europa zu sprechen, zwang uns, die zugängigen theoretischen Modelle, historischen Berichte und soziologische Rahmen auseinander zu nehmen, um zu demonstrieren, dass »Rasse« in Europa tatsächlich relevant war. Diese Argumentationsübung stärkte nicht nur unser eigenes Verständnis von Systemen der Unterdrückung, es brachte auch weiteres Verständnis und Bewusstsein für Intersektionalität. Sobald wir »Rasse« und Rassismus als Bestandteil des (post)kolonialen Europas verstehen, erkennen wir auch die vielfältigen Formen, in denen sie mit den kapitalistischen und patriarchalen Strukturen von damals und heute verknüpft sind. Durch die Art, wie Intersektionalität in Europa verstanden wurde, war offenbar ihr ursprünglich subversives Potenzial abhandengekommen. Intersektionalität ohne »Rasse« war nur ein Festhalten an einem Status quo, der die Existenz genau jener Personen und Systeme verbirgt, die durch Intersektionalität eigentlich aufgedeckt werden sollten.

In diesem Prozess des politischen Erwachens durchlief die Intersektionalität mit all ihren Facetten verschiedene Phasen – Unaussprechbarkeit, »Erasu-

---

[1] Original: Unspeakability.

[2] Aus dem Begleitband von Kimberlé Crenshaw. Aus dem Englisch übersetzt von Laila Labib.

[3] Anmerkung der Übersetzerin: Die Schreibweise des Begriffs »Rasse« dient der Verdeutlichung, dass es sich hierbei um ein kritisch zu verstehendes soziales Konstrukt handelt.

re«, Enthüllung, Mut, Kreativität und Subversivität – nur um zu dem Schluss zu kommen, dass es unzählige Ansätze gibt, Intersektionalität anzuwenden – alle gleichermaßen legitim und gültig. Unser Beitrag war die Gründung der ersten »Advocacy Organisation«, die sich der Praxis und Anwendung von Intersektionalität in Europa widmet: das Center for Intersectional Justice (CIJ), deren Geschichte hier erzählt werden soll.

1. Intersektionalität im post-rassistischen und durch Colorblindness geprägten Europa

> *»Die interpretative Arbeit, die getan werden muss, um Ideen in unterschiedlichen Kontexten anzuwenden, ist keine Reflektion immanenter Mängel der Ideen an sich, sondern Merkmal des diskursiven Umfeldes, durch welches Ideen reisen.«*
> (Kimberlé Crenshaw)

Kontinentaleuropa ist gekennzeichnet durch sowohl seine Tradition der »Colorblindness« – wie z.B. in Frankreich, Belgien, Niederlande, Spanien – als auch durch den davon abgeleiteten Post-Rassismus – wie z.B. in Deutschland und Italien. Während »Colorblindness« oder »Raceblindness« ein Rechtsprinzip beschreibt, das »Rasse« als irrelevant in Recht, Politik und Gesellschaft betrachtet, ist der Post-Rassismus eine Ideologie und ein Diskurs, der diktiert, dass die Kategorie »Rasse« überwunden wurde und kein organisierendes gesellschaftliches Prinzip mehr konstituiert (Cho 2009). Die theoretische Verbreitung der Intersektionalität wurde erheblich gebremst durch die Zurückhaltung in Europa bei der Auseinandersetzung mit dem Thema »Rasse« (Lewis 2013). Dies hat nicht nur die Reichweite und Tiefe der Intersektionalität beschränkt, indem Schwarze Frauen* und Women* of Color (die wir gerne als universelle intersektionale Subjekte bezeichnen) marginalisiert blieben, auch die Entstehung von Intersektionalität wurde auf einer anekdotischen Ebene verhandelt, obwohl sie in der Tat zentral für das Konzept ist. Die Auslöschung von »Rasse« hatte weitreichende Konsequenzen für den Einsatz und die Verbreitung des Konzeptes innerhalb Europas, einschließlich der Entpolitisierung und des ›*whitening*‹ von Intersektionalität (Bilge 2014).

Unaussprechbar: Das Problem mit »Rasse« im Kontinentaleuropa

Colorblindness steht im starken Kontrast zu Europas kolonialer Vergangenheit und Gegenwart, und der Rolle, die »Rasse« in der Strukturierung gesellschaftlicher, politischer und ökonomischer Institutionen und Systeme spielte. Angesichts des mächtigen Erbes des Nationalsozialismus in Europa, vor allem in Deutschland, ist es ein Irrglaube, von einer post-rassischen Ära auszugehen, ebenso angesichts des Zusammenhangs zwischen Europas Nazi-Vergangenheit und den heutigen *rassischen* sozialen und wirtschaftlichen Ungleichheiten, ganz zu schweigen von den strukturellen Diskriminierungsmustern. In diesem Sinne ist es auch hoch problematisch, unter dem Vorwand, dass Rassismus am Ende des Zweiten Weltkrieges angeblich aufgehört hätte zu existieren, eine Ausnahme für den deutschen Kontext zu machen (Barskanmaz 2011), da alle Formen von Rassismus die Macht, Privilegien, Positionen, Vorurteile der *weißen* dominanten Gesellschaft kontinuierlich widerspiegeln.

Dennoch bleibt es Fakt, dass der diskursive Kontext, in den Intersektionalität hinein katapultiert wurde, sich durch die Löschung oder Aversion von »Rasse« kennzeichnet. Anstatt sich mit allen Dimensionen von Rassismus auseinanderzusetzen, konzentrierte sich der Diskurs ausschließlich auf die individuellen Aspekte von Rassismus und verweigerte die Auseinandersetzung mit den historischen, strukturellen und institutionellen Dimensionen. Besonders in Frankreich und Deutschland wurde dem Versuch, »Rasse« in die Debatten von Politik und Wissenschaft einzubringen, meist mit Widerstand begegnet. Die Vorwürfe lauten entweder, Intersektionalität spalte die Gesellschaft oder man könne die Vergangenheit nicht loslassen – schlimmer noch, man halte am Glauben an ein biologisches »Rasse«-Konstrukt fest (Bessone 2013; Möschel 2011; Roig 2017). Diese Kritik verkennt allerdings, dass der institutionelle, strukturelle und rhetorische Rassismus, auf dem die wirtschaftlichen, politischen und kulturellen Institutionen in Deutschland und Frankreich beruhen, genau dies getan hat. Ein weiteres, immer wiederkehrendes Argument ist, dass Rassismus und Probleme, die mit »Rasse« zusammenhängen, spezifisch für die Vereinigten Staaten von Amerika und für Kontinentaleuropa irrelevant seien (vgl. Bourdieu/Wacquant 1999 und French 2000).[4] Die Debatte ist innerhalb der letzten zwanzig Jahre kaum weitergekommen und verbannt »Rasse« nach wie vor in eine illusorische Vergangenheit und in ein weit entferntes Land. Im Juli 2018 wurde aus der französischen Verfassung das Wort »Rasse« gestrichen und durch »Geschlecht« ersetzt.

[4] Die Verwendung von »Rasse« in politischen, kulturellen und geografischen Kontexten außerhalb der USA wurde von Pierre Bourdieu und Loic Wacquant heftig kritisiert als Ausdruck des Imperialismus. Der Artikel löste eine Kontroverse aus, auf die John D. French eloquent reagierte, indem er die tiefgehenden Ungereimtheiten ihrer Argumentation aufzeigte. Die Kritik von Bourdieu und Wacquant an dem imperialistischen Export von »Rasse« in andere Kontexte war speziell gegen Michael Hanchard gerichtet aufgrund dessen Verbreitung von »Rasse« in Brasilien. Ihre Argumente enthielten jedoch auch eine allgemeine Kritik daran, »Rasse« außerhalb der USA zu nutzen.

Dieser »Austausch« zeigt den eklatanten Mangel an Verständnis für systemische Ungleichheiten, von der Intersektionalität ganz zu schweigen.

»Rasse« nicht sagen zu können – wie in den meisten Länder Europas – ist Teil einer umfangreicheren Strategie: des »Silencings« (Entmündigung) und der Delegitimierung von Menschen und Bewegungen, die versuchen, die historisch-kolonial verankerte rassistische Unterdrückung, die europäische Diskurse, Institutionen und Politik informiert, anzusprechen. In diesem Sinne wird das Wort »Rasse« zu einem rhetorischen Mittel und unwiderlegbaren Beweis dieser Unterdrückung.

»Erasure«: über die Re-marginalisierung von Schwarzen Frauen* und Women* of Color in Europa

Jenseits des Wortes »Rasse« legen die französischen und deutschen Ansätze zur Intersektionalität latente Skepsis an den Tag – teils wegen der vermeintlich mangelnden Übertragbarkeit der Theorie nach Europa, teils auch wegen genau der Subjektivitäten, um deren Re-Fokussierung sie bemüht ist.

Wie Kimberlé Crenshaw richtig feststellt: »Während Schwarzer Feminismus zu großen Teilen als generative Quelle für Intersektionalität anerkannt wird, ist die Rolle der Schwarzen Frau* kontroverser Weise manchmal beunruhigend für jene, welche versuchen, Intersektionalität jenseits der diskursiven Ursprünge wachsen zu lassen. Die Tatsache, dass Fragen danach, ob Intersektionalität ›nur‹ Schwarze Frauen betrifft, noch immer ausgesprochen werden, reflektiert offenbar eine tiefliegende Angst vor der konstituierenden Rolle von *Rasse* in der Intersektionalität und vor Schwarzen Frauen im Besonderen.« (Kimberlé Crenshaw, PostScript).

Diese tieferliegende Angst vor unsichtbaren Normen und universeller Repräsentanz sozialer Gruppen ist symptomatisch für deren Gewicht. Die Weigerung, zu akzeptieren, dass Schwarze Frauen* über ihre partikularen Erfahrungen hinausgehenden Raum einnehmen könnten, dient als Schutz der weißen Vorherrschaft und der männlichen Dominanz und fördert zugleich das falsche Narrativ der »objektiven Position«. Schwarze Frauen* als universelle Subjekte anzusehen, ist in Europa undenkbar – und sei es nur ein »Nischen«-Universal-Anspruch. Dies erklärt zum großen Teil, warum Intersektionalität umgestaltet, angepasst und auf einen Kontext zugeschnitten werden musste, in dem Schwarze Frauen* immer noch marginalisiert werden. Wie Kimberlé Crenshaw treffend beschreibt: »Es entsteht das Gefühl, dass Versuche, Intersektionalität für den universellen Konsum umzupacken, die Re-marginalisierung Schwarzer Frauen* erfordert.« Dennoch gibt es keinen Grund, Schwarze Frauen* in Europa zu re-marginalisieren, es reicht aus, beim Status quo zu bleiben. Schwarze Frauen* und Women* of Color sind bis vor Kurzem als Objekte der Forschung, nicht als Expert*innen, und in seltenen Fällen als »Token« gesehen und behandelt worden.

Als perfektes Beispiel für die Marginalisierung Schwarzer Frauen und Women* of Color in der akademischen Welt Frankreichs, möchte ich folgendes Erlebnis wiedergeben. Im November 2016 war Kimberlé Crenshaw ins Sciences Po Paris (*Institut d'études politiques de Paris)* eingeladen worden, um ein Buch über Intersektionalität von Patricia Hills-Collins und Sirma Bilge vorzustellen, dessen Vorwort sie geschrieben hatte. Die Autorinnen des Buches hatten behauptet, keine Women* of Color in Europa mit Expertise zur Intersektionalität zu kennen. Auf Wunsch von Kimberlé Crenshaw wurde ich als Kommentatorin eingeladen. Das Buch weist eine hohe Qualität in Bezug auf wissenschaftliche Präzision und thematische sowie geografische Diversität auf. Allerdings finden sich viele der Fallstricke, die in den drei Beiträgen von Kimberlé Crenshaw, Patricia Hill-Collins und Sirma Bilge beschrieben werden, in dem Buch selbst wieder (Lépinard et al. 2016).

Erstens erfolgte die Behandlung von »Rasse« nur anekdotenhaft und war geprägt durch nicht-intersektionell ausgerichtete Gender-Diskurse.[5] Die drei Herausgeberinnen des Buches sowie die überwiegende Mehrheit der Autorinnen sind auf Gender Studies spezialisiert, mit Ausnahme der nordamerikanischen Autorinnen. Die überproportionale Betonung auf Gender spiegelt sich im Inhalt der meisten Beiträge wider. Ethnizität, Migration und »Rasse« wurden behandelt als Anhängsel feministischer Themen, anstatt als zentrale Bausteine einer ganzheitlichen Analyse von Herrschaftssystemen und der Art und Weise ihrer Überschneidungen.[6]

Zweitens drückt sich das »whitening« von Intersektionalität im Buch in der fehlenden Positionierung der Autorinnen aus – mit Ausnahme der nordamerikanischen. Dies verstärkt den Trugschluss einer allwissenden weißen, unsichtbaren, objektiven feministischen Norm, zumal die Beiträge oft die Perspektive verraten, aus dem der Artikel geschrieben wurde. Das Versäumnis, die eigene Position als weiße Autorin offenzulegen, spielt stillschweigend in die Erzählung hinein, die suggeriert, dass *Weißsein* die angenommene normative Position ist, von der aus man soziale Beobachtungen macht. Die Autor*innen erheben

---

[5] Ich beziehe mich in diesem Beitrag auf die Verwendung des »reinen Gender«, um meinen Standpunkt darzulegen, und möchte auf den Trugschluss eines »reinen Gender« hinweisen. Als ob die Trennung von Gender zu »Rasse«, Klasse und anderen Kategorien möglich wäre. Es wäre daher zutreffender, in diesem Kontext von »isoliertem Gender« zu sprechen.

[6] Hinzu kommt ein Institutionelles Problem: Wie können wir über Intersektionalität in einem universitären Umfeld sprechen, das auf »rasse«-basierten Kategorien mit Unbehagen reagiert, und das tief geprägt ist von französischen-republikanischen und universalistischen Normen sowie fiktiven Gleichheitsvorstellungen? Es sollte auch daran erinnert werden, dass französische Universitäten natürlich Institute für Gender Studies haben, ganz zu schweigen von ethnischer Forschung, kritischer »Rasse«-theorie und post-kolonialen Studien.

damit implizit den Anspruch auf Objektivität, indem sie ihre soziale und *rassiale* Positionierung nicht offenlegen, was für Autor*innen of Color weniger möglich ist. Die Frage der Repräsentation ist, wie Sirma Bilge betonte, auch essentiell, wenn über intersektionale Subjekte geschrieben wird (Bilge 2014). Was Gail Lewis bereits beobachtet hatte, wurde auf dieser Veranstaltung exakt bestätigt und in dem Buch beschrieben: »Die Praxis, Women of color von Orten ›außerhalb‹ Raum und Stimme zu geben, während lokale Women* of color (eher aus Versehen als durch Absicht) außen vor bleiben, hat eine lange Tradition.« (Lewis 2013: 886).

Die einzigen Stimmen von Schwarzen Frauen* sind die von Kimberlé Crenshaw, Patricia Hill Collins und Erica Townsend,[7] als ob die Präsenz und Sichtbarkeit prominenter intersektionaler Wissenschaftler*innen aus den USA die Autor*innen von jeglicher Verantwortung entbindet, auf die im Buch selbst erwähnten Kritikpunkte zu reagieren. Sie befreiten sich effektiv von der Einhaltung einer Praxis, die sie in der Einleitung des Buches postulieren.

Drittens, die Entpolitisierung von Intersektionalität. Wie von Kimberlé Crenshaw wiederholt betont, ist Intersektionalität mehr als eine akademische Übung, es ist ein politisches Projekt: »Die interpretative, kreative, hoch angefochtene, und manchmal gefährliche Arbeit, rebellisches Wissen in etablierte, oft konservative diskursive Gemeinschaften zu integrieren, ist eine unzureichend untersuchte Dimension von den Reisen der Intersektionalität.« (Kimberlé Crenshaw, Postscript) Abgesehen von dem unbeabsichtigten Aspekt der Ausblendung – oder Nichteinbeziehung – lokaler aktivistischer intersektionaler Gruppen, verstärken die Autor*innen des Buches die Entpolitisierung von Intersektionalität und tragen zur Marginalisierung dieser Gruppen bei, die sich großenteils aus Queeren, Armen, Schwarzen Frauen* und Women* of Color zusammensetzen.

Enthüllung: jenseits des repressiven Milieus der Akademia

Wir haben gesehen, dass die Unaussprechbarkeit von »Rasse« die Umsetzung von Intersektionalität in Europa weit über Worte hinaus beeinträchtigt. In einem Kontext, in dem wissenschaftliche Disziplin, Objektivität und Neutralität weiterhin voneinander abhängen, konnte die politische Dimension der Intersektionalität in der akademischen Welt nicht vollständig vermittelt werden.

Die physische Abwesenheit von Schwarzen Frauen* und Women* of Color in den meisten akademischen Räumen des Mainstreams sollte nicht implizieren, dass ihr Wissen, ihre Expertisen und Erfahrungen nicht die Mauern von Universitäten durchdringt. Fakt ist, rassifizierte Frauen* sind eine große Bereicherung für akademische Diskurse, sei es durch soziale Medien – welche regelmäßig

[7] Sie schreibt in diesem Buch über Uruguay.

plagiiert werden –, oder während Konferenzen, Meetings, Demonstrationen oder in öffentlichen Foren, wo sie sprechen. Schwarze Frauen* und Women of Color werden vielleicht von akademischen Institutionen »erased« und routinemäßig ausgegrenzt, aber ihre Perspektiven, Standpunkte und Reflektionen nähren weiterhin wissenschaftliche Arbeiten im Zentrum der Universität.

Viele Wissenschaftler*innen der Intersektionalität, die sich weigerten, ihre Identitäten und politischen Botschaften abzulegen und sich den repressiven Regeln europäischer Universitäten anzupassen, hatten keine andere Wahl, als, wenn nicht das akademische Umfeld, zumindest Kontinentaleuropa zu verlassen. Nur so ist es möglich, das volle Potenzial von Intersektionalität – in der Praxis – anzuwenden, ohne Teile unserer Identitäten zu leugnen. Die Behauptung, »das Persönliche ist das Politische« wird zum Teil als Beweis für unseren Mangel an akademischer Objektivität gegen uns verwendet. Sich aus dem repressiven europäischen akademischen Umfeld zurückzuziehen, öffnet wertvolle Möglichkeiten.[8] Das mag als mutiges Opfer oder feiger Verzicht gesehen werden, aber es bleibt immer eine persönliche Entscheidung, die von einer Vielzahl von Faktoren abhängt – darunter institutionelle Hindernisse, politische Sensibilität des Forschungsthemas, Machtstrukturen, Grad des Widerstands, Reichweite und Einflussmöglichkeiten etc. Die zentrale Frage, die ich mir vor dem Verlassen der deutschen und französischen Hochschulen stellte, war: Wo kann ich am sinnvollsten und wirkungsvollsten zu intersektionaler sozialer Gerechtigkeit beitragen? Die Antwort war für mich eindeutig.

Im Laufe des letzten Jahrzehnts sind in ganz Europa einige lebendige intersektionelle Gruppen entstanden. Dazu gehören auch Mwasi, Cutie-B-PoC Festival, Lallab, Soul Sisters Berlin, Trans Film Festival, the CHLEE, Camp d'été Décolonial, Paroles non-blanches, BBZ, Pxssy Palace, Galdem, INMUNE, Mãos de Cura, Sisters of Frida, Purple Rain Collective, EFAE. Sie haben alle mehrere Gemeinsamkeiten: Sie werden von den Menschen geführt, die von dem Problem selbst betroffen sind (z.B. BPoC-Frauen,[9] trans* und nicht-binäre Personen sowie Menschen mit Behinderungen), deren Hauptziel es ist, Individuen und Gruppen zu empowern und ihnen zu mehr Sichtbarkeit zu verhelfen. Sie alle sind kompromisslos und radikal intersektional. Viele von ihnen haben »non-mixed membership«-Richtlinien eingeführt, um sicherzustellen, dass sie ihre ganze Energie dem Empowerment und der Ausübung ihrer Befreiungskämpfe

---

[8] Aber auch (sich) weigern, zu akzeptieren, dass die Anerkennung ihrer Identitäten in ihrer Arbeit auf irgendeine Weise deren Legitimität untergraben könnte. Es ist in der Tat eine in akademischen Räumen häufig angewendete Trope, dass die eigene Positionalität anzuerkennen (vor allem als eine marginalisierte Person) plötzlich dazu führt, dass einem die Fähigkeit, mit wissenschaftlicher Gründlichkeit arbeiten zu können, abgesprochen wird.

[9] Black und People of Color.

widmen.[10] Allein die Tatsache, dass diese Gruppen innerhalb der *weiß*-dominierten – mehrheitlich rassismus-ignoranten – europäischen Zivilgesellschaft einen Platz für sich erschaffen, ist an sich eine Form widerständiger Praxis.

Die große Kluft in der Umsetzung von Intersektionalität zwischen akademischen Kontexten und Grassroot-Communities deutet auf das fehlende Puzzlestück hin: die Frage von »Ownership« und von Erfahrungswissen. Kurz nachdem Intersektionalität den französischen und deutschen Wissenschaftsbetrieb erreicht hatte, erschien der Umgang mit dem Konzept durch *weiße* Feminist*innen und Gender-Expert*innen wie ein Embargo, wobei sie die Abwesenheit von Women* of Color mit der gängigen, aber nicht glaubwürdigen Behauptung entschuldigten, dass es uns nicht gäbe.

Innerhalb und außerhalb der Wissenschaft hat vor Kurzem ein Prozess der Wiederaneignung und Repolitisierung der Intersektionalität begonnen, beschleunigt durch die Verbreitung subversiver Stimmen in den sozialen Medien, – wie die von Travis Alabanza, João Gabriell, Dr. Priyamvada Gopal, Many Chroniques, Munroe Bergdorf, Liv Little, Amandine Gay, Elisa Rojas, Ash Sharkar, Faiza Shaheen, Chidera Eggerue, Desirée Bela-Lobedde, Samira El Ouassil –, wo es einfacher ist, sich Platz zu verschaffen, als innerhalb der strengen Grenzen konservativer Wissenschaftseinrichtungen.

2. Rückgewinnung von Intersektionalität in Europa: Repolitisierung und Wiederaneignung

Die intersektionale Analyse kann uns in viele Richtungen führen, aber wir werden nur herausfinden, was sie ist, wenn wir sie anwenden.

Die Gründung des Center for Intersectional Justice (CIJ) war Teil des Prozesses der Wiederaneignung, Re-politisierung und Inbesitznahme von Inter-

---

[10] Jede kleine Gruppe ist ein soziales Abbild der übergeordneten Gesellschaft, in der sie angesiedelt ist. Die Muster der sozialen Unterdrückung werden sich in diesen Gruppen reproduzieren, es sei denn, es werden proaktiv Schritte eingeleitet, um diesen Tendenzen entgegenzuwirken und sie durch eine Kultur der Selbstbestimmung zu ersetzen. »Non-mixed Membership«-Richtlinien gewährleisten, dass Mitglieder der Gruppe sich auf ihr eigenes Empowerment und ihren politischen Kampf fokussieren können. Sie vermeiden damit den großen emotionalen Aufwand, den sie aufbringen müssen, um mit unterdrückerischen Dynamiken umzugehen, wenn Mitglieder der herrschenden und der unterdrückten Gruppen den gleichen Raum teilen. Auch im feministischen Mainstream sind non-mixed Memberships anzutreffen, sie werden aber meist vehement abgelehnt, wenn rassifizierte Minderheiten einen eigenen Raum für sich fordern. Es sollte jedoch klargestellt werden, dass die Fokussierung auf bestimmte Aspekte die Arbeit der Intersektionalität nicht infrage stellt, sondern beweist, dass ein intersektionales Modell dringend anzuwenden ist.

sektionalität. Hauptziel war es, Intersektionalität zu institutionalisieren und einen Raum zu schaffen, in dem die Expertisen von Personen mit intersektionaler Identität wertgeschätzt, gefördert und sichtbar gemacht werden. Die Idee war es, das Konzept auf verschiedene Weisen zu verbreiten – von politischer und rechtlicher Interessenvertretung über praxisorientierte Forschung bis hin zum Aufbau von Bündnissen und »community empowerment«.

Die Entfaltung des vollen Potenzials der Intersektionalität bedeutet, sich auf eine Reise der (Selbst-)Erfahrung und Kreativität zu begeben. Es heißt, dass wir mutig, kreativ und subversiv genug sein müssen, um Konzepte, Methoden und Praktiken umzudenken und neu zu erfinden. Die Wege der Intersektionalität bringen uns zu vielen kleinen Pfaden, die alle zu Gerechtigkeit, Gleichberechtigung und Empowerment führen.

Mut: Universalismus neu definieren

Die 2009 in Deutschland abgehaltene Konferenz »Celebrating Intersectionality« hat Intersektionalität auf die Anklagebank gestellt und fragte nicht ohne einen Hauch von Herablassung: Kann so ein allumfassendes Konzept mehr als nur ein Modewort sein? Kann es auch nur annäherungsweise als allumfassende Theorie der Unterdrückung und Marginalisierung verstanden werden? Wo liegen seine geografischen, thematischen und methodologischen Grenzen?

Zehn Jahr später ist die Skepsis gegenüber der Fähigkeit von Intersektionalität, mehr als nur partikulare Identitäten erfassen zu können, immer noch nicht vollkommen verflogen. Im Gegenteil hat diese in der politischen Debatte sogar zugenommen. Intersektionalität wird vorgeworfen, die Linke zu spalten – oder überhaupt jede gesellschaftliche Gruppierung (siehe Gradin 2017).[11] Ihr wird vorgeworfen, marginalisierte Gruppen in noch kleinere Unterkategorien zu fragmentieren, die Diskurse um soziale Unterdrückung weiter zu verkomplizieren und vom Klassenkampf abzulenken. Diese Kritik geht jedoch an einem wesentlichen Punkt vorbei, auf den Kimberlé Crenshaw versuchte aufmerksam zu machen: dass »ein wirklich intersektionaler Feminismus alle Menschen auf dem Planeten erreichen kann« (Crenshaw 2017).[12] Das heißt, wenn die Rechte, Interessen und politischen Forderungen einer Muslimischen Trans Woman*

---

[11] Siehe Gradin, Sofa S.: Is there really a crisis around identity politics on the left?, in: Open Democracy, 12.6.2017, unter: www.opendemocracy.net/en/transformation/is-there-really-crisis-around-identity-politics-on-left/ (zuletzt 16.5.2023). sowie Grafney, Frankie: Identity politics is utterly ineffective at anything other than dividing people, in: The Irish Times, 19.5.2017, unter: www.irishtimes.com/opinion/identity-politics-is-utterly-ineffective-at-anything-other-than-dividing-people%201.3087639 (zuletzt 16.5.2023).

[12] Zitat in einer Panel Diskussion in der »Where We Go From Here?« Women's Town Hall & Reception am 21.1.2017 im National Press Club in Washington D.C.

of Color, die Sexarbeiterin und im Rollstuhl ist, gehört und respektiert werden, dann werden es die Rechte aller anderen auch. Dieses bewusst überspitzte Beispiel zeigt, dass der Universalismus nur dann sinnvoll ist, wenn wir von denen als universelle Subjekte ausgehen, die innerhalb des Systems am stärksten benachteiligt sind, und nicht von den Privilegiertesten. Obwohl Intersektionale Theorie nie den Anspruch erhoben hat, eine allumfassende universelle Theorie zu sein, ermöglicht sie, das Universelle neu zu definieren. Kimberlé Crenshaw erklärt, was Intersektionalität bewirken soll: »Große Theorien haben einen totalisierenden Anspruch; sie versuchen, das Allgemeine und Universelle zu ergreifen und zu betonen, [...] Intersektionalität gleicht mehr [...] einer beschreibenden Theorie – in anderen Worten: Die Verwendung von situiertem Wissen, um Verständnisse aus sozialen Widersprüchen zu konstruieren.«

Situiertes Wissen sollte generell allen Theorien sozialer Ungerechtigkeit zugrunde liegen, und nicht als Zeichen von Partikularismus missverstanden werden.

Intersektionalität ermöglicht Flexibilität und Anpassung an politische und geografische Kontexte außerhalb der USA und birgt viele Schätze für Wissenschaftler*innen, Aktivist*innen, und Praktiker*innen, die bereit sind, Schwarze Frauen* über ihre Besonderheiten hinaus wahrzunehmen. Kimberlé Crenshaw warnt vor der Beschränkung durch eine zu enge Auslegung des Konzeptes: »›De-Marginalisierung‹ war weder nur eine Forderung für die Rechte Schwarzer Frauen*, noch war die Formulierung so spezifisch auf die US-Verhältnisse von ›*Rasse*‹ und gender Power zugespitzt, dass deren vielfältige Anwendungsmöglichkeiten auf das US-Anti-Diskriminierungs-Recht beschränkt werden müssten.«

Intersektionalität ermächtigt uns dazu, das Universelle neu zu definieren. Es ist eine Übung, die unsere bisherigen Ideen diskursiver Politik, der institutionellen Normen und akademischen Codes transzendiert. Damit beteuern wir unser Wissen, wir sind unverfroren unmissverständlich hinsichtlich der Präsenz und Legitimität unserer Arbeit, aber bennenenswürdig ist das Zurückverlangen der Narrative und die Implementation von intersektionalen Praktiken in geografischen und politischen Kontexten, die konstant versuchen, uns zu »silencen« und unsere Lebenserfahrungen zu verzerren, umzugestalten oder um zu erzählen. Dieser Prozess ist extrem empowering und bietet Raum für uns als Women* of Color in Europa.

Ich lernte Professorin Kimberlé Crenshaw 2012 an der Columbia University während eines von ihr betreuten Forschungsstipendiums kennen. Dieser Aufenthalt markierte nicht nur für meine PhD-Dissertation eine distinktive Wendung, sondern ebenso für mein weiteres Leben. Ich war aus der Matrix an den Rand getreten, zurückzugehen war unmöglich geworden. So unbequem meine Position auch sein mag, hat diese auch etwas zu bieten: Die Mittel, um die eng gewobenen Maschen des imperialistischen, kapitalistischen »white supremacist«-Patriarchats auftrennen zu können – von Bell Hooks geliehen; die Kapazität, ein anderes Narrativ zu artikulieren, das meine Existenz und Perspektive reflektiert; die Fähigkeit, existierende Rahmen umzudenken und neue zu erschaffen; und das bloße Glück, einer globalen Gemeinschaft von Aktivistinnen, Denkerinnen und Künstlerinnen an der Welt der Grenzen anzugehören.

Kreativität: Methoden und Praxis neu erfinden

Intersektionalität hat mit oder ohne Methodologie einen Platz in Europa und überall sonst in der Welt. Ironischerweise unterstreicht die permanente Kritik an der Intersektionalität ihr zentrales Argument: dass so lange an den Schnittstellen multipler Unterdrückungen situierte Personen ›erased‹ werden, werden auch all die Versuche, für soziale Gerechtigkeit zu sorgen, vergeblich bleiben.

Die Skepsis in bestimmten *weißen* feministischen Kreisen gegenüber der Intersektionalität entlarvt ihre Angst vor der Bedeutungslosigkeit. Davor, obsolet zu werden. Das ist die typische Angst von Menschen in Machtpositionen. Oft sehen wir, dass sie sich ein rhetorisches Arsenal zulegen, um ihre Privilegien zu verteidigen. Es reicht von Skeptizismus über die Disziplinierung und Delegitimierung bis hin zur Bevormundung derjenigen, deren Position marginaler ist als ihre eigene. Dass sie selbst den Dingen unterworfen sind, bedeutet nicht, dass sie die Waffen nicht auch gegen jene einsetzen, die ihnen gegenüber beim Zugang zu Privilegien zurückstehen (von denen sie sich nun »bedroht« fühlen). Kimberlé Crenshaw ist beeindruckt von »der merkwürdigen Art und Weise, in der Feministinnen in Bezug auf Intersektionalität zum Teil die gleichen Disziplinierungsmaßnahmen einsetzen, wie sie gegen den Feminismus verwendet wurden.« (PostScript). Sie begründet die Beobachtung so: »Die verschiedenen Behauptungen, was Intersektionalität war, momentan ist und das Potenzial zu sein hat, hat so auch schon im Rahmen vieler der gleichen Dualitäten, welche die Einführung von Gender und *race*-studies in der akademischen Welt hatte, gestört.« – Partikularismus gegen Universalismus, persönliche Narrative gegen große Theorien, identitäts-basiert gegen strukturell, statisch gegen dynamisch, parochial gegen kosmopolitisch, unterentwickelt gegen gehoben, alt gegen neu, »Rasse« gegen Klasse, USA gegen Europa, und so weiter.

Dies deckt sich mit der Behauptung Lordes, dass »die Werkzeuge des Meisters niemals sein Haus abreißen werden«, und dass » [...] *weiße* Frauen Gefahr laufen, sich vom Unterdrücker mit einem falschen Versprechen verführen zu lassen, an der Macht beteiligt zu werden« (Lorde 1996: 166). Diese Dynamik zeigt sich bei der Übertragung der Instrumente auf andere Gruppen von Akteur*innen – Überlegungen, die keinesfalls verstanden werden sollen als Schutz vor kritischer Hinterfragung dieser Unterdrückungsmuster. Je weniger

Substanz, Tiefe und analytische Schärfe diese Argumentation aufweist, desto unglaubwürdiger wird die Kritik sein. Umgekehrt: Kritiken, die Komplexität, Vielschichtigkeit und Differenziertheit aufwiesen, haben sehr zur Weiterentwicklung der Theorie beigetragen (siehe zum Beispiel, Carastathis 2008; Dhamoon 2010; McCall 2005).

Ob Intersektionalität eine eigene Methodologie entwickeln wird, ist eine offene Frage, oder wie Kimberlé Crenshaw es humorvoll formuliert: »Wird Intersektionalität sich etablieren und eine echte Arbeit finden?« Etwas ernster argumentiert sie, dass sich hinter dieser Frage »die Annahme verbirgt, Intersektionalität sei, so wie sie momentan verstanden wird, auf dem Papier ein guter Kandidat, der aber weder über eine brauchbare Methodologie noch über arbeitstaugliche Fertigkeiten verfüge«. Die Soziologieprofessorin Leslie McCall räumt zwar ein, dass Intersektionalität an Strenge in den methodischen Vorgehensweisen zunehmen müsse, hält diese aber für »den wichtigsten Beitrag, den die Frauenforschung (Gender Studies) [...] bisher erbracht habe« (McCall 2005: 1771). Eine Aussage, die nach 15 Jahren immer noch gültig ist. Der Rahmen, den Leslie McCall geschaffen hat, ermöglicht es, die vielfältigen Methoden von Intersektionalität zu verstehen und zu klassifizieren. Sie hat uns gezeigt, dass es gerade die Flexibilität der Intersektionalität ist, die es uns erlaubt, nicht nur eine, sondern verschiedene geeignete Methoden anzuwenden. Wie Kathy Davis treffend schreibt: »Gerade die Unbestimmtheit und Ergebnisoffenheit von Intersektionalität ist das eigentliche Geheimnis ihres Erfolgs.« (2008: 69) Sie ermutigt uns, diese Flexibilität zu nutzen, da »sie unsere Kreativität anregt, nach neuen und oft unorthodoxen Weisen feministischer Analyse zu suchen« (2008: 79).

Trotz, oder gerade auch wegen dieser Unvollständigkeit und Mehrdeutigkeit ist Intersektionalität eine wertvolle Ressource, die auf vielerlei Weise eingesetzt werden kann. Unter anderem als ein Instrument für »Advocacy« und Politikgestaltung, das sich eignet, dominante rechtliche und politische Diskurse sowie Gesetze und politische Strategien kritisch zu analysieren. Kimberlé Crenshaw hat Intersektionalität einmal bezeichnet als eine »provisorische Konzeptualisierung, wie ein Prisma, in dem Dynamiken ans Licht kommen, die grundlegend für Machtverhältnisse sind, zuvor aber durch bestimmte diskursive Logiken, die in diesem Kontext eine Rolle spielen, verborgen blieben«. Die hinterfragende kritische Strenge der Intersektionalität ist äußerst wirkungsvoll, denn sie gibt uns Raum und Antrieb, die Macht kontinuierlich infrage zu stellen.

Wenn Intersektionalität in Europa zu Zwecken der »Advocacy« eingesetzt wird, stoßen wir schnell an die Grenzen des derzeitigen Anti-Diskriminierungsrahmens. Die Argumentation wäre ohne Intersektionalität und Betonung der wechselseitigen Abhängigkeiten zwischen Systemen, Identitäten und Strukturen noch mühsamer gewesen. Das übersimplifizierte Verständnis von Diskriminierung Kontinentaleuropas ist in den größtenteils unfertigen und ineffizienten Anti-Diskriminierungsrichtlinien der meisten Länder widergespiegelt; falls sie überhaupt welche haben. Die nahezu exklusive Hervorhebung individueller »Formen« von Diskriminierung (z.B. Hassrede, unverhohlene Vorurteile, diskriminierendes Verhalten, physische Gewalt etc.) auf Kosten der Anerkennung struktureller und systematischer Dimensionen hinterlässt eine abgrundtiefe Leere, die Intersektionalität zu füllen hilft. Die Rechtslücke, auf die Kimberlé Crenshaw in der Rechtssache DeGraffenreid gegen General Motors hinwies, macht deutlich, dass isolierte rigide Rechtskategorien wie »Frau*« und »Schwarz« konstant verfehlen, die Komplexitäten von Erfahrung und Identität abzubilden.

Intersektionalität schafft ein argumentatives Mittel, um die fehlenden Teile von legalen und politischen Ordnungen aufzudecken. Kimberlé Crenshaw versuchte mit Intersektionalität »ein Prisma zu kreieren, welches die Verwobenheit von Struktur und Identität aufdeckt und Vektoren hervorhebt, die Diskriminierung durch die bestehenden Ordnungen, die angewendet wurden, um sie zu identifizieren und gegen sie zu intervenieren, unsichtbar gemacht haben«. (PostScript)

Vier Jahre nachdem ich Kimberlé Crenshaw zum ersten Mal an der Columbia University getroffen hatte, sind wir uns im November 2016 auf der bereits erwähnten Buchpräsentation in Paris wieder begegnet. Ein paar Wochen zuvor war in meinem Kopf der Gedanke aufgekeimt, eine »Advocacy Organization« zu gründen, mit der Absicht, den Radius zu erweitern und die Umsetzung der Intersektionalität im europäischen Kontext zu optimieren. Beim Abendessen erzählte ich Kimberlé Crenshaw davon und fragte sie unverblümt, ob sie die Rolle der Präsidentin der zukünftigen Organisation, die zu diesem Zeitpunkt noch namenlos war, übernehmen würde. Sie sagte ja.

Da ich mir des unglaublichen Privilegs bewusst war, Kimberlé Crenshaw an Bord zu haben, kündigte ich meinen Job und stürzte mich leidenschaftlich in die Arbeit. Sechs Monate später war das Center for Intersectional Justice (CIJ) geboren. Es war eine instinktive und einfache Geburt, das natürliche Ergebnis meines politischen Erwachens. Es wurde ein Ort geschaffen, der unserer Vision von Intersektionalität gewidmet ist, an dem es möglich sein wird, das Konzept zu überarbeiten, sein subversives Potenzial durch widerständige Praxis wiederzugewinnen und die Lücken zu schließen, die Intersektionalität auf ihrem Weg von Nordamerika nach Europa geschwächt hatten. Darin liegt das Geschenk der Intersektionalität: Menschen am Rande der Gesellschaft ein Werkzeug zu geben, das kollektiv gepflegt, angepasst, umgestaltet und neu erdacht werden kann.

Subversivität: »doing« Intersektionalität

»Die populäre Aufnahme des Begriffes kann für beiläufige Beobachter, die sich nicht mit der kritischen Stellung der Intersektionalität zu den dominanten Empfindlichkeiten in Wissensproduktion und Politik auskennen, irreführend sein. In der Tat existiert diese anregende Popularität des Begriffes in der Spannung mit der kritischen Aufgabe einer Analyse, die zugleich erkennbar und unterbrechend innerhalb spezifischer diskursiver Communities ist.«

Eine der inhärenten zentralen Herausforderungen des Prozesses, Intersektionalität wieder anzueignen, liegt in deren subversiver Natur. Die Vermischung des Mainstream-Diskurses mit radikalen Gedanken, ohne dass diese wieder an den Rand gedrängt werden, ist eine heikle Aufgabe. Das Center for Intersectional Justice (CIJ) ist ein Zentrum für widerständige Praxis, wo wir, wenn nötig, störend sein können, wo wir in den öffentlichen Diskurs eingreifen und uns die Narrative, die uns und unsere Communities betreffen, zurückholen können.

Widerständige Praxis kann einen hohen Preis haben, dennoch bringt sie eindeutig auch wertvolle Belohnungen. Was mich motivierte, CIJ zu gründen, war der fehlende Raum, der Women* of Color in der europäischen öffentlichen politischen Sphäre gegeben und von ihnen genommen wurde. Es gibt viele NGOs, die zu Anti-Rassismus und/oder Feminismus arbeiten, doch wenige schaffen es, die rigiden kategorischen Grenzen, welche die bürgerlichen Initiativen in ein oder das andere Feld zwingen, zu überwinden. Diese Grenzen zu überwinden, ist auch für CIJ nicht einfach gewesen. Am Anfang des Gründungsprozesses haben uns Verwaltungsvorschriften und vorgegebene Kategorien für Non-Profit-Gesellschaften gezwungen, einen einzigen Bereich als Hauptarbeitsgebiet zu wählen. Diese bürokratischen Reglementierungen erstreckten sich auf die Förderpolitik der meisten europäischen Förderinstitutionen, die – von wenigen Ausnahmen abgesehen – in der Regel Projekte auswählen, die genau in ihr Fachportfolio passen und sicherstellen, dass sie »alle Bereiche abdecken«.

Viele NGOs, die in Europa im Bereich der sozialen Gerechtigkeit tätig sind, versuchen zwar zunehmend, einen intersektionalen Ansatz in ihre Arbeit einzubeziehen, stoßen aber oft schon zu Beginn des Prozesses auf Schwierigkeiten. Die Verwirrung um die praktische Anwendung von Intersektionalität ist weniger auf die tatsächliche Komplexität des Konzepts zurückzuführen, als auf die Starrheit der Rahmen und Systeme, in denen es angewendet werden soll.

CIJ versucht, diese Lücke zu schließen, indem es sich auf die Anwendung der Intersektionalität in der Arbeit für soziale Gerechtigkeit fokussiert, von der Politikgestaltung bis zum Aufbau von Communities. Die praktische Anwendung von Intersektionalität zu verfolgen schließt deshalb die kritische Analyse des rechtlichen und politischen Rahmens mit ein. Ebenfalls bedeutet dies, den Status quo durch gezielte Intervention im öffentlichen europäischen Diskurs über soziale Ungerechtigkeit und Diskriminierung infrage zu stellen. Aufgrund der großen Schwierigkeiten, in Europa ein kritisches Mitdenken von »Rasse« einzuführen, steht die Aufgabe im Vordergrund, das fehlende Puzzlestück wiederherzustellen, und sicherzustellen, dass »Rasse« nicht mehr in der Übersetzung verloren geht. Dieses Eindringen in einen konsensualen europäischen Diskurs, in dem Ersatzbegriffe wie Migration und Kultur anstelle von »Rasse« verwendet werden, hat enormen Widerstand ausgelöst.

Die Anwendung von Intersektionalität hat also viel mehr ausgelöst als die Entwicklung von funktionalen Werkzeugen, Modellen und Rahmenbedingungen für den methodischen Einsatz des Konzepts. Es ist immer ein politisches Projekt gewesen, das eine fundamentale, kontinuierliche politische Arbeit verlangt. In diesem Sinne sind die Advocacy-Aktivitäten des CIJ's allumfassend und breit angelegt. Sie reichen von einer Arbeitsgruppe für strategische Rechtsstreitigkeiten, der »AK-StratLit«, die Fälle von intersektioneller Diskriminierung vor europäische Gerichte bringt, bis hin zu unserem jährlichen CIJ Community Open Space, bei dem Aktivist*innen für soziale Gerechtigkeit aus ganz Europa zusammenkommen, die mit einem explizit intersektionalen Blickwinkel arbeiten. Neben Advocacy-Aktivitäten führen wir politikorientierte Forschung durch, wie zum Beispiel eine Studie über die Umsetzung des Intersektionalitätskonzepts in der Diversitäts- und Antidiskriminierungspolitik der Brüsseler Agentur für Arbeit, und bieten Schulungen für öffentliche, gemeinnützige und private Einrichtungen an. Wir unterstützen Organisationen in ihren Bemühungen, Intersektionalität zu verstehen, zu thematisieren und anzuwenden, und sich für Veränderungen einzusetzen, wo diese noch ausstehen.

Schlussfolgerung

Bei der Nachzeichnung der Reise der Intersektionalität nach Europa war es mein Anliegen, vergangene Debatten wieder aufzuspüren und ein neues Licht auf die Spannung, die Schwierigkeiten und den Widerstand zu werfen, die die Einführung von Intersektionalität in Europa gerahmt haben. In diesem Sinne ist der Beitrag selbst ein Versuch, Intersektionalität zurückzufordern und sich gegen Depolitisierung und »*whitening*« des Konzeptes zu wehren. Intersektionalität neu zu erfinden ist für jene von uns, die sich auf den Intersektionen befinden, ein beinahe instinktiver Prozess, da es unmöglich ist, Intersektionalität aus der Perspektive eines neugierigen Beobachters oder dem kritischen Auge eines Richters zu betrachten. Wir sind Intersektionalität.

Fast zwei Jahrzehnte nachdem Intersektionalität in europäischen Universitäten und sozialen Gerechtigkeitsbewegungen auftauchte, trotzt die Erweiterung immer noch den Chancen. All die Herausforderungen und Schwierigkeiten, denen es auf seinem Weg begegnete, haben es nur gestärkt. Un(an/aus)-sprechbarkeit, »Erasure«, Enthüllung, Mut, Kreativität und Subversivität. Intersektionalität wurde angetatscht, seziert, ins Licht gebracht und verhört, aber es kann nicht aufgehalten werden. Es verschiebt sich mit den Nuancen individueller Erfahrungen und nimmt Nuancen eher an, als sie auszuradieren. Darin liegt die Anziehungskraft von Intersektionalität: ihre Ausdauer und Elastizität.

Literatur

Barskanmaz, Cengiz (2011): Rasse – Unwort des Antidiskriminierungsrechts?, in: Kritische Justiz, März, S. 382–389.

Bessone, Massimo (2013): Sans distinction de race? Une analyse critique du concept de race et de ses effets pratiques, in: Philosophiques, Vol. 40, Nr. 2.

Bilge, Sirma (2014): Intersectionality Undone. Saving Intersectionality from Feminist Intersectionality Studies, in: Du Bois Review Social Science Research on Race, Januar, Departement de sociologie, Universität Montreal, Kanada (Hrsg.), S. 405–424.

Bourdieu, Pierre/ Wacquant, Loïc (1999): On the Cunning of Imperialist Reason, in: Theory, Culture & Society, Vol. 16, Nr. 1, Februar, S. 41–58.

Carastathis, Anna (2008): The Invisibility of Privilege. A Critique of Intersectional Models of Identity, in: Les Ateliers de l'Etique, Vol. 3, Nr. 2, S. 23–38.

Cho, Sumi (2009): Post-Racialism, in: Iowa Law Review, Vol. 94, Nr. 5, Juli, S. 1589–1650.

Crenshaw, Kimberlé (1989): Demarginalizing the Intersection of Race and Sex. A Black Feminist Critique of Antidiscrimination Doctrine, Feminist Theory, and Antiracist Politics, in: University of Chicago Legal Forum, Ausgabe 1, S. 139–167.

Crenshaw, Kimberlé (1991): Mapping the Margins. Intersectionality, Identity Politics, and Violence against Women of Color, in: Stanford Law Review, Vol. 43, Nr. 6, Juli, S. 1241–1299.

Davis, Kathy (2008): Intersectionality as buzzword. A sociology of science perspective on what makes a feminist theory successful, in: Feminist Theory, Vol. 9, Ausgabe 1, 1.4., S. 67–85.

Dhamoon, Rita Kaur (2010): Considerations on Mainstreaming Intersectionality, in: Political Research Quarterly, Vol. 64, Ausgabe 1, 22.9., S. 230–243.

French, John D. (2000): The Missteps of Anti-Imperialist Reason, in: Theory, Culture & Society, Vol. 17, Ausgabe 1, Februar, S. 107–128.

Gradin, Sofa S. (2017): Is there really a crisis around identity politics on the left?, in: Open Democracy, 12.6., online: www.opendemocracy.net/en/transformation/is-there-really-crisis-around-identity-politics-on-left/ (zuletzt 16.5.2023).

Grafney, Frankie (2017): Identity politics is utterly ineffective at anything other than dividing people, in: The Irish Times, 19.5.; online: www.irishtimes.com/opinion/identity-politics-is-utterly-ineffective-at-anything-other-than-dividing-people%201.3087639 (zuletzt 16.5.2023).

Lépinard, Éléonore/Roca I Escoda, Marta/Fassa, Farinaz (2016): L'intersectionnalité enjeux théoriques et politiques, in: La Dispute, 28.11.
Lewis, Gail (2013): Unsafe Travel. Experiencing Intersectionality and Feminist Displacements, in: Signs, Vol. 38, Nr. 4, S. 869– 892.
Lorde, Audre (1996): The Audre Lorde Compendium. Essays, speeches, and journals, London, S. 56–235.
McCall, Leslie (2005): The Complexity of Intersectionality, in: Signs, Vol. 30, Nr. 3, März, S. 1771–1800.
Möschel, Mathias (2011): Race in mainland European legal analysis. towards a European critical race theory, in: Ethnic and Racial Studies, Vol. 34, Nr. 10, 3.5., S. 1648–1664.
Roig, Emilia (2017): Uttering ›race‹ in colorblind France and post-racial Germany, in: El, Meral/Fereidooni, Karim (Hrsg.): Rassismuskritik und Widerstandsformen, Wiesbaden, S. 613–627.

Klaus Kohlmeyer

Rassistische Diskriminierung in Bildung und Ausbildung

Können staatliche Maßnahmen wirksam sein?

Zunehmende soziale Spaltungen in Deutschland

Die soziale Herkunft und der ökonomische Status haben wie kaum in einem anderen Land Europas starken Einfluss auf den Bildungsweg der Kinder und Jugendlichen im vorschulischen und schulischen Alter in Deutschland. Die soziale Spaltung der Gesellschaft, die durch die Corona-Krise weiter verstärkt wurde, führt zu »sozialen Risiken« und Ausgrenzungsformen einzelner Bevölkerungsgruppen. Besonders gefährdet sind Kinder und Jugendliche, wenn sich Risikolagen aufhäufen und Diskriminierung und Rassismus hinzutreten.

In der bundesrepublikanischen Statistik werden 21,9 Mio. Personen als Einwohner*innen »mit einem Migrationshintergrund«[1] erfasst (2020). Mehr als die Hälfte sind deutsche Staatsbürger*innen, viele von ihnen in Deutschland geboren oder bereits seit mehreren Jahrzehnten hier lebend.[2] Sie stellen über ein Viertel der Bevölkerung (26,7%), in Berlin sind es über 35%. In vielen Großstädten verkehrt sich das Verhältnis zwischen Mehrheit und Minderheit, ein Trend, der sich generell abzeichnet und sich anhand des wachsenden Anteils von Kindern und Jugendlichen aus »Familien mit Einwanderungsgeschichte« in diesem Land ablesen lässt. Im Jahr 2020 waren es bundesweit 40,3% aller Kinder unter fünf Jahren. Diskriminierungs- und Rassismuserfahrungen prägen den Alltag eines Großteils dieser sehr heterogenen Bevölkerungsgruppe – sowohl individuell als auch strukturell.

Im Gegensatz zu ihrem wachsenden Gewicht in der Bevölkerung, ist ihr Anteil nicht nur in vielen Branchen und Hierarchieebenen auf dem Arbeitsmarkt verschwindend gering, sondern in fast allen gesellschaftlichen Bereichen wie der Kultur oder der Politik: eine stets wachsende Bevölkerungsgruppe, die nicht

---

[1] Es ist problematisch, auf die Konstruktion »Personen mit Migrationshintergrund« zurückzugreifen, um den Personenkreis, der über Rassismus- und Ausgrenzungserfahrungen verfügt, statistisch zu erfassen. Zum einen umfasst er nicht alle von Rassismus betroffenen Personen, etwa Schwarze Menschen, die keine Migrationsbiografie aufweisen. Zum anderen ist der Begriff unscharf, weil er Personen erfasst, die nicht von rassischer Diskriminierung betroffen sind. Er wird dennoch verwendet, da es statistisch keine annähernd adäquate alternative Erfassung zu dieser Personengruppe gibt.

[2] Bundeszentrale für politische Bildung: Kurz und knapp. Zahlen und Fakten. Bevölkerung mit Migrationshintergrund, 29.4.2023, unter: www.bpb.de (zuletzt 17.5.2023).

über gleichberechtigte Teilhabechancen verfügt. Ein eklatantes Beispiel ist der öffentliche Dienst, der nach wie vor in dominanter Weise aus weißen deutschen Beschäftigten besteht: Der Anteil der »Migrant*innen« liegt insgesamt schätzungsweise bei 6% (vgl. Migazin vom 6.12.2019), nur langsam wächst dort ihr Anteil. Und nicht nur das. Wenn sie es in den öffentlichen Dienst schaffen, sind sie überwiegend befristet und im einfachen Dienst (vgl. Migazin vom 8.12.2020). Diese seit Jahrzehnten bestehende soziale Spaltung durch strukturelle Diskriminierung und zunehmende soziale Ungleichheit in der Bevölkerung ist eine Tatsache, die hinreichend belegt ist,[3] und vielfach beklagt wird, wirksame Gegenstrategien hingegen bleiben bislang jedoch aus.

Die Verpflichtung Deutschlands zur Beseitigung von Rassendiskriminierung

Eine Politik zu verfolgen, die sich »umfassend gegen jede Form von Rassismus richtet«, ist eine Verpflichtung, die Deutschland mit der Ratifizierung des Internationalen Übereinkommens zur Beseitigung jeder Form von Rassendiskriminierung vom 7. März 1966 (ICERD) eingegangen ist. Die zentrale Herausforderung dabei ist die Herstellung gleichberechtigter gesellschaftlicher Teilhabe, eine der wichtigsten Voraussetzungen einer rassismus- und diskriminierungsfreien Gesellschaft. Die Kluft zwischen Arm und Reich ist jedoch größer geworden in Deutschland. Sie betrifft nicht nur die Einkommen und Vermögen, sondern auch Lebenschancen und Lebensqualität.[4]

Besonders drastische Formen von Ausgrenzung und sozialer Ungleichheit weisen die zentralen Bereiche gesellschaftlicher Reproduktion auf, wie Bildung, Arbeit, Gesundheit und Wohnen. Dies trifft insbesondere marginalisierte Bevölkerungsgruppen, häufig Menschen mit direkter oder familiärer Einwan-

---

[3] Im neuen »Nationalen Diskriminierungs- und Rassismusmonitor« (NaDiRa), dessen Auftaktstudie am 5.5.2022 veröffentlicht wurde, gaben 65% der Befragten an, entweder selbst rassistisch diskriminiert oder Ohren- und Augenzeug*innen solcher Vorfälle geworden zu sein. Nur ein Drittel der Bevölkerung erinnert sich an nichts Derartiges. Siehe Deutsches Zentrum für Integrations- und Migrationsforschung (DeZIM) 2022: DeZIM Rassismusmonitor | Studie »Rassistische Realitäten«.

[4] Die Autor*innen belegen anhand empirischer Befunde exemplarisch, wie tief die Hauptstadt Berlin sozial gespalten ist. »Ausgerechnet Berlin – die Hauptstadt des reichsten Landes Europas (nach dem Bruttoinlandsprodukt) – ist die ärmste Hauptstadt in Europa, verglichen mit der durchschnittlichen nationalen Bevölkerung.« Vgl.: Bochum, Ulrich/ Butler, Jeff/ Kohlmeyer, Klaus/ Odenwald Stephanie: Soziale Spaltungen in Berlin, Hamburg 2016; sowie: Bochum, Ulrich/ Butler, Jeff/ Kohlmeyer, Klaus/ Odenwald Stephanie: Rot-Rot-Grün in Berlin. eine Bilanz, in: Sozialismus.de, Heft 9, 2021, Supplement.

derungsgeschichte und damit verbundenen Rassismuserfahrungen. Gegen jede Form von Rassismus vorzugehen bedeutet die Verpflichtung, gleichberechtigte Teilhabe in diesen existenziellen Lebensbereichen für alle zu ermöglichen und die sozialen Menschenrechte,[5] die unverzichtbar sind für ein menschenwürdiges Leben, als Gesellschaft und Staat zu garantieren, auch als individuell einklagbares Recht. Das Zurückdrängen von Rassismus und Menschenfeindlichkeit im Rahmen staatlichen institutionellen Handelns bleibt eine zentrale Herausforderung, wie im Folgenden am Beispiel von Bildung und Ausbildung illustriert wird.

Institutioneller Rassismus

Anders als der »strukturelle Rassismus« bezeichnet der »institutionelle Rassismus« konkrete Akteure, nämlich die gesellschaftlichen Institutionen und die dort agierenden Menschen, also Richter*innen, Polizist*innen, Lehrer*innen, Verwaltungsbeamt*innen, Ärzt*innen, Bankangestellte, Personalleiter*innen (vgl. Roig 2021: 79). Basis ist »die Summe der individuellen Handlungen und Entscheidungen, die von Menschen in Machtpositionen durchgeführt und getroffen werden« (ebd.). Hierunter fallen umfassend Handlungen und Entscheidungen »die von Institutionen der Gesellschaft, von ihren Gesetzen, Normen und staatlichen Institutionen ausgehen, unabhängig davon, inwiefern Akteur*innen innerhalb der Institutionen absichtsvoll handeln oder nicht« (Schultz 2023).[6] Sie handeln nicht vereinzelt, sondern auf Basis »kollektiver Vorurteile« und Interpretationen ihrer Lebensrealität, die einer gemeinsamen Quelle entspringen (Vgl. Aslan 2023 in diesem Band), und zwar dauerhaft und gleichzeitig. In ihrer Gesamtwirkung bilden sie die »strukturelle Dimension von Diskriminierung und Unterdrückung« (Roig ebd.: 80).

Institutionelle Diskriminierung erfolgt durch Benachteiligung und Ausgrenzung durch Organisationen, vor allem durch staatliche Institutionen im Bildungs- und Ausbildungssystem, durch Behörden, Justiz (vgl. Schultz 2023 in diesem Band) und Polizei, wie das Beispiel des »racial profiling« bei Polizeikontrollen (vgl. Basu, Doan, Tavangar, 2023 in diesem Band) zeigt. Auch die Tatsache, dass migrantische Kinder in Deutschland häufiger die Hauptschule und seltener

[5] Soziale Menschenrechte sind juristische Instrumente zur Absicherung eines menschenwürdigen Lebens für alle, die seit 1966 im Internationalen Pakt über wirtschaftliche, soziale und kulturelle Rechte von 1966, dem sog. UN-Sozialpakt, konkretisiert und damit völkerrechtlich verbindlich geregelt sind.

[6] Eberhard Schultz bezieht sich bei dieser Definition auf einen Begriff, der vom Untersuchungsausschuss des britischen Parlaments in einem Mordfall an einem Migranten im letzten Jahrhundert entwickelt wurde, der in seinem Beitrag illustriert wird.

ein Gymnasium besuchen oder studieren als Kinder ohne Migrationshintergrund, ist die strukturelle Folge institutioneller Diskriminierung.

Kennzeichnend ist die Konstruktion von Gruppen, nach der in »Wir« und »die anderen« unterteilt wird – also die Konstruktion bestimmter Gruppen als Fremde, die mit minderen Rechten ausgestattet sind, insbesondere in Bezug auf die sozialen Menschenrechte. Dieser Abgrenzungsprozess kann gesehen werden als »die stetige diskursive Grenzziehung zwischen dem *weißen* deutschen ›Wir‹ und dem rassifizierten ›Ihr‹ als Pfeiler der *weißen* Identitätskonstruktion bzw. der Konstruktion der ›imaginierten Nation‹« (Aslan 2023 in diesem Band).

Rassistische Diskriminierung und Segregation im Bildungssystem

Rassische Diskriminierung im Bereich der Bildung ist seit vielen Jahren ein andauerndes Thema, wobei nicht selten die Ansicht vertreten wird, dass im deutschen Bildungssystem vielmehr der sozial-ökonomische Status als die »Rasse« bzw. nationale oder ethnische Herkunft eine Rolle spielt (vgl. OECD 2021). Dass die soziale Herkunft in der Bildung ein wichtiger Faktor ist, wird hier keineswegs bestritten, im Gegenteil. Die Chance von Akademikerkindern auf eine akademische Ausbildung ist dreimal so hoch wie die von Nichtakademikerkindern. Es geht vielmehr darum, die Wechselwirkung mit weiteren Ungleichheitskategorien, z.B. ökonomischer Status und Rassismuserfahrung, sichtbar zu machen. Das Risiko, diskriminiert zu werden, ist nicht zwingend mit einer eigenen oder familiären Migrationsgeschichte verbunden. Es ist innerhalb der statistischen Gruppe der »Menschen mit Migrationshintergrund« sehr unterschiedlich verteilt, je nach ökonomischem Status, Hautfarbe, Religionszugehörigkeit, Geschlecht etc. Wenn sich verschiedene Diskriminierungsformen gleichzeitig gegen eine Person richten (z.B. rassistische und klassistische Diskriminierung), spricht man von Intersektionalität. Sie erscheinen nicht als isoliert voneinander, sondern sind in ihren Wechselwirkungen und Überkreuzungen (englisch *intersections*) zu betrachten (vgl. Roig in diesem Band).

Leider wird durch die Behörden der mangelhafte Begriff des »Migrationshintergrunds« oder teilweise »nichtdeutsche Herkunftssprache«[7] verwendet, um rassistische Diskriminierung und Chancenungleichheit im Bildungsbereich zu thematisieren.[8] In ihrem letzten Bericht nach Artikel 9 des Internationalen

[7] »Nichtdeutsche Herkunftssprache«, eine Kategorie, die laut Gomis in diesem Band auch Ausdruck institutioneller Diskriminierung ist.

[8] Die Bundesregierung verwendet in ihrem letzten Bericht nach Artikel 9 des Internationalen Übereinkommens zur Beseitigung jeder Form von Rassendiskriminierung (2018) unter

Übereinkommens zur Beseitigung jeder Form von Rassendiskriminierung konstatiert die Bundesregierung 2018 zum Thema Bildungsbeteiligung, Bildungsstand und Bildungserfolgen von Menschen »mit Migrationshintergrund« (siehe Bundesministerium der Justiz und für Verbraucherschutz 2020):

- »Der Anteil der Kinder mit Migrationshintergrund, die eine Kindertagesbetreuung in Anspruch nehmen, an allen Kindern mit Migrationshintergrund ist nach stetigem Anstieg bis 2015 zuletzt wieder geringfügig gesunken.«
- »Der Anteil der Menschen mit Migrationshintergrund ab 15 Jahren ohne allgemeinbildenden Abschluss beziehungsweise ohne Berufsabschluss ist bis 2014 gesunken, jedoch 2016 wieder leicht gestiegen.«
- »In internationalen Schulleistungsvergleichsuntersuchungen (wie z.B. PISA) schneiden Schülerinnen und Schüler mit Migrationshintergrund in den Kompetenzbereichen Mathematik und Lesen nach wie vor deutlich schlechter ab als Gleichaltrige ohne Migrationshintergrund. Das zeigt: Die Unterschiede in den Bildungserfolgen von Kindern, Jugendlichen und jungen Erwachsenen mit und ohne Migrationshintergrund, sind je nach Altersgruppe und Bildungsbereich, weiterhin erheblich.«

Angesichts der Kluft zwischen Schüler*innen mit Migrationshintergrund und Schüler*innen ohne Migrationshintergrund, die mindestens seit dem PISA-Schock skandalisiert wird, lautet lapidar das Fazit: »Es besteht weiterhin Handlungsbedarf, insbesondere im frühkindlichen Bereich und bei der kontinuierlichen Sprach- und Leseförderung, sowie im Hinblick auf die Verbesserung von Bildungschancen, Bildungsbeteiligung und Bildungserfolgen – auch angesichts der Herausforderungen durch den fluchtbedingten Anstieg von Zuwanderungszahlen insbesondere seit 2015.« (Ebd.)

Die Bundesländer, die in Deutschland über die Bildungshoheit verfügen, haben es scheinbar seit dem Pisa-Schock nicht geschafft, zukunftsfähige nichtdiskriminierende Bildungssysteme aufzubauen, die der vielfältiger werdenden Klientel des Schulwesens gerecht wird. Der Bildungsföderalismus hat in Deutschland eher zu einem Flickenteppich unterschiedlicher Systeme geführt, ohne dass die Qualität gestiegen ist. Gerade im unteren Leistungsbereich gibt es immer mehr Kinder, die bei grundlegenden Fertigkeiten wie Leseverstehen und Grundrechenarten bedenkliche Schwächen zeigen, in starker Abhängigkeit von dem sozialen Status der Eltern. Das Problem scheint darin zu liegen, dass der bildungspolitische Wille auf Bundes- wie auf Länderebene zu schwach ist.

»Teilnahme und Teilhabe an Bildung« die Begriffe »Menschen mit Migrationshintergrund« und »Kinder nichtdeutscher Herkunftssprache«. (Bericht der Bundesrepublik Deutschland nach Artikel 9 des Internationalen Übereinkommens zur Beseitigung jeder Form von Rassendiskriminierung [ICERD], Rn. 164ff.).

Voraussetzung eines gerechten Bildungswesens – ob zentral oder föderalistisch organsiert – ist der bildungspolitische Wille, mit aller Kraft zu einer vielfaltsgerechten Bildung zu kommen, die Kinder und Jugendliche an eine bestmögliche Bildung heranführt.

Charakteristisch für das deutsche Schulsystem ist seine Dreigliedrigkeit. Nach der Grundschule im Alter zwischen zehn und zwölf Jahren werden die Schüler*innen in die unterschiedlichen Schultypen aufgeteilt, die zu unterschiedlichen beruflichen Perspektiven führen: Jugendliche mit einem niedrigeren Schulabschluss sind von vielen Angeboten von vorneherein ausgeschlossen. Ihnen droht sehr viel häufiger ein Leben in Arbeitslosigkeit als anderen Absolvent*innen. Ohne mittleren Schulabschluss oder Abitur ist die Aufnahme vieler Facharbeiterausbildungen kaum mehr möglich, das Gymnasium führt überwiegend in eine akademische Ausbildung. Der frühe Selektionsprozess und der permanente Bewertungs- und Benotungsdruck demütigen Kinder und Jugendliche statt sie zu stärken. Er dämpft ihre Neugier, statt sie zu wissbegierigen, diskussionsfreudigen und kritisch fragenden Menschen zu machen. Bei Jugendlichen aus rassialisierten[9] Familien tritt verschärfend hinzu, dass ihre benachteiligte Lage auch Ergebnis struktureller Diskriminierungen und von eigenen oder übermittelten und »vererbten« Diskriminierungserfahrungen ist.

Die Bildungsversager*innen«, die meist aus der Armut kommen und jedes Jahr die Schule ohne Abschluss verlassen (ca. 15%), werden auf einen Arbeitsmarkt entlassen, der ihnen, wenn überhaupt, nur die untersten Positionen im Un- und Angelerntenbereich anbietet – oft prekär, schlecht bezahlt, körperlich oder psychisch belastend, ohne persönliche und berufliche Entwicklungsperspektiven. Ein großer Teil jedes Jahrgangs bleibt ohne Ausbildung. Überdurchschnittlich stark benachteiligt sind Jugendliche, die aufgrund ihres Aussehens, ihrer Hautfarbe, ihrer ethnischen Herkunft oder anderer Gründe als erkennbar »anders«, »nicht-deutsch« bzw. »nicht von hier« verstanden werden.

Gleichzeitig können Ausbildungsplätze nicht besetzt werden. Zum einen hat ein Scheitern in dieser Phase für die Jugendlichen eine folgenschwere risikoreiche soziale Lage zur Konsequenz. Zum anderen gefährdet der wachsende Fachkräftemangel die wirtschaftliche Entwicklung des Landes.

---

[9] Rassialisiert meint, dass bestimmte Merkmale herangezogen werden (z.B. Aussehen, Hautfarbe, ethnische Herkunft), damit Menschen als erkennbar »anders«, »nicht-deutsch« bzw. »nicht von hier« verstanden werden (Mecheril & Melter 2010: 156). Dies bildet die Grundlage für die Kategorisierung, Stereotypisierung und implizite Hierarchisierung von Menschen, die diesen konstruierten Gruppen angehören. Siehe IDA e.V. – Glossar (idaev.de).

Soziale Spaltung bei Kindern und Jugendlichen

Was diesen Jugendlichen widerfährt, bevor sie vor dem Schritt »aus der Schule heraus« stehen, hat erhebliches Gewicht. Seit Jahren ist Kinderarmut ein in Deutschland skandalisiertes Problem. Damit verbunden sind gravierende Folgen für das Aufwachsen, das Wohlbefinden, die Bildung und die Zukunftschancen der Kinder. Schon vor Ausbruch der Corona-Krise gehörte Armut zum Alltag von mehr als einem Fünftel aller Kinder in Deutschland, nun kommen deren Folgen hinzu (vgl. Funcke 2020; Müller 2020). Der Mythos von Chancengleichheit durch Leistung im Schulsystem trägt zur Verschärfung von Bildungsungerechtigkeit bei und benachteiligt strukturell besonders rassialisierte Menschen. Als Folge dessen werden Schulen aus der Verantwortung genommen, wirksame kompensatorische Beiträge zur sozialen Lage zu liefern.

In diesem Kontext ist die Problematik des Übergangs von der Schule in das Arbeitsleben einzuordnen. Über die ganze Kindheit und frühe Jugend hinweg werden Unterschiede aufgebaut und Benachteiligungen verstärkt. Rechtlich einklagbare Ansprüche auf das soziale Menschenrecht auf Bildung, Ausbildung und Arbeit gibt es nicht. Bildungs- und Berufschancen verteilen sich stattdessen im freien Spiel der Kräfte einer gesellschaftlichen Realität, die von sozialer Benachteiligung und von dichotomen Bildern von »uns« und den »anderen« geprägt ist. Das Bild der »anderen« setzt sich im deutschen Bildungsverständnis zusammen aus Zuschreibungen wie »bildungsfern«, »weniger leistungsorientiert« und »weniger aktiv«. »Der neoliberale Mythos eines freien Marktes, auf dem alle Bürgerinnen und Bürger unter vermeintlich gleichen Bedingungen um Bildungschancen konkurrieren können, trägt zu einer maßgeblichen Verschärfung von Bildungsungerechtigkeiten bei.« (Kollender 2020a) Der gesellschaftliche Hintergrund der Bildungsdifferenzen gerät aus dem Blick und wird kulturalisiert und individualisiert. Umgekehrt werden Erfolge von Personen mit Ausgrenzungs- und Rassismuserfahrungen als »Ausnahme« gefeiert.

Gleiches Recht bei ungleichen Voraussetzungen ist kein gleiches Recht. Ein Curriculum im Gleichschritt für alle benachteiligten Kinder, deren Entwicklungsbedingungen großen sozialen Risiken ausgesetzt sind. Die gleiche knappe Zeit pro Kind einzuplanen, egal, wo es herkommt und was es mitbringt und die gleiche Messlatte für Schulleistungen anzulegen, die unter sehr unterschiedlichen Voraussetzungen zustande gekommen sind, bedeuten keine Chancengleichheit. Nicht nur Kinder und Jugendliche, auch Lehrkräfte drohen an dieser widersprüchlichen gesellschaftlichen Aufgabe und institutionalisierten Ungerechtigkeit einer vermeintlichen Chancengleichheit zu zerbrechen.

Das Zusammenspiel von »Schule – Ausbildung – Arbeit« muss im Sinne von Chancengleichheit neu gedacht werden. Die biografischen Lebensabschnitte müssen stärker miteinander verknüpft werden, Angebote aufeinander aufbauen. Vorbereitung auf die berufliche Ausbildung muss Teil des Schulunterrichts sein: Kein Abschluss darf ohne Anschluss bleiben.

Berufsausbildung – ein blinder Fleck in der Antidiskriminierung?

Die Öffnung der Berufsausbildung für junge Leute aus rassialisierten Familien ist eine zentrale Voraussetzung für gleichberechtigte Teilhabe am Arbeitsleben. Ihr Anteil in der Berufsausbildung und im Studium hat sich in den letzten Jahren langsam erhöht, wenngleich er noch längst nicht dem Anteil in der Wohnbevölkerung derselben Altersgruppe entspricht, und die strukturellen Hürden – zum Beispiel im Rahmen von Einstellungsverfahren – nach wie vor wirksam sind.

Kern des Problems ist ein Paradox: Die Jugendlichen, die am dringendsten eine Ausbildung brauchen, um sich für den Arbeitsmarkt zu qualifizieren, haben es viel schwerer, in eine Ausbildung zu gelangen. Viele bewerben sich gar nicht. Die Gründe dafür gilt es genau zu untersuchen. Andererseits bleiben viele Ausbildungsplätze in den Betrieben unbesetzt. Ein Lösungsansatz ist es, ausbildungsinteressierten Jugendlichen Zugang zu qualifizierter Ausbildung zu verschaffen und sie während der Ausbildung, insbesondere im theoretischen Teil der Ausbildung, angemessen zu unterstützen. Das Risiko des Scheiterns bei Jugendlichen, die mit Nachteilen in die Ausbildung kommen, kann minimiert werden, wenn die Ausbildung von hoher pädagogischer Qualität ist. Bei vielen Jugendlichen setzen sich in der Berufsschule Probleme aus der Schule fort. Notwendig ist deshalb eine pädagogische Kooperation zwischen Berufsschulen und Unternehmen (vgl. Germershausen/Kruse 2021).

»Ob im Gesundheitswesen, in der Gastronomie, an Flughäfen oder bei Airlines, im Handwerk oder in der Metall- und Elektro-Industrie: Der Arbeits- und Fachkräftemangel ist mittlerweile allgegenwärtig. Dennoch gibt es bislang kein Gesamtkonzept der Politik, um dem drängenden Problem Herr zu werden – obwohl es jede Menge Stellschrauben dafür gäbe« (iwd vom 7.4.2022).

Der Ruf nach Anwerbung ausländischer Fachkräfte wird laut. Aktuelles Beispiel: Angesichts von Flugausfällen infolge des Personalmangels auf deutschen Flughäfen sollen Arbeitskräfte aus der Türkei angeworben werden. Gleichzeitig gehen Jahr für Jahr motivierte Jugendliche bei der Suche nach Ausbildungsstellen leer aus, da sie in den Bewerbungsverfahren erfolglos sind. Für diesen Widerspruch braucht es eine politische Lösung und die enge Zusammenarbeit der wichtigen einschlägigen Ressorts wie Bildung und Arbeit.

Dringend notwendig ist eine übergreifende integrierte Strategie zur gezielten Öffnung der betrieblichen Ausbildung für Jugendliche, die bisher abseits stehen.

Hierzu werden gesetzliche Rahmenbedingungen nötig, die das Recht auf Ausbildung sicherstellen, und gut ergänzt werden können über Tarifverträge. Auf lokaler Ebene müssen Pakte lokaler Verantwortungsgemeinschaften zwischen den zentralen Akteur*innen entstehen, insbesondere mit den Betrieben, die sich verpflichten, in einer bestimmten Zeit eine bestimmte Zahl von Jugendlichen in Ausbildung zu nehmen, den Behörden, Schulen, Berufsschulen etc. Diese Anstrengungen müssen unterlegt werden mit einer erheblichen Finanzierung.

Rückschläge durch Corona

Trotz aller Hürden und ungleichen Startbedingungen für Jugendliche aus Familien mit Einwanderungsgeschichte stieg die Zahl erfolgreicher Bildungsbiografien. Ihr Anteil in der Berufsausbildung und im Studium hat sich stetig erhöht, wenngleich er noch längst nicht dem in der Wohnbevölkerung derselben Altersgruppe entspricht. Allerdings sind die erreichten Erfolge der letzten zehn Jahre durch die Folgen der Corona-Krise extrem bedroht. Seit März 2020 waren Jugendliche neben fehlenden sozialen Kontakten auch von dramatischen Ausfällen in der Berufsorientierung und der Vorbereitung auf das Arbeitsleben betroffen. Betriebe haben Praktika gestrichen, bewährte Formate reduziert oder sie gar nicht mehr angeboten. Die digitalen Angebote können viele Jugendliche aufgrund fehlender Rahmenbedingungen – kein WLAN, keine Endgeräte – nicht wahrnehmen. In mehreren Schüler*innengenerationen bauen sich jetzt Lücken auf, die gegen Ende der Schulzeit kumulieren und dazu führen, dass die jungen Leute unvorbereitet und daher oft chancenlos die Schule verlassen. Viele Schüler*innen sehen keinen Sinn, sich zu bewerben, obwohl Ausbildungsplätze vorhanden sind, zum Teil sind sie »abgetaucht«. Die Berufsorientierung fällt nach den erreichten großen Fortschritten um Jahre zurück.

Um die Schüler*innen erreichen zu können, sind immer mehr digitale Lernplattformen in den Schulen erforderlich, aber häufig nicht vorhanden, Lern- und Arbeitsbedingungen zu Hause bleiben eine Herausforderung. Nicht jede*r kann dort ungestört arbeiten, abhängig von der sozialen Lage. Die psychischen Belastungen durch die Pandemie werden sichtbarer. Große Sorge bereitet den Eltern die Zukunft ihrer Kinder. Ausbildung findet weiter digital statt und bleibt eine große Herausforderung. Gerade im ersten Lehrjahr ist Ankommen im Betrieb schwierig.

Bis zur Corona-Krise blieb bereits ein wichtiger Teil eines jeden Jahrgangs ohne Ausbildung und damit für das weitere Leben in einer schwierigen Risikolage. Blickt man auf die Lebenssituation dieser Jugendlichen, dann ist zu erkennen, dass diese zumeist durch die Herkunft aus durch Armut geprägten

Milieus, Arbeitsmarktferne, Distanz zur Schule und den Besuch von Schulen, in deren Umfeld sich diese sozialen Problemlagen häufen, geprägt war. Diese ist nun dadurch verstärkt, dass verschiedene negative Umstände sich wechselseitig verstärken und auch in die Schulen massiv hineinwirken. So kommt es, dass Jugendliche, die mit sozialen Risiken aufwachsen, sich häufig in prekären sozialen Lagen wiederfinden. Bei Jugendlichen aus Familien mit Einwanderungsgeschichte kommt verschärfend hinzu, dass ihre benachteiligte Lage auch Ergebnis struktureller Diskriminierungen und von eigenen oder übermittelten und »vererbten« Diskriminierungserfahrungen ist.

Bereits jetzt macht sich auf dem Arbeitsmarkt ein eklatanter Mangel an Fachkräften bemerkbar. Gleichzeitig wächst die Gruppe von Schüler*innen mit Einwanderungsgeschichte und rassifizierten Jugendlichen, für die die Gefahr von Ausgrenzung größer wird.

Neue Zukunftsmodelle für die Zeit nach Corona

Kinder und Jugendliche wachsen heute anders auf als im 20. Jahrhundert. Das digitale Angebot an Informationen, Erfahrungen und Kontakten ist unüberschaubar. Dies zu verarbeiten und zu lernen, damit selbstbestimmt umzugehen, ist eine große Herausforderung. Im Zeitalter der Digitalisierung ist Aufwachsen mit neuen Anforderungen an das Lernen in der Schule und in der Berufsausbildung verbunden. Die Digitalisierung der Bildung braucht pädagogische Innovationen und technische Ausstattung in Schulen und in Ausbildungsbetrieben, die auf ein lebenslanges und digitales Lernen vorbereiten. Wenn junge Menschen vollständig in die Arbeitswelt einsteigen, müssen sie auch wirtschaftlich davon gut leben können. Arbeit, die sich lohnt und ein Lohn, der für das Leben reicht, vertreiben Ängste vor sozialem Abstieg. Arbeit ist die wichtigste Grundlage für ein würdiges Leben eines jeden Menschen.

Die Aufgabe lautet: Vorbereitung auf die Lebenswirklichkeit der jungen Menschen, also Umgang mit der digitalen Welt durch Ansätze zur Verbesserung und Intensivierung der Berufsorientierung – angefangen bei der digitalen Grundausstattung der Schüler*innen, der Schulen und Unternehmen, über die Entwicklung digitaler Formate, hin zur Strukturierung des Schulalltags mit curricularen Angeboten der Berufsorientierung. WLAN im privaten Umfeld ist ein mitentscheidender Faktor für Schüler*innen und Azubis.

Alle Kinder und Jugendlichen sollen bestmöglich, d.h. gezielt und systematisch, unter Berücksichtigung der Erkenntnisse der Schul- und Unterrichtsforschung gefördert werden. Dabei ist stets zu berücksichtigen, inwiefern die rassistische Diskriminierung die Bildungschancen negativ beeinflusst. Die Schule muss von der Funktion der Selektion und der Zuweisung von jungen Menschen auf unterschiedliche berufliche Entwicklungspfade und Positionen befreit werden.

Die Spaltung in gut abgesicherte, einkommensstarke Lebenslagen auf der einen Seite und unsichere, armutsbelastete Lebenslagen auf der anderen Seite wirkt negativ auf den sozialen Zusammenhalt der Gesellschaft und insbesondere bei nach der Konvention schutzwürdigen Kindern und Jugendlichen.

Bildung als ein für alle zugängliches soziales Menschenrecht bedeutet, die Anerkennung und Berücksichtigung der unterschiedlichen Bildungsvoraussetzungen als Kern der professionellen Aufgabe von Lehrkräften zu verstehen. Wenn Lehrkräfte sich Kindern und Jugendlichen, so wie sie aus den sehr unterschiedlichen Milieus heraus in die Schulen kommen, respektvoll, diskriminierungssensibel und adäquat zuwenden sollen, dann brauchen sie dafür genügend Zeit und genügend inhaltliche und methodische Gestaltungsspielräume, um Lernprozesse erfolgreich anregen und begleiten zu können.

Zu diesem Zweck ist die Berücksichtigung der Erkenntnisse der Bildungsforschung erforderlich, die wiederum eine adäquate Kategorisierung jenseits der Bezeichnungen »Migrationshintergrund« und/oder »Nichtdeutsche Herkunftssprache« voraussetzt. Daneben wird es wichtig, die universitäre Lehrkräftebildung so zu gestalten, dass künftige Lehrer*innen frühzeitig Stigmatisierungsprozesse und Diskriminierungsmomente erkennen und diesen entgegenwirken können.

Berliner Beispiele: Ansätze zur Antidiskriminierung

In der Regierungszeit der rot-rot-grünen Berliner Koalition (2016–2021) sind drei Initiativen zur Antidiskriminierung auf den Weg gebracht worden: das Landesantidiskriminierungsgesetz (LADG) vom 4.6.2020, das Gesetz zur Förderung der Partizipation in der Migrationsgesellschaft (PartMigG) vom Juni 2021 und das Landesprogramm Diversity vom 8.9.2020.

Ziel des *Landesantidiskriminierungsgesetzes* ist die Herstellung und Durchsetzung von Chancengleichheit sowie die Verhinderung und Beseitigung jeder Form von Diskriminierung für bestimmte Bevölkerungsgruppen. Es enthält ein Diskriminierungsverbot im Rahmen öffentlich-rechtlichen Handelns aufgrund des Geschlechts, der ethnischen Herkunft, einer rassistischen und antisemitischen Zuschreibung, der Religion und Weltanschauung, einer Behinderung, einer chronischen Erkrankung, des Lebensalters, der Sprache, der sexuellen und geschlechtlichen Identität sowie des sozialen Status. Betroffene können gegen Diskriminierungen durch öffentliche Stellen des Landes Berlin vorgehen. Damit soll durch das LADG eine Schutzlücke, die das Allgemeine Gleichbehandlungsgesetz des Bundes (AGG) offengelassen hat, geschlossen werden. Mit dem

Landesantidiskriminierungsgesetz sollte für den öffentlichen Dienst und öffentliche Unternehmen auch ein verbindlicher Rahmen für »positive Maßnahmen« hinsichtlich der Arbeitsmarktintegration von Menschen mit Einwanderungsgeschichte geschaffen werden – Maßnahmen, die dazu beitragen, bestehende Nachteile für Personen und Personengruppen aufgrund vorhandener struktureller Diskriminierungen zu verhindern oder auszugleichen.

Das *Gesetz zur Förderung der Partizipation in der Migrationsgesellschaft (PartMigG)*[10] ist die Novelle des seit zehn Jahren bestehenden Gesetzes zur Partizipation und Integration (PartIntG), das die gesellschaftliche Teilhabe *von Menschen mit Migrationshintergrund* stärken soll. Über Jahrzehnte hat Berlin sich zu einer Einwanderungsmetropole entwickelt. Ein Drittel der Bevölkerung und fast die Hälfte der hier aufwachsenden Kinder und Jugendlichen kommen aus Familien mit den unterschiedlichsten Einwanderungsgeschichten, selbst Berliner*innen, die hier geboren und zur Schule gegangen sind, und Deutsche mit und ohne eigene Migrationserfahrungen, viele auch auf der Flucht vor Hunger und Krieg. Die zehnjährige Praxis zur Umsetzung der PartIntG hat jedoch gezeigt, dass das Gesetz aufgrund seines Appellcharakters bei den Einrichtungen des öffentlichen Dienstes keine bindende Wirkung entfaltet. Kaum ein Gesetz habe so wenig Beachtung gefunden wie dieses, so die ehemalige Arbeitssenatorin Elke Breitenbach (DIE LINKE).

Das überarbeitete Gesetz zielt nun stringenter auf die Teilhabe von Personen mit Migrationsgeschichte gemäß ihres Anteils an der Bevölkerung, und zwar auf allen Hierarchieebenen, nicht nur im öffentlichen Dienst. Dafür sind sämtliche Verwaltungen und landeseigenen Betriebe aufgefordert, eigene Zielvereinbarungen, untersetzt mit konkreten Maßnahmen zur diversitätsorientierten Personalentwicklung, zu entwickeln und durch gezielte Lösungsansätze und Förderstrategien sicherzustellen. Bei der Besetzung von Stellen und Ausbildungsplätzen sollen Menschen mit Migrationshintergrund in besonderem Maße berücksichtigt werden, um ihren Anteil auf allen beruflichen Ebenen mindestens entsprechend ihrem Anteil an der Bevölkerung Berlins abzubilden.

Das Landesprogramm Diversity[11] eröffnet bei der Gewinnung von Personal die Chance, von einer homogenen zu einer vielfältigen Zusammensetzung der Beschäftigten zu kommen. Es enthält Maßnahmen, die für mehr Diversität im öffentlichen Dienst verbindlich einzusetzen sind. Diese aufgeführten Maßnahmen zur Antidiskriminierung und für mehr Diversität in der Berliner Verwaltung folgen der Überzeugung, dass der öffentliche Dienst für die gesamte Bevölkerung da ist.

---

[10] Vgl.: www.berlin.de/lb/intmig/themen/partizipation-in-der-migrationsgesellschaft/.

[11] Senatsverwaltung f. Justiz, Verbraucherschutz und Antidiskriminierung o. J.: Diversity Landesprogramm.

Am Landesantidiskriminierungsgesetz wurde kritisiert, insbesondere von der Opposition, dass Polizeibeamte nachweisen müssten, sich nicht diskriminierend verhalten zu haben. Aus dem öffentlichen Dienst, insbesondere der Polizei, kam der Vorwurf, Polizeibeamte unter Generalverdacht zu stellen. Man nehme dabei in Kauf, dass die Polizei demotiviert und in die Defensive gedrängt würde. »Die Kritiker sind meist ältere weiße Männer, die behaupten, das sei nicht notwendig. Ja, sie werden ja auch nicht diskriminiert«, verteidigt der Innensenator Geisel das Gesetz. »In unserer Stadt haben 35% der Bevölkerung einen Migrationshintergrund – das sind immerhin 1,3 Millionen Menschen. Wenn die uns von ihren täglichen Wahrnehmungen und Erlebnissen berichten, die alte weiße Männer allesamt nicht haben, dann müssen wir das ernst nehmen.«[12]

Diskussion um die Quote

Heiß umkämpft war die »Migrantenquote«, die Berlin als erstes deutsches Bundesland im Rahmen der Verabschiedung des Gesetzes zur Förderung der Partizipation in der Migrationsgesellschaft (PartMigG) einführen wollte. Der Vorstoß kam von der Partei DIE LINKE mit einer Kampagne zur Durchsetzung einer Quote und einem entsprechenden Gesetzentwurf der Senatsverwaltung für Integration, wonach eine Migrantenquote von 35% geplant war, die dem aktuellen Bevölkerungsanteil von »Menschen mit Migrationshintergrund« in Berlin entspricht. »Das rassistische Denken ist tief in unserer Gesellschaft verankert«, so begründete die ehemalige Senatorin, Elke Breitenbach, laut Tagesspiegel vom 22.1.2021 die Notwendigkeit der Quote bei der Einstellung in öffentlicher Verantwortung, also in den Bezirksverwaltungen, den Senatsverwaltungen, der BVG, den Wohnungsbauunternehmen etc. Vor allem verfassungsrechtliche Bedenken führten dazu, dass schließlich auf eine verbindliche Quote verzichtet wurde. Katja Kipping (DIE LINKE) sieht als Nachfolgerin von Elke Breitenbach die Umsetzung des *PartMigG* als eines der Kernprojekte ihrer Amtszeit: »Wenn in der jungen Generation jeder Zweite in Berlin eine Migrationsgeschichte hat, muss man sich nicht über Personalmangel in der Verwaltung wundern, wenn man diese Hälfte ausschließt – und sei es unbeabsichtigt.«[13]

---

[12] Siehe: www.cicero.de/innenpolitik/polizeigewalt-antidiskriminierungsgesetz-andreas-geisel-berlin-innensenator-innenminister-saskia-esken-horst-seehofer-spd/plus.

[13] Aussage Katja Kipping in: Kiesel, Robert/ Betschka, Julius: Ein Jahr Partizipationsgesetz. Migranten-Check in der Berliner Verwaltung kommt erst 2023, in: Der Tagesspiegel, 24.7.2022, unter: www.tagesspiegel.de (zuletzt 17.5.2023).

Die Quote sollte der Hebel sein, dass Migrant*innen künftig im Auswahl- und Einstellungsverfahren bei gleicher Qualifikation bevorzugt werden, wenn sie in einer Verwaltung unterrepräsentiert sind. Während mit den Grünen eine Quotenregelung möglich gewesen wäre, argumentierte die SPD am Ende scharf gegen die Migrantenquote. Da das PartMigG auf dem Niveau einer Absichtserklärung zehn Jahre lang nichts geändert habe, versprach eine Quote, dass dadurch Chancenungleichheit auf dem Arbeitsmarkt wirksam verringert werden würde.

Allerdings führt die Beteiligung von mehr Menschen mit Migrationsgeschichte im öffentlichen Dienst nicht per se zu mehr Vielfalt. Die Vorstellung greift zu kurz. Denn die Öffnung für mehr Vielfalt ist dann nachhaltig und wirkungsvoll, wenn Einstellungen und Haltungen der Mehrheitsgesellschaft und ihrer Organisationen sich so verändern, dass zugeschriebene Herkunft und Hautfarbe nicht mehr zu Benachteiligungen führen. Daher darf die Einführung der Quote nicht auf die Integration einzelner Personen beschränkt bleiben, sondern muss strukturell antidiskriminierend in der Verwaltung wirksam werden.

Ausblick

Die Frage der Wirksamkeit gezielter staatlicher Maßnahmen zur Bekämpfung rassistischer Diskriminierung ist höchst aktuell. Einerseits bedarf es konkreter Schritte zur Öffnung gesellschaftlicher Bereiche, in denen Personen aufgrund von Diskriminierung unterrepräsentiert sind. Andererseits geht es – parallel hierzu – um den Abbau struktureller Diskriminierung durch Behörden und Organisationen, also auch um Haltungen und Denkweisen der handelnden Personen. Diese unterschiedlichen Maßnahmen in eine Gesamtstrategie zusammenzufassen und weiter konsequent gegen alle Widerstände durchzusetzen, muss herausragende politische Aufgabe sein. Denn die Frage der Wirksamkeit ist deswegen so kritisch, weil Ungleichheit verhärtet ist und sich Diskriminierung strukturell festgesetzt hat. Es bedarf also eines Zusammenspiels aus normativen Vorgaben, zivilgesellschaftlicher Bewegung, Aufklärung und Sensibilisierung bis hin zu Sanktionsmöglichkeiten, also eines kräftigen Aufbruchs.

Wie kann der Zusammenhang zwischen Gesetzen, Landesstrategie und den Fachpolitiken, wie z.B. berufliche Bildung samt Digitalisierung, überhaupt gedacht werden? Hierzu sind dringend Beratungs- und Beteiligungsformen unter Einbeziehung von Migrantenorganisationen zu entwickeln. Die geforderte Etablierung eines Partizipationsrates für Fragen der Einwanderungsgesellschaft ist keine »Schönwetteridee«, sondern gerade in schwierigen Zeiten besonders wichtig. Neben klaren Worten gegen Ausgrenzung und Diskriminierung, ist es vor allem wichtig, die ausstehenden Förderungen so rasch umzusetzen, dass die Akteur*innen vor Ort handlungsfähig bleiben oder es wieder werden.

Diskriminierende Argumentationsmuster gründen auf Zuschreibungen aufgrund unterschiedlicher »Kulturen, Nationen, Ethnien oder Religionszugehörigkeit«, auch wenn viele Fragen nach der Wirksamkeit offenbleiben. Prüfstein muss dabei sein, ob es messbar gelingt, die soziale Spaltung der Gesellschaft zu verringern und den gesellschaftlichen Zusammenhalt zu stärken.

Literatur

Berliner Senat/Senatsverwaltung für Justiz, Verbraucherschutz und Antidiskriminierung (2020): Diversity Landesprogramm. Maßnahmen – Leitfaden – Leitbild, 8.9., online: www.berlin.de/sen/lads/schwerpunkte/diversity/diversity-landesprogramm/ (zuletzt 17.5.2023).

Bochum, Ulrich/Butler, Jeff/Kohlmeyer, Klaus/Odenwald Stephanie (2016): Soziale Spaltungen in Berlin, Hamburg.

Bochum, Ulrich/Butler, Jeff/Kohlmeyer, Klaus/Odenwald Stephanie (2021): Rot-Rot-Grün in Berlin. eine Bilanz, in: Sozialismus.de, Heft 9, Supplement.

Bundesministerium der Justiz und für Verbraucherschutz (2020): 23.–26. Bericht der Bundesrepublik Deutschland nach Artikel 9 des Internationalen Übereinkommens zur Beseitigung jeder Form von Rassendiskriminierung (ICERD), 28.2., online: www.bmj.de/SharedDocs/Archiv/Downloads/23_26_CERD_Bericht.pdf?__blob=publicationFile&v=5 (zuletzt 17.5.2023).

Bundesministerium für Bildung und Forschung/ OECD (2021): Bildung auf einen Blick 2021. OECD Indikatoren, online: www.bmbf.de/SharedDocs/Downloads/de/2021/210916-oecd-bericht-bildung-auf-einen-blick.pdf?__blob=publicationFile&v=6 (zuletzt 17.5.2023).

Bundeszentrale für politische Bildung (2023): Kurz und knapp. Zahlen und Fakten. Bevölkerung mit Migrationshintergrund, 29.4., online: www.bpb.de/kurz-knapp/zahlen-und-fakten/soziale-situation-in-deutschland/61646/bevoelkerung-mit-migrationshintergrund/ (zuletzt 17.5.2023).

Deutsches Zentrum für Integrations- und Migrationsforschung DeZIM (Hrsg.) (2022): Rassistische Realitäten – wie setzt sich Deutschland mit Rassismus auseinander? Auftaktstudie zum Nationalen Diskriminierungs- und Rassismusmonitor (NaDiRa) des Deutschen Zentrums für Integrations- und Migrationsforschung (DeZIM), online: www.rassismusmonitor.de/fileadmin/user_upload/NaDiRa/CATI_Studie_Rassistische_Realit%C3%A4ten/DeZIM-Rassismusmonitor-Studie_Rassistische-Realit%C3%A4ten_Wie-setzt-sich-Deutschland-mit-Rassismus-auseinander.pdf (zuletzt 17.5.2023).

Die Beauftragte des Berliner Senats für Integration und Migration (2021): Gesetz zur Neuregelung der Partizipation im Land Berlin vom 5. Juli 2021, in: Gesetz- und Verordnungsblatt für Berlin. 77. Jahrgang. Nr. 54, 15.7., online: www.berlin.de/lb/intmig/_assets/themen/partizipation/verabschiedetes-gesetz-zur-neuregelung-der-partizipation-im-land-berlin-juli-2021a.pdf?ts=1649931259 (zuletzt 17.5.2023).

Der Informationsdienst des Instituts der deutschen Wirtschaft (2022): Der Fachkräftemangel ist plötzlich Realität, 4.7., online: www.iwd.de/artikel/der-fachkraefte-mangel-ist-ploetzlich-realitaet-551257/ (zuletzt 17.5.2023).

Funcke, Antje/Menne, Sarah (2020): Kinderarmut in Deutschland, Bertelsmann Stiftung (Hrsg.), 21.7., online: www.bertelsmann-stiftung.de/de/publikationen/publikation/did/factsheet-kinderarmut-in-deutschland (zuletzt 17.5.2023).

Germershausen, Andreas/Kruse, Wilfried (2021): Ausbildung statt Ausgrenzung. Wie interkulturelle Öffnung und Diversity-Orientierung in Berlins Öffentlichem Dienst und in Landesbetrieben gelingen können. Bielefeld, online: www.pedocs.de/volltexte/2021/23217/pdf/germershausen-tweak.pdf (zuletzt 17.5.2023).

Kiesel, Robert/Betschka, Julius (2022): Ein Jahr Partizipationsgesetz. Migranten-Check in der Berliner Verwaltung kommt erst 2023, in: Der Tagesspiegel, 24.7., online: www.tagesspiegel.de/berlin/ein-jahr-partizipationsgesetz-migranten-check-in-der-berliner-verwaltung-kommt-erst-2023-3367495.html (zuletzt 17.5.2023).

Kollender, Ellen (2020a): Neue Arten der Bildungsauslese. Verschleierter Rassismus im neoliberalen Schulsystem, in: Der Tagesspiegel, 3.7., online: www.tagesspiegel.de/wissen/verschleierter-rassismus-im-neoliberalen-schulsystem-4179301.html (zuletzt 17.5.2023).

Kollender, Ellen (2020b): Eltern – Schule – Migrationsgesellschaft. Neuformation von rassistischen Ein- und Ausschlüssen in Zeiten neoliberaler Staatlichkeit, Bielefeld.

Mecheril, Paul/Melter, Claus (2010): Gewöhnliche Unterscheidungen. Wege aus dem Rassismus, in: Andresen, Sabine/ Hurrelmann, Klaus/ Palentien, Christian/ et.al. (Hrsg.): Migrationspädagogik, 1. Aufl., Basel.

Müller, Bernhard (2020): Skandal Kinderarmut, in: Sozialismus.deAktuell vom 23.07.2020.

Roig, Emilia (2021): Why we matter. Das Ende der Unterdrückung, Berlin.

O.A. (2020): Meist ältere weiße Männer. Berlins Innensenator kritisiert Kritiker des Antidiskriminierungsgesetzes, in: Der Tagesspiegel,12.6., online: www.tagesspiegel.de/berlin/berlins-innensenator-kritisiert-kritiker-des-antidiskriminierungsgesetzes-6864829.html (zuletzt 17.5.2023).

O.A. (2019): Migranten im Öffentlichen Dienst stark unterrepräsentiert, in: MiGAZIN, 6.12., online: www.migazin.de/2019/12/06/studie-einwanderer-im-oeffentlichen-dienst-stark-unterrepraesentiert/ (zuletzt 17.5.2023).

O.A. (2020): Migranten in der Verwaltung. Unterrepräsentiert, befristet und im einfachen Dienst, in: MiGAZIN, 8.12., online: www.migazin.de/2020/12/08/migranten-in-der-verwaltung-deutlich-unterrepraesentiert-befristet-und-im-einfachen-dienst/ (zuletzt 17.5.2023).

Saraya Gomis

Institutionelle Diskriminierungen im Bildungssystem Schule

Im folgenden Text soll anhand beispielhafter Darstellungen des Umgangs mit Beschwerden ein kleiner Beitrag zum Beschreiben von Formen von institutionellen Diskriminierungen in Schulen geleistet werden.

Dieser Text fußt vor allem auf zusammengetragenen Beobachtungen aus der Praxis. Beobachtungen von institutionellen Diskriminierungen in Prozessen und institutionell verankerten, gebilligten oder hingenommenen und wiederholten Formen des Umgangs mit Beschwerden gegen Diskriminierungen[1] in Schule. Ausgangspunkt der Ausführungen sind Beschwerden aus der Antidiskriminierungsberatung; hier insbesondere Beschwerden gegen Rassismus. Anonymisierte Beispiele im folgenden Text sind stark vereinfacht und keinem konkreten »Diskriminierungsfall« mehr zuzuordnen. Auf besonders gewaltvolle Beispiele aus der Beratungspraxis wurde dabei verzichtet und die vorliegenden Darstellungen wurden abgemildert.

Im Folgenden geht es nicht darum, Beispiele und Einzelfälle eines gelungenen Umgangs mit Beschwerden aufzuzeigen, sondern – wenn auch verkürzte – Beobachtungen und Notizen aus der praktischen Arbeit zu teilen, mit denen weitergearbeitet werden kann. Nach einer einführenden und verkürzten Darstellung von institutionellen Diskriminierungen aus Perspektive der Beratungspraxis, beschäftigt sich der Text zunächst mit Beschwerden und verschiedenen Öffentlichkeiten, in denen die Beschwerde verhandelt wird bzw. werden kann. Anschließend wird unabgeschlossen aus der Perspektive der Beratungspraxis das institutionelle Verständnis von Diskriminierungen im Rahmen von Beschwerden in den Blick genommen und beispielhaft der Umgang mit den

---

[1] Die verkürzten Ausführungen beziehen sich auf Beobachtungen, Reflexion und Intervision der praktischen Arbeit und basieren vorrangig auf Notizen aus Arbeitstagebüchern. Darin finden sich u.a. Arbeitserfahrungen und Einordnung, Reflexion und Analyse der eigenen Arbeit. Der vorliegende Text ist keine wissenschaftliche Arbeit. Zur wissenschaftlichen Auseinandersetzung und Arbeit mit Diskriminierungen im Kontext Schule verweise ich beispielhaft auf Arbeiten von Wissenschaftlerinnen wie Jane Schuch, Mona Massumi, Isidora Randjelović, Mechthild Gomolla, Aysun Doğmuş, Saphira Shure, Elina Marmer, Mai-Anh Boger, Annita Kalpaka, Nadine Golly, Iman Attia, Astrid Messerschmidt, Marina Chernivsky, Anne Piezunka, Ellen Kollender, Juliane Karakayali, Anja Steinbach uvm. Darüber hinaus ist auf die Arbeit von Antidiskriminierungsberatungsstellen, Vereinen, Initiativen und Selbstorganisationen und Studierenden und Schüler*innenzusammenschlüssen wie bspw. RomaniChaj zu verweisen.

Zielsetzungen von Beschwerden in der Beratungspraxis beschrieben. Der Beitrag schließt mit Ausführungen über den strafenden Umgang mit Beschwerden gegen Diskriminierungen.

Schlaglichter auf institutionelle Diskriminierungen aus einer Perspektive der Antidiskriminierungsberatung

> *»The collective failure of an organisation to provide an appropriate and professional service to people because of their colour, culture, or ethnic origin. It can be seen or detected in processes, attitudes and behaviour which amount to discrimination through unwitting prejudice, ignorance, thoughtlessness and racist stereotyping which disadvantage minority ethnic people. It persists because of the failure of the organisation openly and adequately to recognise and address its existence and causes by policy, example and leadership. Without recognition and action to eliminate such racism it can prevail as part of the ethos or culture of the organisation.«*
> *The Stephen Lawrence Inquiry: Report of an inquiry by Sir William Macpherson of Cluny,1999*

> *»The second type (institutional racism) is less overt, far more subtle, less identifiable in terms of specific individuals committing the acts. But it is no less destructive of human life. The second type originates in the operation of established and respected forces in the society, and thus receives far less public condemnation than the first type (individual racism).«*
> *Kwame Ture and Charles V. Hamilton: Black Power. The Politics of Liberation,1967*

> *»Es ist zu vermuten, dass das Gros der Diskriminierungen von rechtlichen Regelungen und etablierten Praktiken in den wohlfahrtsstaatlichen Organisationen der Gesellschaft [...] ausgeht, die ihre Leistungen begrenzen wollen, und von öffentlich eingeübten und anerkannten Redeweisen (Diskursen) gestützt wird, die die diskriminierenden Handlungen legitimieren sollen. Die Organisation verfolgt ihre Zwecke und die Bediensteten erfüllen ihre Aufgaben. Die (Neben-)Folgen ihrer Handlungen außerhalb der eigenen Zuständigkeiten beobachten sie nur dann, wenn sie Rückwirkungen auf ihre künftigen Handlungsoptionen antizipieren.«*
> *Mechthild Gomolla/Frank-Olaf Radke: Institutionelle Diskriminierung. Die Herstellung ethnischer Differenz in der Schule, 2009*

Der (fehlende) Diskriminierungsschutz von Schüler*innen an Regelschulen, Schutzlücken im Schul-[2] und Antidiskriminierungsrecht werden auch in Deutschland bereits lange thematisiert und entsprechende Forderungen sind erarbeitet und vorgelegt worden.[3] Die Initiative BeNeDiSK hat beispielsweise 2016 ein

[2] Siehe dazu auch Dern/Spangenberg 2017.

[3] Siehe dazu u.a. Yekani/Ilius 2016 und die Expertise erstellt im Auftrag der Antidiskriminierungsstelle des Bundes durch die Hochschule Esslingen: Schutz vor Diskriminierungen im Schulbereich. Eine Analyse von Regelungen und Schutzlücken im Schul- und Sozialrecht sowie Empfehlungen deren Fortentwicklung, 2012 unter antidiskriminierungsstelle.de/SharedDocs/downloads/DE/publikationen/Expertisen/expertise_schutz_vor_diskriminie-

Positionspapier zu Diskriminierungen in Schulen und Kitas und Empfehlungen für eine wirksame Informations- und Beschwerdestelle in Berlin vorgelegt.[4] Darüber hinaus werden auch Grundgesetzänderungen hinsichtlich des Auftrages von Schule und Aufnahme eines antisemitismus-, rassismuskritischen und diskriminierungskritischen Auftrags gefordert (vgl. BKMO 2020).

Bekannte Beispiele für – z.T. aus sachlichen Gründen rechtlich zulässige – institutionelle Diskriminierung sind Selektionsentscheidungen an zentralen Übergängen der Schule, Verbote von Kopfbedeckungen oder diskriminierende Folgen von Kategorien wie der »Nichtdeutschen Herkunftssprache«, die nicht allein an statistische Erhebungen oder Ressourcen, sondern auch an »guten Ruf« oder vermeintliches Wissen über »die Klientel« gekoppelt sind. Institutionelle Diskriminierungen als Regelungen und Gesetze, die z.B. nicht allen den gleichen »Schutz« oder Zugänge schaffen, werden darüber hinaus immer wieder öffentlich u.a. im Kontext von Migration und Inklusion diskutiert.[5]

Mecheril und Heinemann verweisen auf das bildungspolitische Dilemma, dass Staat und differenz-sensible Politik Ungleichheiten produziere, die dem Anspruch auf Gleichbehandlung demokratischer Schulbildungspolitik zuwiderlaufe. Juliane Karakayali formuliert außerdem, dass widersprüchliche Ansprüche an die Organisation (siehe für Schule zum Beispiel Leistung, Inklusion, Sprachanforderungen und Fördermaßnahmen) als Lösung häufig Parallelsysteme schaffen, wie z.B. Willkommensklassen, weil die Organisation angemessene Vorkehrungen im Sinne des Menschenrechts auf Bildung (4 A Schema) nicht leistet, nicht leisten kann, nicht leisten will. Oder weil gut gemeinte Maßnahmen für eine zunehmende Bildungsgleichstellung, wie z.B. der Marker nichtdeutsche Herkunftssprache zur zusätzlichen Unterstützung von Schulen und damit Schüler*innen, die einen vorher nicht bedachten diskriminierenden Effekt haben, nicht wieder (schnell genug) abgeschafft werden.

Im Rahmen der Auseinandersetzung mit Maßnahmen oder Strategien gegen Diskriminierungen in Institutionen bzw. deren Infragestellung werden institutionelle Diskriminierungen u.a. entlang der Übernahme oder »Erfindung« von Begriffen, des zugrundeliegenden Verständnis von Diskriminierungen, der Umdeutung von Maßnahmen, der Verkürzungen und Entleerungen von Strategien

---

rung_im_schulbereich.pdf?__blob=publicationFile (zuletzt 10.08.2023) oder das Fachgespräch Diskriminierungsschutz in der Schule in NRW, 2016, unter: www.aric-nrw.de/literatur-materialien/download.html (zuletzt 7.6.2023)

[4] Berliner Netzwerk gegen Diskriminierungen in Schulen und Kitas, unter: www.benedisk.de (zuletzt 30.5.2023).

[5] Siehe dazu auch die Überrepräsentationen an sogenannten Förder- oder Sonderschulen oder die jeweiligen Chancen auf einen Gymnasialzugang, in: Gomolla/Radtke 2009 oder Karakayali 2018.

und Konzepten der Antidiskriminierungsberatung (vgl. Goltermann 2020)[6] untersucht, z.B. im Rahmen von Aufarbeitungen institutionalisierter Diskriminierungen in Schulen und Verwaltung. Auch die Auseinandersetzung etwa mit der Umsetzung einer »Präventions- und Erziehungsfunktion der Antirassismuskonvention« oder mit Sondermaßnahmen (siehe auch sog. positive Maßnahmen), die keine Bevorzugung, sondern Maßnahmen zum Abbau von Diskriminierung im Rahmen einer Antidiskriminierungsstrategie darstellen, ist für die Antidiskriminierungsberatung und deren Verständnis von institutionellen Diskriminierungen genauso relevant wie beispielsweise ein möglichst präzises Verständnis der Funktionsweise oder der Geschichte der Institution(en).

In welchem Rahmen und Umfang derartige Arbeit stattfinden kann, steht auch in Zusammenhang mit Ressourcen engagierter Menschen in und außerhalb von Schule, Wissenschaft und der geförderten zivilgesellschaftlichen Strukturen, mit Förderpolitik und Gesetzgebung (bspw. Gemeinnützigkeitsrecht), aber auch der Sorge bzw. Bedrohung, etwaige Finanzierungen zu verlieren.

Zunehmend beschäftigen sich auch sogenannte praxisorientierte Fachtage, Konferenzen und Workshops mit institutionellen und/oder strukturellen Diskriminierungen in Schulen.

Ausgehend von den vorliegenden Beobachtungen und Erfahrungen aus der Beratungspraxis stellen sich institutionelle Diskriminierungen u.a. in Verflechtung mit strukturellen Diskriminierungen dar.[7] Strukturelle und institutionelle Diskriminierungen[8] »benötigen« für individuelle und gesellschaftliche Auswir-

---

[6] Dass »Mobbing« ursprünglich im Zusammenhang mit Rassismus thematisiert wurde, weiß heute niemand mehr.

[7] »Eng mit dem Alltagsrassismus verknüpft, nach Ansicht von Essed sogar ineinandergreifend, ist das Konzept des ›institutionellen Rassismus‹. Während beim Konzept Alltagsrassismus die Alltagserfahrungen der Betroffenen im Zentrum stehen, liegt der Fokus des institutionellen Rassismus auf der Verortung und Benennung der gesellschaftlichen Institutionen, aus denen rassistische Diskurse und Praktiken hervorgehen und mittels derer sie gefestigt werden. Die Differenzierung zwischen Alltagsrassismus und institutionellem Rassismus lässt sich demnach dadurch rechtfertigen, dass die beiden Formen unterschiedlichen Erkenntnisinteressen gerecht werden, und ist folglich hauptsächlich als eine methodisch-praktische Unterscheidung zu verstehen. Zwar findet der Begriff des institutionellen Rassismus seit seiner Einführung zunehmend Anwendung, eine befriedigende Definition ist in der Literatur dennoch nicht zu finden. Nicht zuletzt lässt sich dieser Umstand dadurch erklären, dass der Begriff Institution(en) je nach Disziplin und theoretisch-methodischem Erklärungsansatz jeweils unterschiedlich eng oder weit gefasst wird. ›Institutioneller Rassismus‹ wird gar als Synonym für strukturellen Rassismus eingesetzt.« (Barskanmaz 2019: 61)

[8] »Kritiker*innen halten bis heute nichts von der Annahme, dass es institutionelle Diskriminierung überhaupt gebe, und sehen die entscheidendsten Gründe für beispielsweise Bildungsbenachteiligungen hauptsächlich außerhalb des Bildungssystems und z. B. bei bildungsrelevanten Ressourcen außerhalb von der Institution Schule (z.B. Eltern und Fürsorgende).

kungen keine intentionalen und interaktionalen Diskriminierungen. Institutionelle Diskriminierungen sind gleichzeitig nicht ohne gemeinschaftliche (individuelle) Handlungen, die einen Beitrag zu einer oder eine Diskriminierung zur Folge haben, zu denken. Die gemeinschaftlichen Handlungen werden dabei häufig nicht als gemeinschaftlich angesehen und bleiben auch neben und über sogenannte einzelne Diskriminierungsvorfälle hinaus als regelmäßig vorkommende Benachteiligungen, Ausschlüsse, Verhinderungen oder Gewalt bestehen, selbst wenn einzelne Vorfälle kritisiert oder verurteilt werden und großes Interesse formuliert wird, etwas »gegen den Diskriminierungsfall zu unternehmen« und die jeweilige Diskriminierung abzubauen.

Stattdessen bleiben institutionelle Diskriminierungen meist auch neben der Nicht-Diskriminierung einzelner und Gruppen und Maßnahmen wie Öffnungsprozessen, (mehr) Repräsentation der gesellschaftlichen Realität in den Institutionen, Karrieremöglichkeiten, usw. bestehen oder verändern sich lediglich in ihren Formen, Verfahrensregeln und Prozessen innerhalb der Institution.

Das einzelne Handeln kann dabei für sich genommen nicht unbedingt als eine individuelle Diskriminierung identifiziert werden und bewegt sich in einem festgeschriebenen, aber auch mit Handlungsspielräumen versehenen, und sich immer wieder (neu) festschreibenden Rahmen. Die Beiträge einzelner Menschen in Institutionen bspw. bei Beratungen, Kontrollen, Anlage von Akten, Genehmigungen, Entwicklungen, Benotungen, Arbeitsgemeinschaften und Jour Fixe oder Empfehlungen sind immer wieder Teil von Prozessen und Verfahren, die Diskriminierungen ermöglichen. Institutionelle Taxonomien, Vorschriften, Hierarchien, Kategorisierungen und Vereinheitlichung tragen allerdings u.a. dazu bei, dass Prozesse von Ausschlüssen oder Benachteiligung eine Form in der Institution annehmen, die als einleuchtend, zwingend oder unumstößlich anerkannt wird. In der Beratungspraxis zeigen sich institutionelle Diskriminierungen auch in Zusammenhängen mit bspw. individuellen Diskriminierungen, persönlicher Zu- oder Abneigung, Mobbing, Maßnahmen der Intervention und Prävention, Hierarchien oder – auch »berechtigter« institutionslogischer – Kritik von Arbeitsleistungen oder Verhalten.

In Bezug auf Studien, die Schulleistungen untersuchen, wird in Deutschland noch z. T. bestritten, dass zum Beispiel Schüler*innen mit einem sogenannten ›Hintergrund‹ oder eines oft als bildungsfern markierten sozio-ökonomischen Status schlechter abschneiden, weil sie (auch) diskriminiert werden. Häufig werden immer noch vorrangig Lerndispositionen in den Blick genommen. Außerdem sei systematische, intentionale und unmittelbare Diskriminierung im Schulsystem schwer nachweisbar.«, in: Überblick. Zeitschrift es Informations- und Dokumentationszentrums für Antirassismusarbeit in Nordrhein-Westfalen, Dokumentation des IDA-NRW-Fachtags Institutionellen Rassismus erkennen — Rassismuskritik institutionalisieren, aber wie?, 4/2020: 4–5.

Nicht nur das Handeln mehrerer einzelner Personen wirkt gemeinschaftlich. Das Zusammenwirken einzelner Institutionen (z.B. Schule und Gericht, Schule und Institutionen, Schule und Polizei oder Schule und Kinder- und Jugendhilfe) ermöglicht Prozesse und Verfahren,[9] die diskriminieren, die den Abbau von Diskriminierungen verhindern bzw. nur bis zu einem gewissen Grad ermöglichen oder auch Diskriminierungen bzw. Bedingungen für Diskriminierungen (mutwillig oder unwillentlich) verbergen.[10]

Diskriminierende Wirkungsweisen in der Verflechtung mehrerer Institutionen werden ausgehend von den Erfahrungen der Antidiskriminierungsberatung im Kontext Schule in der Frage, ob und wie Diskriminierungen stattgefunden haben, institutionell und in der Bildungspolitik noch nicht genug in den Blick genommen. Gespräche darüber gestalten sich sogar (sehr) schwierig. Den hier zugrundeliegenden Beobachtungen nach gibt es in Institutionen (noch) keine Matrix, um diese Prozesse angemessen zu erfassen und daher in der Folge beispielsweise keine (ausreichenden) Möglichkeiten, diese institutionellen Diskriminierungen abzubauen und – unabhängig von bestehenden rechtlichen Schutzlücken - diese dienst- oder arbeitsrechtlich zu ahnden. Gesetze und Ausführungsvorschriften im Bildungsbereich, aber auch Umgang in Institutionen unterhalb rechtlicher Schritte, können in der Praxis die Existenz dieser Prozesse von Diskriminierungen nicht widerspiegeln und sind dabei auf den Einzelfall und die direkten Beteiligungen einzelner Personen an Diskriminierungen ausgerichtet.

Wenn wir uns mit institutionellen Diskriminierungen auseinandersetzen, sprechen wir – so denn diese überhaupt anerkannt werden - häufig nur über die Formen institutioneller Diskriminierungen, die wir »zählen« können. Wie häufig also z.B. eine gleiche institutionelle Regelung, Maßnahme und Vorkehrung, also die Anwendung gleicher Regeln und Verfahren, bei einer bestimm-

[9] In der Beratungspraxis sind die Einbindungen von Sonderpädagog*innen der jeweiligen Schule oder nachgeordneter Behörden in die sonderpädagogische Diagnostik und damit Aufhebung von Trennungen der Beratung, Diagnostik, Förderung ein Beispiel für wiederkehrende Beschwerden.

[10] Dies kann auch mithilfe der, als demokratische Kontrollmechanismen verstandenen, Möglichkeiten der parlamentarischen Kontrolle von staatlichen Institutionen wie parlamentarischen Anfragen geschehen. Wenn bspw. über die Antworten Realitäten geschaffen werden, die nicht zwingend der Praxis entsprechen oder mithilfe von Ausführungen und Begriffen vermitteln, dass eine Arbeit geleistet wird, die nicht dem entspricht, was vermeintlich geschieht und dennoch so Parlament und Öffentlichkeit bereitgestellt wird. Auswirkungen solcher Prozesse werden verstärkt, wenn die parlamentarischen Anfragen bspw. wenig institutionelle Kenntnis aufweisen, Fragestellungen vage sind, dadurch Antworten im Sinne der Institution begünstigt werden oder diese aufgrund von Koalitionsraison – selbst bei Kritik an den Antworten – keine weiteren Folgen haben.

ten »Gruppe« überproportional einen diskriminierenden Effekt, beispielsweise von Ausschluss oder Benachteiligung, zur Folge hat.

Vergleichbar machen und Vergleichbarkeit schaffen sind wichtig für Institutionen. Sie sollen u.a. ein Versprechen von Gerechtigkeit erfüllen, aber auch Erklärungen für sogenannte Normalverteilungen und Standardabweichungen (oder Standardausschlüsse) beispielsweise bezüglich Noten (vgl. Bonefeld/Dickhäuser 2018), Zugängen, Abschlüssen usw. liefern.

Der besondere Fokus auf das, was quantitativ erfassbar ist, mag zum einen daran liegen, dass Formen (indirekter) institutioneller Diskriminierungen – vor allem, wenn die Analyse institutioneller Diskriminierungen uns nicht alltäglich ist - greifbarer und handhabbarer sind und diese auch deshalb Bedürfnisse von (bildungs-)politisch Verantwortlichen oder des Bildungssystems zu erfüllen scheinen. Zum anderen sollen Ungleichbehandlungen – je nach Kontext und genutzter Definition – auch durch einen Vergleich zweier Sachverhalte festgestellt werden. Die Herausforderung bleibt häufig die Unbestimmtheit des Vergleichs, gleichwohl Testingverfahren ein erfolgreiches Mittel sein können, Diskriminierung nachzuweisen, wenn bspw. bei der Wohnungssuche in dem konkreten Fall ein Vergleich hergestellt wird. Im besten Fall wird bei quantitativer Datenerhebung politisch die Möglichkeit gesehen, institutionelle Diskriminierung systematisierbar, abgrenzbar und fassbar zu machen und damit die Idee zu unterstützen, dass vor allem mit messbaren Daten ein »Heilmittel« oder zumindest ein Hilfsmittel gegen institutionelle Diskriminierungen gefunden sei, das auch den Notwendigkeiten, Möglichkeiten und Rahmenbedingungen der Institution entspreche. Zumindest theoretisch – etwa für Sanktionen oder die Entwicklung von angemessenen Maßnahmen. Auch in Gerichtsverfahren kann die Anführung statistischer Daten wichtig sein, um institutionelle Diskriminierung zu belegen. Dabei gilt es anzumerken, dass der größte Teil der Ratsuchenden und Beschwerdeführenden im Bereich Bildung, unabhängig davon, ob es sich um Lehrende, Schüler*innen bzw. ihre Eltern, Bezugspersonen oder Erziehungsberechtigte handelt, eine juristische Auseinandersetzung u.a. aufgrund der besonderen und dauerhaften Bindung und Machtverhältnisse an fünf Tagen der Woche über Jahre hinweg von vornherein ausschließen.[11]

Antidiskriminierungsberatungsstellen machen in Austauschrunden mit Politik und Verwaltung immer wieder die Erfahrung, dass institutionell und politisch

---

[11] Im Rahmen der Rückmeldungen zum Referent*innenentwurf des LADG (Landesantidiskriminierungsgesetz) in Berlin haben Beratungsstellen in ihren Stellungnahmen auch immer wieder das besondere Verhältnis von Schüler*innen zum Staat (Schulpflicht) betont, da sie sich über viele Jahre in einem nahezu täglichen Kontakt mit der Schule befinden und sich somit von anderen Bürger*innen- bzw. Bewohner*innengruppen spezifisch unterscheiden.

»was und wer nicht gezählt ist, nicht zählt« (siehe Ahyoud et al. 2018), d.h. Strategien oder Maßnahmen der ministeriellen Antidiskriminierungsarbeit nicht entwickelt oder umgesetzt werden, weil es keine Daten zu dem entsprechenden Ungleichheitsverhältnis gibt. Gleichzeitig sollen viele Antidiskriminierungs- und Gleichstellungsdaten – auch aus den historischen Erfahrungen mit dem Missbrauch von Daten – nicht erhoben werden. Qualitative Forschung sei dagegen (alleine) leider nicht ausreichend aussagekräftig, um damit bestimmte Maßnahmen und deren Kosten zu begründen. Auffällig aus Perspektive der Beratungspraxis bleibt, dass gleichzeitig Verwaltung immer wieder nicht auskunftsfähig ist und sich beispielsweise in der Beantwortung parlamentarischer Anfragen auf fehlende Datenerhebung und Evaluationen beruft. Hier stellt sich auch die Frage nach (fehlender) interner Evaluation, qualitativer Forschung und beispielsweise Monitoring als Teil der Qualitätssicherung.

Auch in der Auseinandersetzung mit institutioneller Diskriminierung begegnet uns der wiederkehrende Einwand, dass es »keine Erkenntnisse« über bestimmte Ebenen von Diskriminierungen in Schulen gäbe. In der Folge muss fortwährend über Einzelfälle gesprochen werden. Wiederholende Ereignisse und damit wiederholende Handlungsmuster und Vorfälle, die ganz spezifische Merkmale und sich wiederholende Muster aufweisen, mögen sogar teilweise erfasst werden. Die Interventionen, wenn es denn welche gibt, lassen dann allerdings jene wiederholenden Muster außer Acht, oder reagieren vorrangig mit einer sogenannten Sensibilisierungsarbeit der Einzelnen darauf. Auch daraus ergibt sich, dass mehrdimensionale, mehrfache und/oder intersektionale Diskriminierungen institutionell stark befördert werden und eigentlich vereinfacht nur als Mehrfachdiskriminierungen verstanden und erfasst werden können. Institutionelle Diskriminierungen spielen während oder nach Interventionen bisher vorrangig nur dann eine (kleine) Rolle, wenn sich – meist nach Diskriminierungsvorfällen – eine Schule auf den Weg hin zu einer diskriminierungskritischen Organisationsentwicklung macht oder bspw. am Rande einer Fortbildung zu strukturellen Diskriminierungen.

Allerdings tragen auch bestimmte Maßnahmen (siehe dazu u.a. Antidiskriminierungsverband Deutschland 2020) und vermeintliche Strategien gegen Diskriminierungen dazu bei, dass eine institutionelle Arbeit gegen institutionelle Diskriminierungen möglich bleiben und sogar schwerer identifizierbar, greifbar und verfolgbar werden. Viele (bildungs-)politischen Forderungen oder Maßnahmen, die am Ende aus angemessenen Forderungskatalogen umgesetzt werden, bleiben hinter institutionellen Wirkungsmechanismen von Diskriminierungen weit zurück.

Solche Maßnahmen fokussieren vorrangig die Abwehr der gravierendsten Mängel der Institutionen, sie fordern nicht Transformation der Institution und gesellschaftlicher Verhältnisse, sondern richten eher eine AG, Task Force oder (meist nur) eine Stelle ein, erhöhen Anzahl X von Förderprojekten und sind, als individualisierende, moralisierende, handhabbare und quantitativ messbare Maßnahmen nicht Teil einer durchdachten und langjährigen Strategie zum Abbau von Diskriminierungen, sondern bündeln lediglich Maßnahmen.

Durch diese Maßnahmen verringert sich Ungleichheit meist nur für einige Wenige.

Forderungen, die vor allem auf einer individuellen Ebene wie beispielsweise bei den sogenannten Sensibilisierungs-Workshops ansetzen; Programme, die nicht auf Stärkung bauen, sondern Abhängigkeiten schaffen; oder die auf individuelle Lösungen setzende Maßnahmen der Repräsentation oder des Tokenismus im Rahmen positiver Maßnahmen zielen und institutionelle Logik und gesamtgesellschaftliche, soziale und globale Ungleichheitsverhältnisse außer Acht lassen, erleichtern es allesamt, nur einen Teil der geforderten Maßnahmen umzusetzen. Dadurch wird, trotz einiger Maßnahmen, nachhaltige Wirksamkeit für grundlegende Veränderungen, die über Veränderungen für einige Wenige oder lediglich eine kleine Gruppe einer »Gruppe« hinaus gehen, verunmöglicht und den Status quo mit etwas Make-Up erhalten. Wir beobachten allerdings bereits bei wenig nachhaltigen Forderungen und entsprechenden Maßnahmen Umdeutungen von Antidiskriminierungsarbeit in Schulen als Spaltung oder Bedrohung der Gesellschaft, als Angriff auf das »Kollektiv« oder Angriff auf die tatsächliche oder angenommene Übereinkunft über die Ordnung von Schule, Bildung und Verwaltung. Und dies, obwohl die Institution sich (meist) darauf verlassen kann, dass sich auch in der Kritik nicht (zu sehr) gegen sie gestellt oder Zusammen- oder Mitarbeit entzogen wird bzw. werden kann, und eine mögliche Widerständigkeit in weiten Teilen unter den Tisch fällt oder nur weit außerhalb der Institution stattfindet. Aus der Beratungspraxis fällt dabei besonders auf, dass Kritik und fachliche Handlungsempfehlungen häufig als negative Spiegelung des Leitungshandelns wahrgenommen werden und folglich mit Abwehr reagiert wird. Entsprechend irrelevant ist, auf welchem Wissen, auf welchen Kompetenzen oder Standards die jeweilige (angebotene) Antidiskriminierungsarbeit – meist eher »Diversityarbeit«[12] – beruht. Antidiskriminierungsarbeit in Schulen wird nicht nur in der Öffentlichkeit, sondern in Schulen und Verwaltung – im besten Fall im Wunsch nach Verständlichkeit – stark vereinfacht und reduziert; Wissen und Analysen hinter Begriffen entleert, oder genutzt, aber mit alten oder nur leicht veränderten Konzepten weitergeführt.

---

[12] Hier ist ein entleertes Diversitätsverständnis gemeint, das Vielfalt, die häufig als bunt bezeichnet wird, betont und sich der Beschäftigung mit Differenz und Dominanz weitgehend oder vollkommen entledigt hat.

Schlaglichter auf Beschwerden gegen Diskriminierungen im Kontext Schule

Bei einem Großteil der ~~Einzelfälle~~[13] werden die Beschwerden gegen Diskriminierungen, nachdem sie öffentlich geworden sind und nach oder neben einer Betroffenheit, dass Diskriminierungen stattgefunden haben oder öffentlich geworden sind, als Angriff, Störung, Spaltung, usw. angesehen. Beispiele von Beschwerden, die sich (auch) auf die Folge von institutionellen Diskriminierungen im Rahmen von bspw. Prozessen und Verfahren beziehen, umfassen:

- die Möglichkeiten der Institution, Transparenz zu »gestalten« und Erzählungen zu lenken oder bestimmen zu können (bspw. Transparenz zu Entscheidungsfindungen der Institution), und die institutionelle Legitimationsmacht, bspw. die Möglichkeit über Rechtsvorschriften Diskriminierungen und eigenes Handeln zu rechtfertigen (sachliche Gründe), die Institutionskultur sowie die Kommunikation und Kommunikationswege, wie dem Sprechen über und mit Schüler*innen und Eltern, Bezugspersonen und Erziehungsberechtigten (siehe Kollender 2020);
- die Individualisierung von Diskriminierung und den Auswirkungen von Diskriminierungen (bspw. hinsichtlich Schul[miss]erfolg, Leistungsvermögen, psychische Erkrankungen), sowie die (schulgesetzgeberische) Unsichtbarmachung von Diskriminierungen;
- die institutionellen Erzählungen und institutionelles Verständnis als neutrale Instanz (neutrales Handeln, neutrale Standards, usw.), während der Normalvollzug sich mit illegitimen und diskriminierenden Unterscheidungen, Benachteiligungen und Ausgrenzungen mischt;
- Priorisierung von Richtlinien und Leitbildern vor transformativem Handeln, die zwar als Beleg für Maßnahmen, etwa im Rahmen von Antworten auf Schriftliche Anfragen, öffentlichen Statements oder juristischen Stellungnahmen genutzt werden, aber keine oder kaum Erfahrungswerte von diskriminierungserfahrenen Menschen und sich auch nicht im alltäglichen institutionellen Handeln widerspiegeln;
- die Umdeutung und Entleerung von Antidiskriminierungsarbeit und Reduktion von Komplexität von Diskriminierungen und »Diskriminierungsvorfällen« sowie gleichzeitige Existenz unterschiedlicher und als entgegengesetzt wahrgenommener Diskriminierungen;
- die Art der Gestaltung und Durchführung von Konferenzen, Arbeitsgemeinschaften oder Fachrunden bei gleichzeitiger Priorisierung der Agenda vor dem Prozess;

[13] Die verwendete Schreibweise wurde von der Autorin bewusst gewählt.

- Aktenführung, bspw. die Anlage und Art und Weise der Anlage von Akten, die zur »neutralen Instanz« wird,
- die (Art der) Zusammenarbeit verschiedener Institutionen wie der Schule mit Polizei oder Jugendamt und einhergehender Akkumulation und Zementierung von Macht und Herrschaft;
- Absprachen auf dem Sektempfang oder per Handschlag, (unterschiedliche) Auslegung der Regeln und Routinen, sowie Interpretation von Ausführungsvorschriften in einer Schule oder einem ganzen Bezirk nach eigenen ideologischen Überzeugungen, von bspw. an einer Schule arbeitenden Menschen, die aber über die Institution legitimiert werden;
- genutzte Lücken in Vorschriften oder der Rechenschaftspflichten, zum Beispiel gegenüber den Parlamenten,
- Maßregelung, Viktimisierung, Kriminalisierung, Bedrohung und / oder Kollaboration bei einer Bedrohung sowie einer (vorrangigen) Beweislast[14] bei Betroffenen und fehlender Beweislastumkehr im Rahmen der bisherigen gesetzlichen Möglichkeiten bzw. deren Durchsetzung;
- Vertuschung und Verhinderung von Diskriminierungen bzw. der öffentlichen Kenntnis von Diskriminierungen oder von Möglichkeiten rechtlicher Schritte gegen bspw. Rassismus;
- fehlende rechtliche Grundlagen für Interventionen oder hierarchisch angelegte Beschwerdewege, oder Unkenntnis zu notwendigen Beschwerdeverfahren und die Art der Zusammenarbeit mit unterschiedlichen Akteur*innen, wie den Beschwerdeführenden, dem Umfeld, Eltern, Fürsorgenden und Erziehungsberechtigten oder denjenigen, denen gegebenenfalls eine Diskriminierung vorgeworfen wird;
- Verhinderung oder Verlängerung von Beschwerdewegen bei laufenden Prozessen, bspw. durch Versetzungen von Ansprechpersonen, sowie personell mangelhafte oder (intransparente) Nichtbesetzung von bereits vorgesehenen Beschwerdestellen bzw. häufigen Personalwechseln.

---

[14] Eine der wichtigsten Errungenschaften der Antirassismusrichtlinie ist die erleichterte Regelung zur Beweislast. Nach Art. 8 Abs. 1 sollen die Mitgliedstaaten im Einklang mit ihrem nationalen Gerichtswesen die erforderlichen Maßnahmen ergreifen, um zu gewährleisten, dass immer dann, wenn Personen, die sich durch die Nichtanwendung des Gleichbehandlungsgrundsatzes für verletzt halten und Tatsachen glaubhaft machen, die das Vorliegen einer Diskriminierung vermuten lassen, es der oder dem Beklagten obliegt zu beweisen, dass keine Diskriminierung stattgefunden hat. Dies gilt sowohl für das Verbot aufgrund der unmittelbaren als auch der mittelbaren Diskriminierung. Nach Art. 8 Abs. 2 können die Mitgliedstaaten eine für die Betroffenen sogar noch günstigere Beweislastregelung treffen. In: Barskanmaz 2019: 175.

In den ~~Einzelfällen~~ handelt es sich um Beschwerden zu Diskriminierungen, die sich an Benotung, Ordnungs- und Erziehungsmaßnahmen, Fördermaßnahmen, verbale und körperliche Gewalt, usw. festmachen. Bei den meisten der »Fälle« handelt es sich um eine lange Reihe von ~~Einzelfällen~~ und kontinuierlicher Diskriminierungen, die ausgehend von »Vorfällen« wie Diskriminierungen in Lernmaterialien, über verbale Drohungen, das Einschalten des Jugendamtes, der Schulpsychologie oder der Sonderpädagogik[15], über Pathologisierungen oder Kriminalisierungen oder Ausschlüssen von Bildungsgang und / oder Schule usw., dann zu einer Beschwerde führen. So erleben wir in der Beratungspraxis neben

[15] Beispielhaft sei hier als Teil der vielen Einzelfälle zum einen auf das »System Winterhoff« verwiesen, siehe dazu u.a. Psychiatrie: Dr. Allmächtig. Fall Winterhoff: Warum das System derartiges Verhalten ermöglicht, online: www.sueddeutsche.de/meinung/kinderpsychiater-michael-winterhoff-psychiatrie-justiz-1.5380510?reduced=true, oder Diskussion über »System Winterhoff«. Erste Einrichtungen ziehen Konsequenzen, online: www.tagesschau.de/investigativ/winterhoff-101.html. Darüber hinaus sei zum anderen an die u.a. rassistischen und ableistischen Diskriminierungen von Nenad Mihailovic und den Diskriminierungen weiterer Schüler*innen erinnert: »Im Juli 2018 verurteilte das Landgericht Köln das Land NRW zur Zahlung von Schadensersatz, weil Nenad Mihailovic zu Unrecht von Sonderpädagogen als geistig behindert eingestuft und in einer Kölner Sonderschule für Geistige Entwicklung um sein Recht auf Bildung gebracht worden ist.« Laut Urteil hat das Land seine Amtspflichten verletzt, weil es den Förderbedarf nicht regelmäßig überprüft hatte. In dem Urteil mit dem Aktenzeichen 5 O 182/16 heißt es: »Schon beim Wechsel in die fünfte Klasse habe man dem Kläger bereits ganz deutlich anmerken können, dass er keine geistige Behinderung hatte. Zu einer Überprüfung hätte erst recht Anlass bestanden, nachdem der Kläger im Alter von 12 Jahren erstmals von sich aus den Wunsch nach einem Schulwechsel geäußert habe.« (online: www.der-paritaetische.de/alle-meldungen/sonder-foerderschulbesuch-aufgrund-mangelnder-deutscher-sprachkenntnisse-und-das-recht-auf-bildung/) »Die interviewten Schüler*innen entsprachen in keiner Weise der Definition, die in § 5 der AO-SF (Ausbildungsordnung Sonderpädagogische Förderung) für den Förderschwerpunkt Geistige Entwicklung zugrunde gelegt wird. Da die gerichtlich eingeholte gutachterliche Stellungnahme eindeutig zugunsten des Klägers ausfiel, wurde das Gerichtsurteil vom Land nicht angefochten, aber mit Schweigen belegt. Das Ministerium als oberste Schulaufsicht hat sich dazu nie erklärt, auch nicht mit einer Entschuldigung gegenüber dem Kläger. […] Die vom LRH stichprobenhaft eingesehenen Begründungen für die beantragten und offensichtlich von der Schulaufsicht genehmigten Förderschwerpunktwechsel waren häufig nicht nachvollziehbar oder wiesen deutliche Mängel auf. Da der Wechsel zwischen diesen Förderschwerpunkten ohne Wechsel des Förderortes stattfand und den betreffenden Schulen damit eine günstigere Schüler-Lehrer-Relation und einen höheren Lehrerstellenbedarf erhielt, war das Misstrauen des LRH wegen des Verdachts auf ›Selbstbedienung‹ geweckt. […] Der Film bestätigte den Kölner Elternverein mittendrin e.V. in seiner Befürchtung, dass Nenad eben kein Einzelfall ist. In einer Pressemitteilung vom November 2018 forderte der Verein von Schulministerin Yvonne Gebauer abermals eine Überprüfung der Sonderschule Geistige Entwicklung durch eine unabhängige Kommission. Dazu hat sich die Ministerin bis heute nicht geäußert.« online: www.migazin.de/2019/04/25/kein-politischer-wille-fuer-eine-unabhaengige-ueberpruefung-der-sonderschulen/.

vielen, seit Jahrzehnten aufgeführten Diskriminierungen im Bildungssystem etwa, dass Kinder und Jugendliche in Schränke eingesperrt werden, aufgefordert werden, aus dem Fenster zu springen, bei der Polizei aufgrund von Terrorismus oder Gewalt gemeldet oder angezeigt werden, weil sie in Gruppen über den Schulhof gehen. Gleichzeitig nutzt die Arbeit gegen Extremismus und Faschismus Methoden, die sich bereits in anderen Ländern als unzulänglich herausgestellt haben, falls sie überhaupt im Querschnitt und durchgängig verankert ist. Beratungsstellen erhalten Beschwerden hinsichtlich Schüler*innen, die vom Sportunterricht ausgeschlossen werden, nicht an der Klassenfahrt teilnehmen dürfen, weil sie nicht in binäre geschlechtliche Logik passen, die Unterkunft nicht barrierefrei ausgewählt wurde oder regelmäßig Medikamente einnehmen müssen, Beschwerden, dass Diskriminierungserfahrungen von Schüler*innen untereinander über Priorisierungen – oft mit dem Hinweis der Überforderung - gegeneinander ausgespielt werden und damit Pflichten gegenüber den Schüler*innen in Teilen nicht umgesetzt werden können oder Beschwerden über Gewalt von Lehrenden, die dann als Notwehr in das Narrativ der Schule eingehen. Wir beobachten, wie rassistische Diskriminierung und sexualisierte Gewalt zusammenwirken, wenn bspw. in einem Zeitraum von drei Jahren regelmäßig an einigen Schulen sehr jungen Kindern eine ethnisierte sexualisierte Übergriffigkeit von Lehrer*innen vorgeworfen wird, Erfahrungen sexualisierter Gewalt an Schülerinnen aber gleichzeitig als kulturelle Missverständnisse nicht als Beschwerde aufgenommen werden. Anfragen, die Interpretation der Schule und der Beschwerden extern prüfen zu lassen, bleiben meist unbeantwortet. Auch Beschwerden gegen die wiederholte Umdeutung des sogenannten Klassenrats als Machtinstrument, das sich nur auf Mehrheit beruft, wurden bspw. aufgrund »kultureller antidemokratischer Haltungen« und damit einhergehenden Abneigungen gegen den Klassenrat abgeschmettert. Gleichzeitig werden physische und psychische gesundheitliche Auswirkungen von Diskriminierungen[16] kaum thematisiert oder entsprechender Gesundheitsschutz bereitgestellt, und den diskriminierungskritischen, medizinischen und psychologischen Expert*innen mit

[16] »Diskriminierungserfahrungen haben einer Studie der IKK classic zufolge negative Auswirkungen auf die Gesundheit. Diese müssen nach Ansicht der Krankenkasse verstärkt öffentlich thematisiert werden. [...] Die Studie analysiert und verdeutlicht Hippler zufolge erstmals (in Deutschlang, Anm. der Verf.) die Zusammenhänge zwischen Diskriminierungserfahrungen und den Auswirkungen auf die Gesundheit. Wer bewusst oder unbewusst Vorurteilen oder Diskriminierung ausgesetzt sei, leide häufiger unter Essstörungen, Migräne, Burn-out oder Depressionen, sagte der Krankenkassenvorstand heute bei der Präsentation der Studie.« Online: www.aerzteblatt.de/nachrichten/126078/Mehr-Erkrankungen-bei-von-Vorurteilen-und-Diskriminierung-betroffenen-Menschen. Darüber hinaus siehe die Pressemitteilung zur Studie IKK classic: (O.A., ikk-classic.de, 2021).

entsprechenden Zulassungen und »unabhängigen« Kontrollinstanzen mit angemessenen Befugnissen und Durchsetzungsmöglichkeiten die Zugänglichkeit entsprechender Ressourcen gewährleistet.

Die in Beschwerden vorgebrachten institutionellen Diskriminierungen betten sich dabei – zum Teil neben und verwoben mit anderen Ebenen von Diskriminierungen – in einem variablen Zusammentreffen von mehreren Gegebenheiten, wie beispielsweise bildungsgeschichtliche Traditionen, Aufgaben, Ziele, Rituale, Regeln und Routinen der Institution(en), aber auch unausgesprochene Übereinkunft über akzeptierte, und damit auch nicht akzeptable, Verhaltens- oder Ausdrucksweisen, die Art und Weise wie Entscheidungen getroffen werden, ein.

Wo und wie kann ich mich am besten beschweren? Wie kann ich mich beschweren, ohne Lehrende, Schulleitung oder Verwaltung zu verärgern? Muss ich Maßregelung fürchten? Gibt es eine geteilte Definition der Diskriminierung oder ist meine Beweisführung aufgrund divergierender Definition bereits zum Scheitern verurteilt? Kann meine Beschwerde zu Konsequenzen führen? Was ist anderen geschehen, die sich bereits beschwert haben? Was wird gegen meine Beschwerde und mich herangezogen und kann ich dies aushalten? – Aus der Praxis: Fragen vor einer möglichen Beschwerde.

Die Erfahrungen der Beratungspraxis zeigen, dass es Menschen auf vielen Ebenen sehr schwer und unmöglich gemacht wird, sich zu beschweren. Neben institutionellen Barrieren, antizipiertem Erfahrungswissen über Generationen hinweg, mangelhaftem und hierarchischem Beschwerdemanagement oder rechtlichen Schutzlücken, scheinen Beschwerden beispielsweise für die Empfänger*innen der Beschwerde so schwer zu lasten, dass häufig zunächst die Emotionen der Beschwerdeempfänger*innen im Zentrum stehen und viele Ressourcen notwendig sind, die Beschwerde für die Empfänger*innen besprechbar zu machen (vgl. Traußneck 2021).

Daneben stellen sich für Ratsuchende Fragen nach vorhandenen Wirkungsmöglichkeiten, Durchsetzbarkeit von Zielen der Beschwerde, Möglichkeiten und Schnelligkeit der Intervention und dafür notwendige Befugnisse, die die Antidiskriminierungsarbeit, die Schule, die Verwaltung, das Recht, usw. bietet (oder nicht bietet). Systematische Rückmeldungen, dass da Aussage gegen Aussage stünde und die Beschwerde daher nicht weiterverfolgt werden könne, der oft gleichzeitig vollzogene Zwang, die Beschwerde vor den jeweiligen Beschwerdeempfänger*innen mit der dann meist immanenten völlig anderen Machtposition (bspw. Schüler*in vor Lehrer*in, Referendar*in vor betreuender Lehrkraft) vorzutragen und dann im Anschluss »gleichrangig und offen« zu diskutieren, ohne dass mindestens Vertrauenspersonen anwesend sind, erschweren und verhindern Beschwerden.

Institutionelle Diskriminierung im Bildungssystem und der Umgang mit Beschwerden und die Öffentlichkeiten

In Fällen, die in der Öffentlichkeit von unterschiedlichsten Personen, Vertreter*innen unterschiedlicher Organisationen sowie unterschiedlichen Institutionen verhandelt werden, wird institutionelle Diskriminierung vor Ort wie unter einem Brennglas verschärft. Während des Prozesses der »Krisenintervention«[17] und des Prozesses der »Verhandlung von Diskriminierung« potenzieren sich die Diskriminierungen häufig mittels u.a. über Berichte, Gespräche, Artikeln, Proklamationen, Erschütterungen des bisherigen Bildes der Gemeinschaft oder Emotionen aller nicht unmittelbar betroffenen Personen.

Neben hilfreichen und unterstützenden Berichterstattungen zu sogenannten einzelnen Diskriminierungsvorfällen, bringt eine Berichterstattung häufig besonders gewaltvolle Reaktionen für die Beschwerdeführenden mit sich. Die hohe Emotionalität der Beschwerdeempfänger*innen steigt bei medialer Berichterstattung in einem Großteil der Beschwerden noch einmal um ein Vielfaches, was zum Teil dazu führt, dass die Beschwerdeführenden mit zigfach verstärkten Abwehrmechanismen gegenüberstehen.

Einige Mitschüler*innen, Eltern oder Kolleg*innen an Schulen finden es in Ordnung, Adressen von Beschwerdeführenden an diejenigen weiterzugeben, an die sich die Beschwerde richtet, oder auch an Pressevertreter*innen. Einige dieser Pressevertreter*innen finden es des Weiteren in Ordnung, an der Tür von Beschwerdeführenden zu klingeln und minderjährige Menschen an der Tür, ohne eine fürsorgende und erziehungsberechtigte Person in ein Gespräch zu verwickeln. Beschwerdeführende brauchen zum Teil Jahre, um über die Erfahrungen eines solchen Beschwerdeweges hinwegzukommen.

Darüber hinaus ermöglichen es die (notwendigen) Verkürzungen der meisten Berichterstattungen über Diskriminierungen, dass diese innerhalb der Institution genutzt werden, um Aussagen zu oder Beweisführungen der Diskriminierung(en) zu verzerren und diese dann zu »widerlegen«. Im Rahmen von Berichterstattungen kommt es auch immer wieder vor, dass über das Ziel den »Diskriminierungsvorfall« von unterschiedlichen Seiten zu beleuchten, kommentierende Aussagen oder allgemeine Aussagen zu Diskriminierungen von anderen als den Beschwerdeführenden oder als den verantwortlich gezeichneten Personen (bspw. Schulleitung, Schulaufsicht, Beauftragte, usw., aber auch die Antidiskriminierungsberatungsstelle, die Ratsuchende für ihre Begleitung

---

[17] Krise, weil eine Beschwerde in vielen Fällen zu einer Krise beispielsweise des Selbstverständnisses der mit der Beschwerde adressierten Person(en) oder Institution führt.

beauftragen[18]) auf Grundlage persönlicher Einschätzungen dazu beitragen, die Beschwerdeführenden zu diskreditieren oder zumindest die Möglichkeit einer stattgefundenen Diskriminierung in der (Schul-)Öffentlichkeit in Zweifel zu ziehen. Schulgemeinschaften mit einer hohen Selbstwahrnehmung als bspw. »offene, diverse, leistungsstarke Community« scheinen in besonderem Maße als Gemeinschaft – unabhängig bspw. rechtlicher oder menschenrechtlicher Prüfung, pädagogischen Interventionen und Präventionsarbeit – zu verhandeln, ob die Diskriminierung eine Diskriminierung war, und in Bezug auf das Selbstbild und die Stärke der Erschütterung dieses Selbstbildes überpersönlich ein Urteil zu fällen. Unterschiedliche Faktoren beeinflussen dieses Urteil. Bedeutung für das Urteil kann auch haben, ob und wie dauerhaft die betroffene Person das Bedürfnis nach einem »perfekten Opfer« erfüllt. Menschen, die Fehler machen, unfreundlich sind, die wir nicht nett finden oder die uns irritieren oder sich nicht verhalten, wie es »die Regel ist«, lassen sich bspw. weniger mit einem Rassismusverständnis in Einklang bringen, das vor allem auf Intentionalität basiert und mit Kategorien Gut (bspw. Abwesenheit von Rassismus, »Toleranz«, Opfer von Rassismus) und Böse (bspw. Nazis, Rassismus, Rassist*innen) arbeitet.

(Sofortige und zählbare) Lösungen, die vorrangig zum Ziel haben, schnell »Ruhe« einkehren zu lassen und schnell zum »Alltagsgeschäft« zurückzukehren, entsprechen zum größten Teil nicht den Inhalten und dem Umfang der Beschwerden und arbeiten auch über die Einzelfalltheorie mit Minimisierungen und Vereinfachungen. Auch die gerade in den verschiedenen Öffentlichkeiten verhandelte vorrangigen »Strategie-des-Finden-des-Rassisten-oder-der-Rassistin«, das bedauernde Schulterklopfen oder Weinen der Verantwortlichen, Gedenkstättenbesuche als direkte Maßnahme gegen Antisemitismus, die für viele Betroffene diese als tote Vergangenheit denkt, umfassen keine hilfreiche, ausreichende und angemessene Intervention für Betroffene und werden von diesen in der Beratungspraxis immer wieder thematisiert.

Werden angemessene Maßnahmen weiter eingefordert, werden Betroffene aufgefordert »Ruhe zu geben«, gefragt, ob die Beschwerdeführenden »keine Hobbies hätten« oder geäußert, dass die »Beschwerde als Geschäft betrieben werde«. Ratsuchende werden aufgefordert, neben ihrer Beschwerdeführung auch die Begleitung als Expert*in hinsichtlich Intervention, Aufarbeitung und Prävention zu übernehmen. Fragen danach, was eine Reparation umfassen könnte, werden sich selbst wenig, häufig dagegen Betroffenen gestellt. Wenn solche Vorschläge allerdings gemacht werden, werden die Beschwerdeführenden oft hinsichtlich der Umsetzbarkeit auf ihre ungenügende institutionelle Kenntnis

[18] Antidiskriminierungsberater*innen einer Beratungsstelle wird häufig nicht oder widerwillig die Begleitung der Beschwerdeführenden in Schulen ermöglicht.

hingewiesen und ihnen erläutert, warum keine der Ideen oder Wünsche umgesetzt werden könne. Viele von Diskriminierung und dem »Diskriminierungsfall« Betroffene wollen allerdings nicht diese Antworten und die entsprechende Arbeit übernehmen müssen.

Im Prozess der Bearbeitung der Beschwerde und der möglichen Intervention können institutionsöffentliche Stimmungen, abhängig von der jeweiligen Organisationskultur, umschlagen. Eine der freundlichsten Konsequenzen ist, dass »es nun mal gut sei« – ungeachtet hilfreicher Intervention und Reparation der Betroffenen – und die Angelegenheit zu den Akten gelegt wird.

Auch die Schwierigkeit, in Kürze Belege für Diskriminierungen, die in Prozessen entstanden sind und die über interaktionelle oder für die Allgemeinheit eindeutig diskriminierende Begriffe hinaus gehen, abzubilden, ohne dass tagelange Recherche und Einarbeitung vorangehen, ist für eine angemessene Auseinandersetzung mit Diskriminierungen nicht besonders hilfreich. Die mediale Berichterstattung, die häufig nicht über alle relevanten Erkenntnisse informiert, wird nämlich häufig für die Bewertung des Diskriminierungsfalls herangezogen und beeinflusst auch die (schul-)öffentliche Meinung in Bezug auf Abwehr, Intervention, Fürsorge, usw. Allein wenn wir in der Beratungsarbeit einen großen Teil der Berichterstattung während einiger öffentlich gewordener Diskriminierungen von Schüler*innen analysieren, stellen wir fest, wie schlecht wir darin sind, über Diskriminierungen zu sprechen, geschweige denn, sie in ihrer Komplexität und über die interaktionelle Ebene institutionell zu erkennen, zu verstehen und daraus institutionelle und individuelle Konsequenzen für eine nachhaltige Arbeit für eine Verringerung von Diskriminierungen in Schule zu ziehen.

Auf der anderen Seite wird die Berichterstattung regelmäßig angeführt, um deutlich zu machen, dass die Institution und alle in ihr tätigen Personen nun gänzlich diskreditiert und in ihren Leistungen und Errungenschaften herabgewürdigt seien. Beratungsstellen weisen darüber hinaus im Kontext der AGG-Geltendmachung auf das Problem hin, dass die beschwerdeempfangende Seite – auch wenn im Zwiegespräch Bedauern und vermeintliche Anerkennung der Diskriminierung stattgefunden hat – meint, offiziell nicht (mehr) einlenken zu können, da sonst ja der Beweis für eine Diskriminierung gegeben sei und eine Klage drohe. Auch so wird das Sprechen über die Diskriminierungen, angemessene Intervention und Prävention oder gar Transformationsarbeit verunmöglicht.

Anonymisiertes Beispiel: Das erste Jahr nach einer Beschwerde durch Dritte bzw. Beobachtende (vermeintlicher) Diskriminierungen

Ein Jahr nach den ersten Beschwerden war die Situation auch nach unterschiedlichen Gesprächsrunden, Mediationsgesprächen und Coachings immer noch derart, dass ein Auffangen der Befindlichkeiten und Sorgen des Kollegiums notwendig schien. Es bestand die Hoffnung, mit einer weiteren gemeinsamen Auseinandersetzung der alles einnehmenden Frage, inwiefern die Beschwerden dem Kollegium persönlich sowie professionell in Gänze negative Eigenschaften zuschreibe, hinauszugelangen. Durch

- einen Vortrag,
- Schaubilder, die versuchten, die Ereignisse und Dynamik einzufangen und eine distanzierte Betrachtung zu ermöglichen,
- eine Fragerunde mit hochrangigen Vorgesetzten und
- einen moderierten Austausch in Unterstützung durch außerschulische Organisationen sollte eine Tür für eine Erweiterung der – dann möglichst fachlichen – Auseinandersetzung geöffnet werden.

Der Termin sollte Sorgen, Emotionen wie »Wut und Verspannung«, die angesichts der Beschwerde und dann der Presseberichterstattung im Zentrum standen, und der vorgeworfenen »Verleumdung« erneut Raum geben, um das Kollegium auch wieder arbeitsfähig zu machen und auch den Krankenstand zu reduzieren.

Teile der Kolleg*innen fühlten sich alleine gelassen und ungerecht behandelt. Manche kritisierten die mangelnde Transparenz, beispielsweise hinsichtlich der Identität aller Beschwerdeführenden. Im Vordergrund stand hier der Wunsch eines bestimmenden Teils der Anwesenden, die Beschwerdeführenden zu entlarven und damit beizutragen, den Diskriminierungsvorwurf abzuwehren oder die »Schuldigen« zu konfrontieren. Auch öffentliche Schilderungen von Diskriminierungserfahrungen von Kolleg*innen konnte nicht das Bedürfnis mildern ganz genau und namentlich wissen zu wollen, wer sich alles beschwert habe.[19] Auch Schüler*innen seien außerdem über die Presse über die mutmaßlichen Diskriminierungen informiert und konfrontierten Lehrende da-

[19] Aufgrund des starken und durchgehenden Bedürfnisses durch »Ermittlungen« aufzudecken, wer sich beschwert haben könnte, war über Inputs zu beispielsweise rechtlichen Rahmenbedingungen, (auch widerstreitenden) Grundsätzen der Fürsorge und zu Standards von Beschwerdeverfahren im Vorfeld versucht worden, Verständnis für die Unmöglichkeit die »Diskriminierungsvorfälle« im Detail in einem Plenum zu besprechen. Gleiches gilt für den Schutz vor Maßregelung, für die Fürsorge gegenüber sowohl den Beschwerdeführenden als auch den Adressant*innen sowie für Möglichkeiten der Besprechbarkeit und von angemessenen Maßnahmen in dem gegebenen Rahmen hervorzubringen.

mit provokativ in Anspielungen oder in Auseinandersetzungen (»Wollen Sie jetzt vielleicht auch XYZ tun?«).

Zwei Diskriminierungsfälle wurden für die exemplarische Auseinandersetzung herangezogen. Hier stand vor allem die Beurteilung der Beispiele als Diskriminierung bzw. als keine Diskriminierung im Vordergrund der Auseinandersetzungen. Expert*innen der Wissenschaft und der Antidiskriminierungsarbeit waren daher zugegen. Die Fälle ordneten einige Kolleg*innen nicht als eine Diskriminierung ein, weil

- die Handlungen nicht mit der Intention zu diskriminieren vollzogen worden seien;
- die Handlungen nicht im Zusammenhang mit der (vermeintlich) betroffenen Person stünden und daher die diskriminierende Handlung nicht auf eine Person abzielte;
- die (vermeintlich) betroffene Person sich ständig diskriminiert fühle;
- die Person, der Diskriminierung vorgeworfen werde, sich sehr gut mit Diskriminierungen auskenne;
- die Schule lange Projekte gegen Diskriminierungen mache;
- der Vorwurf Diskriminierung auch fälschlich genutzt werde, und
- die Definition von Diskriminierung hier keine Anwendung fände.

Einige wenige Kolleg*innen teilten dagegen die Einschätzung, dass es sich bei den Beispielen (sowie zusätzlichen Beispielen, die sie selbst nannten) um Diskriminierungen handele bzw. gehandelt habe. Es gab auch wenige mahnende Stimmen, die die Sitzung nicht als schulische Angelegenheit empfanden und dafür plädierten, sich auf »schulische Belange«, wie den Unterricht, zu besinnen. Einige Kolleg*innen nahmen vermittelnde Positionen ein und appellierten, über die »Anschuldigungen« hinauszuwachsen. Wenige Lehrende machten sich für einen Lernprozess im Umgang mit Diskriminierungen stark.

Die wichtigste Forderung eines großen Teils des Kollegiums war die Richtigstellung von Zeitungsberichten. Die Richtigstellung sei unerlässlich, um vor einem allgemeinen Generalverdacht und negativer Presse geschützt zu sein. Durch alle Geschehnisse sei das Kollegium geschwächt. Wiederholt werden die persönlichen Empfindungen geteilt; vor allem Wut, aber auch Weinen. Auch Schlaflosigkeit, als Ausdruck von Belastung und Erkrankungen wurden beklagt.

Viele Berichterstattungen spiegeln Fragen, die innerhalb der Institutionen gestellt werden, wider: Um zu verstehen, was bei dem »Diskriminierungsfall« passierte und was zu tun sei, beziehen sich, der Beratungserfahrung nach, vorrangig auf die interaktionelle Ebene und denken auch Lücken in ihrem Wissen über den »Fall« aufgrund bspw. Verschwiegenheitspflichten nicht mit. Gepaart damit finden sich immer wiederkehrende Verweise auf Ressourcen, bestehende Projekte und inhaltliche Beschäftigung mit »Vielfalt« im Rahmen des Curriculums, Beschwerdewege entlang eines Dienstweges oder Unterstützungsangebote, die häufig im Sinne von »Consultants«, Elternsprecher*innen, Vertrauenslehrer*innen auch vorhanden sind, aber dennoch nicht (für alle) wirksam genug sind und institutionelle Diskriminierungen meist außer Acht lassen.

Institutionelle Diskriminierungen im Bildungssystem – Beschwerden und das institutionelle Verständnis von Diskriminierungen

Immer wieder wird von Beratungsstellen, Bewegungen und Wissenschaftler*innen auf ein breit anzutreffendes verkürztes Diskriminierungsverständnis und diesbezüglich fehlende Allgemeinbildung hingewiesen. Und selbst wenig »revolutionäre« Papiere wie der Nationale Aktionsplan gegen Rassismus, Antisemitismus, Homo- und Transfeindlichkeit[20] gehören institutionell nicht selbstverständlich zum Wissenskanon.

Institutionell – so Rückmeldungen aus Runden des kollegialen Austauschs – herrsche ein verkürztes oder ein oft als bürgerlich bezeichnetes Verständnis von Rassismus vor, welches sich z.B. gerne mit Vorurteilen, moralischen Appellen und der »interkulturellen Bildung«, aber weniger gerne mit bspw. historischen, sozio-ökonomischen und kapitalistischen Verhältnissen und (politischer) Heterogenität von Gruppen beschäftige. Diese präferiere eine besondere Affinität zu bestimmten Begriffen wie Diversity (unter denen von einzelnen Individuen auch »undercover« oftmals – und meist gebunden an die Einzelperson(en) – gute Arbeit geleistet werden kann) sowie die Überwindung von Diskriminierungen hauptsächlich über individuelle Sensibilisierung und Bildung.

Die Institution in ihrer Verwobenheit mit anderen Institutionen sowie ihrer Verortung innerhalb der gesellschaftlichen Strukturen mit ihren zum großen Teil akzeptierten und unwidersprochenen Entscheidungen und Entscheidungswegen, ihren Möglichkeiten, dass trotz kritischer und fachlich guter Expertisen über zehn, 15 oder auch 25 Jahre Systeme der Diskriminierung aufrecht erhalten werden (können), ihrer Fehlerkultur, die Fehler z.B. regelmäßig personalisiert und fehlerunfreundlich ist. Die Institution mit ihren expliziten und impliziten Regeln, Werten und Normen, der Relevanz in die Organisation zu passen, dem Bild der Institution von sich selbst; die Institution beschäftigt sich im Kontext

---

[20] Nationaler Aktionsplan gegen Rassismus. Positionen und Maßnahmen zum Umgang mit Ideologien der Ungleichwertigkeit und den darauf bezogenen Diskriminierungen, online: www.demokratie-leben.de/das-programm/hintergrund/nationaler-aktionsplan-gegen-rassismus-der-bundesregierung.

der Antidiskriminierungsarbeit und Beschwerden erstaunlich wenig mit Selbstreflexion, der eigenen Geschichte und bspw. tradierten Normen, die Ungleichheit befördern. Die Einzelfallthese ist hier auch in dem Sinne hilfreich, als sie zum einen suggeriert, dass am Ende schon alles ans Licht komme und dass es kein grundsätzliches, regelmäßiges und dauerhaftes Problem gäbe. Schule und Pädagogik sind gleichwohl immer auch an der Produktion und Reproduktion von Ungleichheitsverhältnissen und Diskriminierungen und – Schule in besonderem Maße – an Homogenisierung beteiligt (gewesen).

Bildungsgeschichte und bildungsgeschichtliche Erkenntnisse, die ermöglichen könnten, die (eigene) Institutionskultur und damit u.a. Kontinuitäten in der Herstellung von Ungleichheiten besser zu erkennen, spielen aus der Erfahrung der Beratungsarbeit institutionell in der Intervention und Prävention bei Beschwerden, der Analyse, der Aufarbeitung von Diskriminierungen und der institutionellen Beschwerdearbeit wenig oder keine Rolle. Beispiele hierfür gäbe es genug, wie die ableistischen, antisemitischen, sexistischen oder rassistischen Kontinuitäten nach 1945,[21] die sogenannte Ausländerpädagogik (vgl. Kourabas, 2021), der Umgang mit den sogenannten Besatzungskindern, die Beschulung von Kindern und Jugendlichen mit einer Fluchtgeschichte oder einer Behinderung.[22] Die Frage, ob sich Muster in der Herstellung von Ungleichheit erkennen lassen und Fragen danach, auf welche Werte, Geschichte(n), Traditionen, Regelungen und Zielsetzungen institutionalisierte Formen der Zusammenarbeit zurückgreifen, werden so gut wie nie gestellt oder gar für eine Analyse herangezogen. Gleiches gilt für Fragen nach interner Wissensproduktion, Denkhaltungen, nach deren Auswirkungen auf Entscheidungsfindung, Kommunikation, Beziehungen im Rahmen der Antidiskriminierungsberatung oder Fallanalyse. Stattdessen finden wir eine, in der Beratungspraxis breite (bewusste und unbewusste) institutionelle Anerkennung dessen vor, was sich bewährt hat und was als korrekter Umgang mit Diskriminierungsbeschwerden angenommen und weitergegeben wird. Diese gibt Kriterien vor, die als sinnvoll oder unerlässlich an-

---

[21] Siehe dazu u.a. den Podcast »Mal nach den Rechten schauen«. Der Podcast zu nationalsozialistischen Kontinuitäten im Recht und in der juristischen Ausbildung, online: www.malnachdenrechtenschauen.de/ueber-uns/.

[22] Zunehmend finden allerdings diskriminierungskritische Organisationsentwicklung und Prozessbegleitung Anklang. In dem Großteil der Schulen, die sich von einer vorrangig interkulturellen Arbeit, Workshops für Schüler*innen, usw. verabschieden, folgt die Entscheidung für eine Organisationsentwicklung (noch) auf einen »Diskriminierungsvorfall«. Die Beschwerde und der Umgang mit der Beschwerde bleiben von diesen Entwicklungen meist unberührt. Meist sind die diskriminierten Personen dann gar nicht mehr an der Schule, an ihrem Arbeitsplatz (Für die Praxis siehe Foitzik/Holland-Cunz/Riecke 2019).

gesehen werden, aber diskriminierende Auswirkungen haben bzw. einen Beitrag zu institutioneller Diskriminierung in Schule leisten.

Was müssen wir bspw. als Voraussetzung für ein Erkennen von institutionalisierten Blicken auf Schüler*innen oder Erziehungsberechtigte und Bezugspersonen (»Meine Schweine erkenne ich am Gang«) bildungsgeschichtlich wissen?

»Was die Schüler in dieser Beziehung von zuhause mitbringen, ist oft weniger als nichts, was das Gegenteil davon ist. Schade, dass die Zeit nicht zureicht, ja, die weiten Entfernungen es geradezu unmöglich machen, auf die Eltern vornehmlich der Schulkinder durch leidliche regelmässige Besuche ein wenig nach dieser Richtung hin einzuwirken.«[23]

Welche Analysewerkzeuge ergeben sich aus der Geschichte der Rolle der Sonder- und Hilfsschulen bei den sog. Krankenmorden, aus ([kolonial-]rassistischen, antisemitischen und ableistischen Vorstellungen in) der NS-Pädagogik, der Geschichte der Arbeitserziehung und ihren Wirkungsorten wie Werkstätten für Menschen mit Behinderung? Oder der Geschichte von Einrichtungen der Kinder- und Jugendhilfe, den Gefängnissen und Schulen? Oder der Geschichte der Empfehlungen an bestimmte Schüler*innen ein Handwerk zu erlernen? Oder aus der Isolation und Segregation, die erfahren wurde? Aus den Hilfe- und Kompetenzdiskursen oder der Geschichte antisemitischer, rassistischer, ableistischer und weiterer diskriminierender Inhalte in Lehr- und Lernmitteln?[24]

»Rassismus lenkt unsere Wahrnehmung, unsere Deutung und unsere Verarbeitung von sozialen Informationen. Rassismus als System besteht aus alltäglichen Wahrnehmungshilfen, genauer: aus Wahrnehmungsfiltern. Diese Filter bestimmen, wie wir soziale Gehalte einschätzen oder Situationen bewerten, wie wir auf zwischenmenschlicher Ebene agieren oder welche kollektiven Bezugnahmen für uns von Bedeutung sind. Rassismus beeinflusst und strukturiert diese Filter, denn er beruht auf sozial erlerntem und immer wieder neu hergestelltem Wissen über gesellschaftliche Gruppen und deren Angehörige. Ob diese Gruppen tatsächlich existieren, ist nicht relevant.« (Auma 2018)

Verkürzungen auf eine reine Psychologisierung von Rassismus führen allerdings dazu, dass Möglichkeiten, angemessene Maßnahmen überhaupt zu denken, außer Acht gelassen werden. Sie wehren darüber hinaus in einer Unterkomplexität auch die Anerkennung von institutionellen Diskriminierungen ab.

---

23 Bericht des Lehrers Kurt Nowack anlässlich der Missionskonferenz der Rheinischen Mission in Swakopmund über die Schularbeit in Windhuk (1913), (in: Adick/Mehnert 2001.) siehe dazu auch Kollender 2020 sowie BMI, 2021.

24 Siehe dazu auch Arbeiten von z.B. Dr. Z. Ece Kaya, Marie Triebe, Elina Marmer und Papa Sow, Josephine Apraku, Hajdi Barz u.v.m., der Initiative intersektionale Pädagogik oder die Sammlungen der Arbeiten des Georg-Eckert-Instituts.

»Bedingungen diskriminierender Unterscheidungen und rassistischen Handelns werden in medialen und politischen Diskursen aber auch in professionellen wie außerprofessionellen Praxen, die sich gegen rassistische Phänomene wenden, nicht selten in den Denk- und Fühlstrukturen von Individuen gesucht. Psychologische Konzepte zu Vorurteilen und Stereotypen, individuellen und gruppenspezifischen Einstellungsmustern besitzen in diesem Zusammenhang eine hohe Attraktivität und Augenscheinplausibilität. So wichtig und bedeutsam – auch für beispielsweise die rassismuskritische Bildungsarbeit – diese Perspektive sein kann, so sehr neigen sie andererseits dazu, der Individualisierung und Psychologisierung gesellschaftlicher Verhältnisse Vorschub zu leisten.« (Heinemann/Mecheril)

Nach Beschwerden wird der »Vorfall« von vielen Menschen, bei einem öffentlichen Fall sehr vielen Menschen – wie vorausgehend anhand einiger Beschreibungen aus der Beratungspraxis angeführt – beurteilt. Die Beurteilung einer (rassistischen) Diskriminierung hat den größten Erfolg, wenn es sich bspw. um eine eindeutige Diskriminierung in Form von sprachlichen Beleidigungen handelt, die auch mehrheitlich als solche - unabhängig von wissenschaftlichen Erkenntnissen - anerkannt ist. Die Beurteilung gestaltet sich also häufig als Suche nach explizitem Rassismus, der sich dann an einzelnen Worten festmachen muss.

In der Gleichzeitigkeit von pädagogischen und juristischen Einschätzungen, die institutionell getroffen werden, »gewinnen« in Fällen von Diskriminierungen in Schulen, häufig pädagogische und/oder juristische Einschätzungen, die sich unabhängig von den rechtlichen Schutzlücken des Antidiskriminierungsrechts nicht einmal an diesen orientieren. Je komplexer die Diskriminierungssituation, desto schwieriger wird für die Institution der Umgang mit der Diskriminierung. Sollte es bspw. in Folge von Diskriminierungen zu einer körperlichen Auseinandersetzung / körperlicher Gewalt kommen, wird die Beurteilung des Vorfalls als mögliche Diskriminierung zum Teil davon beeinflusst, ob sich die möglicherweise diskriminierte Person (auch) an der körperlichen Auseinandersetzung aktiv beteiligt hat. Eine Beurteilung als Diskriminierung wird noch schwieriger, wenn ausgehend von einer initialen (z.T. wiederholten) Diskriminierung die von der Diskriminierung betroffenen Personen schließlich verbal ebenfalls diskriminieren. Zum Teil werden diese Ereignisse, wie viele Diskriminierungen, unter Schüler*innen dann als »normaler Konflikt« verhandelt. Hinter den jeweiligen Einschätzungen, für die in der Analyse zusammenfassende Begriffe wie »Konflikt« stehen, steht ein jeweiliges Handlungskonzept (bspw. hinsichtlich der Intervention und Prävention), das auf bestimmten pädagogisch-ethischen Standards und Überzeugungen der Schule, der Schulaufsicht, der Verwaltung beruht.

Eine mögliche Fehldiagnostik in Bezug auf das Verhalten und die Performanz von Schüler*innen oder ihre mentale Gesundheit, Pathologisierungen, Leistungsverhinderungen durch bspw. »Stereotype threat« usw. wird in Beschwerdeverfahren institutionell wenig als Diskriminierungen beachtet oder überhaupt anerkannt. Wenn doch, wird eine Intervention nicht unbedingt als notwendig oder möglich erachtet. Besonders wirksam ist dies, wenn soziale Ungleichheit rassistisch erklärt wird, und soziale Aufgaben gleichzeitig hinter Rassismus verschwinden und umgekehrt.

Institutionell vorherrschende pädagogische Ansätze, die sich auf das Widerlegen von bspw. rassistischen Argumentationen oder Sprache fokussieren, gehen, ausgehend von den Erfahrungen der Beratungspraxis, häufig von einer verkürzten Rassismusdefinition und individuellem rassistischen Handeln aus. Sie sparen Herrschaftsverhältnisse und Verwobenheit von Rassismus und Kapitalismus aus, betonen stattdessen besonders Vielfalt und Diversity. Mit dem Verweis auf bestehende Ressourcen kommt es in der Folge, getragen auch durch die verkürzte Analyse, immer wieder zu einer Beschuldigung der Betroffenen bzw. der beschwerdeführenden Person(en). Wenn eine Beschwerde bspw. erst nach langen und wiederholten Diskriminierungserfahrungen vorgetragen wird, wiederholen sich – ohne eine etwaige Beteiligung an Verhinderung von Beschwerden in Augenschein zu nehmen – im Monitoring der Antidiskriminierungsberatung regelmäßig Aussagen wie etwa, dass die Schüler*in oder Lehrende ABC hätte nutzen oder machen können, dies nicht getan habe und damit auch eigene Verantwortung trage, weil die Diskriminierung nicht angesprochen wurde oder keine Hilfe gesucht worden sei. Oder, dass sich, aufgrund der Thematisierung, nach sehr langer Zeit zeige, dass die Erfahrung nicht so schlimm oder gar eine Diskriminierung gewesen sei, so hätte die Person doch dann definitiv Hilfe in der Schule gesucht, ein*e Anwält*in konsultiert oder wäre zur Polizei gegangen.

Institutionelle Diskriminierungen im Bildungssystem und der Umgang mit Zielen von Beschwerden

Verhinderungen von Beschwerden gibt es viele: von antizipiertem Wissen aus der Familie oder der Community, Angst vor Maßregelung, Wissen um geringe Chancen der Durchsetzbarkeit, ein hoher Arbeits- und Belastungsaufwand, Beweislast, Überlebensdruck bis hin zu Zeug*innenschaft von Angriff oder Zerstörung der mentalen und körperlichen Gesundheit, Gewalt oder Suizid, gewaltvolle Gesprächssettings usw. Auch Erzählungen in der Schulöffentlichkeit (bspw. zu persönlichen Problemen der Beschwerdeführenden), die nach Beschwerden über Diskriminierungen bei Weggang einer Lehrkraft, Referendar*in oder Schüler*in meist erfolgen, sind häufig nicht nur wichtig für die Wiederherstellung des institutionellen Selbstbildes, sondern senden auch Zeichen an

Personen, die sich möglicherweise ebenfalls beschweren bzw. Diskriminierungen ansprechen wollten.

Wenn Menschen sich doch beschweren, haben sie dabei nicht alle die gleichen Ziele über die Beendigung der Diskriminierung(en) und Verhinderung von neuen Diskriminierungen hinaus. Im Folgenden sollen einige Ziele, die eine hohe Gemeinsamkeit mit anderen Beschwerden haben, unabgeschlossen vorgestellt werden.

Ein wiederkehrendes Ziel ist, dass Beschwerdeführende oder Ratsuchende im Wissen, dass ihre Erfahrungen nicht einfach zufällig oder Ergebnis einer Kette unglücklicher, aber zufälliger Ereignisse sind, verhindern möchten, dass anderen etwas ähnliches widerfährt. Zum Teil akzeptieren Menschen für dieses Ziel auch persönliche Nachteile und Konsequenzen, andere beschweren sich erst, nachdem sie eventuelle Konsequenzen minimieren oder verhindern können (bspw. Beschwerde nach einem Schulwechsel, Beschwerde nach dem Verlassen der Schule). Für einen Teil der Ratsuchenden scheinen der Antrieb und die Kraft für eine Beschwerde in Referenz auf andere, denen nicht das Gleiche widerfahren soll, größer als eine Zielsetzung, die sich allein auf sich selbst bezieht.

In Schule und Verwaltung spielen die Ziele einer Beschwerde und der Umgang mit der Diskriminierung bzw. der entsprechenden Beschwerde eine große Rolle. Immer wieder wird unabhängig der realen Mittel und Möglichkeiten, die den Beschwerdeführenden tatsächlich zur Verfügung stehen, diesen immer wieder ein Wille und Wunsch zu Macht, Bestrafung, Schikane und Kontrolle zugeschrieben, die durch die Beschwerde durchgesetzt werden soll. Im Umgang mit der Beschwerde bzw. der Diskriminierung werden die Beschwerdeführenden häufig psychologisch analysiert, auch ohne dass dies gestattet wäre oder die Expertise dazu bestünde: So wird in einer Rundmail ein Vater als »gewalttätig« diagnostiziert, weil er bei einem Security-Dienst arbeite, eine Erziehungsberechtigte aufgrund ihres Berufes in der Antidiskriminierungsarbeit als durchdrungen von dem »Bedürfnis, allen zu schaden« und eine Schülerin als »größenwahnsinnig« bezeichnet, die Freiheit entziehen und eine »Diktatur des guten Gewissens« errichten wolle. Auch biologistische Aussagen zu begrenzten intellektuellen Fähigkeiten aufgrund eines kleinen Gehirns, der fehlenden Möglichkeit »klar zu sehen« aufgrund der Augenform oder Vermutung über mögliche antidemokratische und terroristische Aktivitäten aufgrund von Verweisen aufs Antidiskriminierungsrecht, menschenrechtliche Konventionen oder dem Nutzen bestimmter Fachbegriffe, die auch in entsprechenden Anzeigen münden können, sind nur einige Beispiele dafür, welche Effekte bereits ein fehlendes oder ungenügendes Verständnis und Wissen um diskriminierungskritische Standards im Rahmen von Beschwerden haben können.

Ziele und damit die Relevanz von Beschwerden werden daneben auch in anderen Formen abgeschwächt, abgewehrt und abgesprochen. Eine Form äußert sich unter Nutzung von Ableismus bspw. in der Pathologisierung des Anliegens bzw. der sich beschwerenden Person, welche »traumageleitet, irrational, krank« sei.

In diesen Bewertungen offenbart sich auch die Schwere, die im Wort Beschwerde liegt, und eine ihrer häufigen Wirkungen: Die Beschwerde wird nicht als wichtiger Hinweis, als Rückmeldung zu der eigenen Arbeit oder als Möglichkeit für Transformation, Ausgangspunkt und Initiator eines möglichen Wandels angesehen, sondern als Strafe, als Entzug von Freiheit oder Berechtigung, so zu verfahren wie geplant, gewünscht ist oder einfach nur »so wie bisher«.

Weitere und sich auch überlappende Ziele von Beschwerden umfassen beispielsweise die Wiederherstellung der Menschenwürde, die Gleichbehandlung und Abwesenheit von Diskriminierungen, und damit Anerkennung als gleichwertiger Teil der Gesellschaft, die Möglichkeit, gut und damit auch diskriminierungsfrei zu lernen oder auch einen angemessenen und diskriminierungsfreien Service durch die Institution Schule oder Verwaltung. Letzteres Ziel spiegelt sich auch in der Definition des MacPherson-Reports von 1999 wider. Dieser betont in der Ansprache der Diskriminierungen häufig das Versäumnis, die jeweilige(n) Diskriminierung(en) zu verurteilen und angemessen zu ahnden: Institutioneller Rassismus wird hier definiert als kollektives Versagen einer Organisation, Menschen aufgrund von Rassismen einen angemessenen und professionellen Service bereitzustellen.[25]

»Aus Sicht des Bildungssystems ist Stabilisierung dieses instabilen Systems das Ziel, Ruhe in diesem unruhigen System etwas Gutes und das ›Deckeln‹ von Konflikten eine Tugend. In diesem Umfeld kann eine Antidiskriminierungsstelle nur mehr Unruhe und mehr Konflikt bedeuten. Sie ist daher etwas, was bei fast allen Akteur*innen im Schulsystem Abwehrreflexe auslösen muss.« (Rackles 2020)

---

[25] »Bereits mit der Veröffentlichung des Reports wurde erste Kritik an dem (im Bericht verwendeten) Begriff institutioneller Rassismus und an dem daraus folgenden Analysewerkzeug laut. So würden neben Verkürzungen auf Vorurteile und Ignoranz z. B. Zusammenhänge von individuellen und institutionellen Diskriminierungen zum Teil unsichtbar gemacht und damit könne z. B. eine Entlastung der eigenen und individuellen Verantwortlichkeit gefördert werden.« (Überblick. Zeitschrift des Informations- und Dokumentationszentrums für Antirassismusarbeit in Nordrhein-Westfalen, S. 4.) Dazu weiterführend: »In der Macpherson-Definition fehlen jedoch Bezüge zu Diskriminierungen, die durch Normvorschriften herbeigeführt werden, z. B. durch Gesetze oder Verordnungen. Hierauf bezieht sich die UNESCO-Erklärung von 1978: »[Racism] is reflected in discriminatory provisions in legislation or regulations« (Art. 2 Abs. 2). Offensichtliche Fälle von gesetzlicher Diskriminierung sind zum Beispiel in kolonialen Rechtsordnungen zu finden.« (Barskanmaz 2019: 63).

Zielen von Beschwerden, die sich (auch) überpersönlich an die Institution richten, bringen, ausgehend von den Erfahrungen aus der Beratungspraxis, eine besondere Vehemenz des Umgangs hervor. Gleichzeitig ist es ungemein schwer, eine Beschwerde über Werte, Normen und die Kultur einer Institution zu machen. Beschwerdeverfahren sind in Routinen und Regeln allein darauf angelegt, Beschwerden über Einzelpersonen bzw. Diskriminierungen an Einzelpersonen fest zu machen.[26] In der Theorie soll so auch eine oder mehrere Personen Verantwortung übernehmen müssen oder gar Konsequenzen erleben. In der Beratungspraxis wissen Ratsuchende meist um diese Logik, benennen oder belegen auch Verantwortliche und haben dennoch in der Zielsetzung der Beschwerde immer wieder die Priorität, die Beendigung der institutionellen Diskriminierung zu bewirken. In gemeinsamen und kollektiven Beschwerden wird zum Teil eine Möglichkeit gesehen, der Logik der Einzelfälle zu durchbrechen und institutionelle Diskriminierungen an der einen oder anderen Stelle entgegenzuwirken.

In der Beratungspraxis müssen Ratsuchende und Berater*innen damit umgehen, dass institutionelle Diskriminierung weniger offen geschieht bzw. die Rechtsprechung hier kaum eindeutige Benachteiligungen sieht, und dementsprechend eine (häufig alleinige) Analyse und Beweisführung vornehmen: Wie kommen Diskriminierungen im regulären institutionellen Handeln zustande und wie werden sie aufrechterhalten? Welche Merkmale der Organisation, Berufskultur und beruflichen Ethik spielen dabei eine Rolle? Wir müssen uns also rechtliche und politische Rahmenbedingungen, organisatorische Strukturen, Programme, Normen, Regelungen, Regeln und Routinen sowie kollektive Wissensrepertoires und kollektive Wissenslücken, die zur Verfügung stehen oder nicht stehen, um zum Beispiel eine Entscheidung für angemessene Interventionsmaßnahmen zu treffen, anschauen. Man lernt Prozesse, Verfahren, Richtlinien und Ausführungsvorschriften kennen und entwickelt Strategien der Kommunikation, der Einbeziehung von weiteren Stellen oder Personen (bspw. Beauftragte) usw.

Wir benötigen in der Beratungspraxis bei institutionellen Diskriminierungen daher u.a. eine Analyse von

- der institutionellen Umwelt, ergo Diskriminierungen und Umgang mit Diskriminierungen in der Gesellschaft, dem kapitalistischen Wettbewerb und

[26] »Daraus entsteht ebenfalls ein Problem, wenn Einzelhandlungen, die solche strukturellen Benachteiligungen mit ausmachen, nicht als Diskriminierung wahrgenommen werden. Für rechtliche Maßnahmen gegen Diskriminierung ist die Anknüpfung an eine konkrete Handlung meist zwingend. Wird also nicht erkannt, dass auch scheinbar neutrale oder harmlose Handlungen oder auch ein Unterlassen oder Nichtstun zu Diskriminierung beitragen, fehlt ein wichtiger Teil effektiven Schutzes. [...] Zu prüfen ist jedoch auch, ob und inwiefern dies auf einen bestimmten Vorfall wie z.B. die individuelle Empfehlung eines Lehrers oder einer Lehrerin zurückgeführt werden kann.« (Baer 2010)

der Ökonomisierung von Lernen, Erwartungshaltungen von Eltern, Schulaufsichten und anderen bezogen auf Inklusion, Heterogenität, Neurodiversität, usw.
- institutionalisierter Organisationsstrukturen, der Praxis des Handelns im Selbstverständnis von sozialer Wirklichkeit (taken-for-granted-Annahmen, siehe Gomolla 2017) und Routinen von Handlungsabläufen.

Auch alles, was nach einer Beschwerde bzw. einem Diskriminierungsvorfall passiert, untersuchen wir besonders in Bezug auf die Ziele der jeweiligen Beschwerden in unserer Arbeit: Welche institutionellen Erklärungen, die wie von der »Läuterung« sprechen, werden gehalten, welche institutionalisierten Handlungen (Fachrunden, Fachgespräche, usw.) vorgenommen?

Viele Schulen sind in Deutschland inzwischen Teil unterschiedlichster Programme gegen unterschiedliche Diskriminierungen bzw. für »Vielfalt«. Wir wissen, dass dies nicht unbedingt und auch nicht in gleichem oder überhaupt in einem nachhaltigen Maß gegen Rassismus in Schulen wirkt. Die jeweiligen Strategien entlarven allerdings ein Rassismusverständnis, Analyse- und Handlungskompetenz und Professionalität in der diskriminierungskritischen Arbeit in der Schule, die hinter den Strategien stehen.

Wie wird »Diversity« gemacht, gedacht und gesprochen? Was tut das Papier, der Maßnahmenkatalog oder die Strategie, unabhängig von den hübschen Worten, die darin zu lesen sind? Wie bekommt das Papier Kraft und Durchsetzungsfähigkeit? Uns beschäftigt besonders die Praxis: Was kommt nach dem Standard? Allzuoft lesen wir wohlklingende Worte, die in der Praxis im besten Fall nichts bedeuten oder ihre »ganz normale« transfeindliche, rassistische, ableistische, antisemitische usw. Wirkmächtigkeit entfaltet haben. Und wenn es eher schlechter lief, sie »der rassistischen Kackscheiße auch noch die Rinne gegraben«[27] haben.

Institutionelle Diskriminierungen im Bildungssystem und der strafende Umgang mit Beschwerden

Beschweren – im Begriff steckt, dass wir Menschen mit etwas Schwerem belasten, eine Person belasten oder »eines Menschen Gemüt und Seele schwer machen«. Auf die Beanstandung folgt die Suche nach dem Fehler und Verantwortlichen und häufig die Schuldfrage. Es ist also nicht besonders verwunderlich, wenn die Beratungspraxis wenige Erfahrungen macht, die von einer positiven Reaktion auf die Beschwerde als wichtigen Hinweis zeugen. Im Bildungsbereich

[27] Anonymisiertes Zitat einer ratsuchenden Person.

macht die Antidiskriminierungsberatung gleiche Erfahrungen hinsichtlich der Reaktionen auf Beschwerden zu Diskriminierungen, obwohl doch Schule der Ort zu sein scheint, an dem besonders gut mit »Fehlern« umgegangen werden und lebenslanges Lernen einen besonderen Stellenwert haben sollte. Hier zeigen sich aus der Beratungspraxis auch Ausbildungsmängel von bspw. Schulleitungen, Erziehenden, Lehrenden oder (führenden) Verwaltungsmitarbeitenden. Im Gegensatz zu wissenschaftlichen Auseinandersetzungen mit Aus-, Weiter- und Fortbildung, curricularen Inhalten (vgl. Doğmuş/Karakaşoğlu/Mecheril/Shure 2018) und diskriminierungskritischer Didaktik (siehe z.B. Fereidooni/Simon 2020), beobachten wir institutionell vor allem Abwehr oder, im besten Fall, einen Verweis auf die unbedingte Notwendigkeit von Freiwilligkeit. Die fehlende Relevanz zeigt sich auch in der Abfrage von (meist) »interkulturellem Wissen« oder dem Verständnis davon, was diskriminierungskritische Expertisen überhaupt sind, im Rahmen von Stellenbesetzungsverfahren.

Mit Beschwerden wird also auf unterschiedliche Weise unangemessen umgegangen: Immer wieder wird in der Beratungspraxis Vertraulichkeit nicht gewahrt und beispielsweise Schutz vor Maßregelung nicht gewährt.

Eine Schülerin möchte ursprünglich aufgrund von »Schwierigkeiten« mit einer Lehrkraft den Oberstufen-Kurs wechseln. Pädagog*innen befragen die Schülerin, die schließlich gegen ihren Willen Diskriminierungen der Lehrkraft zum Thema macht, und diese dann auch aufschreiben muss. Explizit wird eine Vertraulichkeit garantiert, der Text geht aber dennoch an die Schulleitung und diese leitet das Schreiben an die Lehrkraft, um die es geht, weiter. Nach wütenden und vorwurfsvollen Mails der Schulleitung – bspw. hinsichtlich eines nicht ordnungsgemäßen Beschwerdeweges – folgt, obwohl sich die Schülerin aus Sorge vor Konsequenzen explizit nicht beschweren wollte, eine Sitzung, während der die besagte Lehrkraft auch über mögliche rechtliche Konsequenzen wegen übler Nachrede sinniert, die Schülerin sich entschuldigen muss und fortan »unter besonderer Beobachtung steht«.

Die Verantwortung für die »Qualität« der Gestaltung des Beschwerdeverfahrens wird denjenigen, die sich beschweren, übertragen. Eine »schlechte« (zu emotionale, zu öffentliche, zu beharrliche, ...) Beschwerde wird häufig Defiziten der Beschwerdeführenden zugeschrieben.

Auch der Wunsch, den Beschwerdeprozess mitzugestalten und dies auch einzufordern, kann zu ungünstigen Zuschreibungen – wie in den freundlicheren Fällen eine zu hohe Emotionalität, die als Vorwurf oft die eigene Emotionalität spiegelt – für die Beschwerdeführenden führen. Ein pädagogisch professioneller Umgang mit einem Diskriminierungsvorwurf und die professionelle Überwindung der einhergehenden Fragilität und Emotionalität derjenigen, an die die Beschwerde gerichtet ist, bleibt noch die Ausnahme oder ein »Einzelfall«.

Ein strafender Umgang mit Beschwerden erfolgt aus den Erfahrungen der Beratungspraxis u.a. auch über das Bestimmen des »Narrativs«. Wenn bspw. Gewalt gegen Schüler*innen als Notwehr der gewalttätigen erwachsenen Person von einem Großteil des Kollegiums oder der Verwaltung deklariert wird, Gewalt gegen Lehrpersonen nicht ggf. vorausgegangene Bedrängnis und falsches pädagogisches Verhalten, wie Distanzlosigkeit, in die Bewertung des Vorfalls mit einfließen. Wenn mehrere Suizidversuche an einer Schule innerhalb einiger Jahre aufgrund von Diskriminierungserfahrungen keinerlei Konsequenzen haben und mehrere Schulwechsel in Folge als Makel und Beleg für ein »problematisches« Schüler*innen oder Eltern-, Fürsorgenden- und Erziehungsberechtigtenverhalten mündlich weitergegeben oder in der Schulakte wiederzufinden sind.

Lehrende berichten außerdem wiederkehrend davon, dass sie nach Beschwerden schlechtere Arbeitsbedingungen vorgefunden haben, keinerlei Amt und Aufgabe mehr zu übernehmen war, dienstliche Beurteilungen schlecht ausfielen, sie unter dauernder Kontrolle, Kritik und Beobachtung standen oder ein Großteil des Kollegiums über das Notwendigste hinaus nicht mehr mit ihnen gesprochen habe.

Ein strafender Umgang mit Beschwerden zu Diskriminierung kann sich auch eher im Verborgenen zeigen, wenn bspw. im Rahmen einer juristischen Auseinandersetzung Beweismaterial im Nachhinein zusammengestellt wird oder Belege verändert werden. Die Konsequenz dieses Umgangs zeigt sich dann bspw. vor Gericht und ist den Erfahrungen aus der Beratungspraxis nach kaum nachweisbar.

Auch Reaktionen auf Diskriminierungen werden bestraft, vor allem wenn sie sich bspw. in Aggressionen äußern. Rückzüge und Depressionen als Folge von Diskriminierungen werden institutionell häufig als weniger störend empfunden. Schuldistanz aufgrund von Diskriminierungserfahrungen wird in Problemen der Schüler*innen, Eltern oder Fürsorgenden gesehen.[28]

Maßregelungen gehen oft mit hohen Kosten für Betroffene einher (Tadel, Beurteilung des Sozialverhaltens, schlechtere Benotung, Eintrag in die Personalakte, Abmahnungen, soziales Abstrafen, usw.). Oft reicht aufgrund etwa antizipierten Diskriminierungswissens, aber auch die Androhung oder ein Verweis auf mögliche Konsequenzen einer Beschwerde oder der Formulierung eines Diskriminierungsvorwurfs aus. Diese Konsequenzen beziehen sich sowohl auf eine eventuelle Beschwerde, als auch auf das Unterlassen einer Beschwerde, das als

[28] Siehe dazu auch die Arbeiten von u.a. Lazaridou/Cuff-Schöttle/Yeboah (2017) oder Yeboah (2017) sowie die Erklärung der Deutsche Gesellschaft für Psychiatrie und Psychotherapie, Psychosomatik und Nervenheilkunde e. V. vom 25.6.2020, online: www.dgppn.de/presse/stellungnahmen/stellungnahmen-2020/rassismus.html.

favorabel oder zumindest als bessere der schlechten Optionen dargestellt wird oder tatsächlich ist (Angebot eines Schulwechsels, Angebot eines »angemessenen« anderen Arbeitsplatzes, Änderung der Note, usw.). Immer wieder kommt es auch zu derartigen »Lösungen«, weil für Verantwortliche aus rechtlichen Gründen, aus der Verpflichtung zur Fürsorge allen Beteiligten gegenüber »keine andere Lösung« ersichtlich ist oder möglich erscheint. Oder weil Beschwerdeleitung und Intervention oft so schwierig und langwierig sind, und unterstützende Begleitung von außen als Ressource[29] kaum oder schwierig zu bekommen ist.

Bereits der Fakt, eine (begrenzte) Öffentlichkeit allein durch die Beschwerde an sich oder gar durch das Einschalten einer Antidiskriminierungsberatungsstelle wird oft als Affront wahrgenommen und immer wieder darauf verwiesen, dass »man die Dinge intern regele«. Bei Diskriminierungen, die eine Benachteiligung in der fachlichen Beurteilung mit sich bringen (können), werden auch interne kritische Nachfragen meist unterbunden oder sogar sanktioniert. Sollten sich Beschwerdeführer*innen rechtliche Unterstützung suchen, bemerken wir in der Beratungspraxis immer wieder, wie dieser Umstand allein die umfassende Anerkennung der Relevanz der Beschwerde oder der Person an sich (massiv) einschränkt.

Die Beschwerde bzw. die Ratsuche umfasste zunächst die Art der Beschwerdeführung einer im Verlauf zunehmend als diskriminierend empfundenen Beschwerde. Über den Einzelfall hinaus wurde das die Beschwerde umfassende Geschehen als exemplarische Situation für eine bestimmte Organisationskultur beschrieben. Ein Großteil der Kolleg*innen, die sich bei der Schulaufsicht beschwerten, hätten außerdem relevante Positionen in z.B. Gewerkschaft, Personalrat, o.ä. inne.

Die umfassende Kritik bzw. die Beschwerde der Kolleginnen wurden als unsachlich, abwertend und beleidigend beschrieben. Für die Vermittlung der Ereignisse nutzen die Beschwerdeführenden u.a. eine chronologische Darstellung und Einordnung von Begebenheiten bis zu dem besagten Treffen bei der Schulaufsicht. Darüber hinaus wurde die Wahrnehmung des Gesprächs mit Worten wie »Polemik, Inszenierung, Hate-Speech« beschrieben. Das ganze Treffen habe »wie eine Inszenierung« gewirkt und sei emotional geführt worden. Die Beschwerde der Kolleg*innen gegenüber der Schulaufsicht habe vor allem aus Vorwürfen und Anschuldigungen bestanden, eine Analyse und Einbettung der

29 Siehe dazu die Wartelisten der Antidiskriminierungsberatungsstellen, fehlende Beratungsstellen in der Nähe des Wohnortes, Wartelisten der außerschulischen Organisationen, die Beratung und Begleitung anbieten, oder auch die Wartelisten von diskriminierungskritischen Therapeut*innen, die dann auch noch über eine Kassenzulassung verfügen. Dazu auch: »Für People of Color ist Diskriminierung hierzulande Alltag. Die Ausgrenzung kann krank machen. Doch machtkritische Therapeuten sind unterrepräsentiert.« (vgl. Lebedowicz 2020).

vorgetragenen Kritikpunkte sei nicht geleistet worden. Die Beschwerde sei ein Verstoß gegen zentrale Werte unserer Kultur und untermauere den Vorwurf, sie würde unsere Demokratie zerstören. Es blieb unklar, ob sich diese Aussagen auf die spezifische Schulkultur und demokratisches Miteinander bezogen, oder sich das Pronomen auf etwas anderes bezog. Die Beweisführung für den Verstoß sei anhand von Beispielen geführt worden, die die Beschwerdeführenden aufgrund ihrer Verkürzungen, Auslassungen und fehlenden Einordnungen als Falschdarstellungen bezeichneten.

Die Funktion dieser Darstellung ordneten die Beschwerdeführenden als Wahrnehmungsrahmen ein, der darauf abzielte, auf Racial Bias zu treffen oder diese zu be-/verstärken. Das Treffen habe einen diskriminierenden Interpretationsrahmen gelegt. Außerdem seien in der Beschwerde vor der Schulaufsicht Ängste geschürt worden (Worte wie Bedrohung, Invasion, Angst) und eine binäre Gegenüberstellung der Protagonist*innen eröffnet worden, indem

- Teamgeist vs. Dominanz,
- Angst vs. Gefühlskälte,
- Bedrohung vs. Invasion,
- Kompetenz vs. Inkompetenz,
- Vernunft vs. Unvernunft,
- Achtung der Regeln vs. Verstoß gegen die Regeln,
- kommunikative Kompetenz vs. kommunikative Inkompetenz,
- Visionäre Gestaltung vs. Einfallslosigkeit und
- Intelligenz der Dummheit gegenübergestellt worden seien.

Außerdem seien immer wieder Bezüge zu Geschlecht, Kleidung, Ethnie und Haaren der Kollegin hergestellt worden. Fehlende Kompetenz ebendieser Kollegin werde auch daran deutlich, dass Aufgaben übernommen würden, die einer Lehrerin nicht angemessen seien (Postannahme).

Alle Beleidigungen seien von Schulaufsicht unkommentiert geblieben. Eine Intervention hinsichtlich der Wahrung der Menschenwürde und respektvoller Gesprächsregeln habe nicht stattgefunden. Die Interventionsversuche der Beschwerdeführenden wurden unterbunden und die Beschwerdeführenden u.a. aufgefordert, den Raum zu verlassen. Die Beschwerde wurde nicht weiterverfolgt.

Beschwerden werden häufig nicht als wichtige Hinweise für die Institution verstanden. Wenn nichts auf eine Beschwerde folgt, ist es manchmal fast ein Glücksfall, denn Beschwerden können der beschwerdeführenden Person oder der betroffenen Person gefährlich werden (Schullaufbahn, berufliche Laufbahn, Schulabschlüsse, Gesundheit). Gleichzeitig kann das Unterlassen von Beschwerden Auswirkungen haben, gesundheitliche beispielsweise. Gleiches gilt unglücklicherweise für veranlasste Beschwerden. Beschwerden bleiben dennoch gleichzeitig Akte des Widerstands. Widerstand gegen die eigenen, gegen kollektive und geteilte Erfahrungen, gegen Kontinuitäten von Erfahrungen und für Veränderungen, die Herstellung der eigenen Würde, das Menschsein.

Literatur

Adick, Christel/Mehnert, Wolfgang (2001): Deutsche Missions- und Kolonialpädagogik in Dokumenten. Eine kommentierte Quellensammlung aus den Afrikabeständen deutschsprachiger Archive 1884–1914, Frankfurt a.M.

Ahyoud, Nasiha/Aikins, Joshua Kwesi/Bartsch, Samera et.al. (2018): Wer nicht gezählt wird, zählt nicht. Antidiskriminierungs- und Gleichstellungsdaten in der Einwanderungsgesellschaft – eine anwendungsorientierte Einführung. Vielfalt entscheidet – Diversity in Leadership, Citizens For Europe (Hrsg.), Berlin. Online: www.kiwit.org/media/material-downloads/antidiskriminierungs_-_gleichstellungsdaten_-_einfuehrung.pdf (zuletzt 30.5.2023).

Antidiskriminierungsverband Deutschland (2020): Kein effektiver Schutz vor Rassismus ohne Antidiskriminierung! Stellungnahme des Antidiskriminierungsverband Deutschland zu den Maßnahmen des Kabinettausschusses zur Bekämpfung gegen Rechtsextremismus und Rassismus, Pressemitteilung, 8.12., online: www.antidiskriminierung.org/pressemitteilungen/2020/12/8/kein-effektiver-schutz-vor-rassismus-ohne-antidiskriminierung (zuletzt 30.5.2023).

Anti-Rassismus Informations-Centrum (ARIC-NRW) e.V. (2015): Diskriminierungsschutz in der Schule in NRW. Dokumentation des Fachgesprächs, 11.12., online: www.aric-nrw.de/files/aricnrw/docs/pdf/fgschule.pdf (zuletzt 30.5.2023).

Auma, Maureen-Maisha (2018): Rassismus – Eine Definition für die Alltagspraxis, Regionale Arbeitsstellen für Bildung, Integration und Demokratie e.V. (Hrsg.), online: raa-berlin.de/wp-content/uploads/2019/01/RAA-BERLIN-DO-RASSISMUS-EINE-DEFINITION-F%C3%9CR-DIE-ALLTAGSPRAXIS.pdf (zuletzt 30.5.2023).

Baer, Susanne (2010): Schutz vor Diskriminierung im Bildungsbereich in Berlin aus juristischer Sicht, Gutachten im Auftrag der LADS Berlin, März, online: www.antidiskriminierungsstelle.de/SharedDocs/downloads/DE/newsletter_pdf/lads_gutachten.pdf;jsessionid=09293160ACB16D3F9E88CE91FA24DC99.intranet212?__blob=publicationFile&v=1 (zuletzt 30.5.2023).

Barskanmaz, Cengiz (2019): Recht und Rassismus. Das menschenrechtliche Verbot der Diskriminierung aufgrund der Rasse, Heidelberg.

Berliner Netzwerk gegen Diskriminierungen in Schulen und Kitas (2016): Positionspapier. Empfehlungen für eine wirksame Informations- und Beschwerdestelle in Berlin, Berlin 9.3., online: www.benedisk.de/positionspapier-empfehlungen-fuer-eine/ (zuletzt 30.5.2023).

Bonefeld, Meike/Dickhäuser, Oliver (2018): (Biased) Grading of Students' Performance. Students' Names, Performance Level and Implicit Attitudes, in: Frontiers in Psychology, 9.5., online: www.frontiersin.org/articles/10.3389/fpsyg.2018.00481/full (zuletzt 30.5.2023).

Bundeskonferenz der Migrantenorganisationen (BKMO) (2020): Anti-Rassismus

Agenda 2025 - für eine rassismusfreie und chancengerechte Einwanderungsgesellschaft. Maßnahmenkatalog des Begleitausschusses der BKMO, 1. Fassung, Berlin 31.8., online: bundeskonferenz-mo.de/wp-content/uploads/2020/08/200831_Antirassismus-Agenda-2025_BKMO.pdf (zuletzt 30.5.2023).

Bundesministerium des Inneren, für Bau und Heimat (Hrsg.) (2021): Antiziganismus/Rassismus gegen Sinti_ze und Rom_nja im Bildungssystem, in: Perspektivwechsel. Nachholende Gerechtigkeit. Partizipation. Bericht der unabhängigen Kommission Antiziganismus, Juni, online: www.bmi.bund.de/SharedDocs/downloads/DE/publikationen/themen/heimat-integration/bericht-unabhaengige-kommission-Antiziganismus.pdf?__blob=publicationFile&v=3 (zuletzt 30.5.2023).

Carmichael, Stokely/Hamilton, Charles V. (1967): Black Power. The Politics of Liberation, New York.

Dern, Susanne/Spangenberg, Ulrike (2017): Entwurf eines Änderungsgesetzes zum Schutz vor Diskriminierungen im nordrheinwestfälischen Landesrecht, unveröffentlicht.

Deutsche Gesellschaft für Psychiatrie und Psychotherapie, Psychosomatik und Nervenheilkunde e.V. (2020): Erklärung gegen Rassismus, Diskriminierung und Ausgrenzung, 25.6., online: www.dgppn.de/presse/stellungnahmen/stellungnahmen-2020/rassismus.html (zuletzt 30.5.2023).

Doğmuş, Aysun/Karakaşoğlu, Yasemin/Mecheril, Paul/Shure, Saphira (2018): Die Lehrerinnen- und Lehrerbildung der Migrationsgesellschaft im Spiegel von Modulbeschreibungen. Eine qualitativ-interpretative Analyse, in: Leonhard, Tobias/Kosinár, Julia/ Reintjes, Christian (Hrsg.): Institutionelle Praktiken und Orientierungen in der Lehrerinnen- und Lehrerbildung. Potentiale und Grenzen der Professionalisierung, Bad Heilbrunn, S. 120–138.

Fereidooni, Karim/Simon, Nina (Hrsg.) (2020): Rassismuskritische Fachdidaktiken. Theoretische Reflexionen und fachdidaktische Entwürfe rassismuskritischer Unterrichtsplanung, Wiesbaden.

Foitzik, Andreas/Holland-Cunz, Marc/Riecke, Clara (2019): Praxisbuch Diskriminierungskritische Schule. 1. Aufl., Weinheim, online: adis-ev.de/wp-content/uploads/2020/05/Praxisbuch_Diskriminierungskritische_Schule-1.pdf (zuletzt 30.5.2023).

Goltermann, Svenja (2020): Apartheid, Aggression, Arbeitskonflikte. Zur politischen Geschichte von Mobbing, in: Geschichte der Gegenwart, 15.7., online: geschichtedergegenwart.ch/apartheid-aggression-und-arbeitskonflikte/ (zuletzt 30.5.2023).

Gomolla, Mechthild (2017): Direkte und indirekte, institutionelle und strukturelle Diskriminierung, in: Scherr, Albert/ El-Mafaalani, Aladin/ Yüksel, Gökçen (Hrsg.): Handbuch Diskriminierung, Wiesbaden.

Gomolla, Mechthild/Radtke, Frank-Olaf (2009): Institutionelle Diskriminierung. Die Herstellung ethnischer Differenz in der Schule, Wiesbaden.

Haschemi Yekani, Maryam/Ilius, Carsten (2016): Rechtlicher Rahmen für eine unabhängige Beschwerdestelle zum Schutz gegen Diskriminierung in Berliner Schulen, Rechtsgutachten im Auftrag der GEW Berlin, Berlin, Mai.

Heinemann, Alisha M. B./Mecheril, Paul (2016): Institutioneller Rassismus als Analyseperspektive. Zwei Argumente, in: Heinrich-Böll-Stiftung Sachsen (Hrsg.): Schriften zur Demokratie, Bd. 42, Ideologien der Ungleichwertigkeit, Dresden, S. 45–54.

Informations- und Dokumentationszentrum für Antirassismusarbeit in Nordrhein-Westfalen (2020): Dokumentation des IDA-NRW-Fachtags. Institutionellen Rassismus erkennen — Rassismuskritik institutionalisieren, aber wie?, in: Informations- und Dokumentationszentrum für Antirassismusarbeit in Nordrhein-Westfalen (Hrsg.): Überblick, Nr. 4, 26. Jg., online: www.ida-nrw.de/fileadmin/user_upload/ueberblick/Ueberblick042020.pdf (zuletzt 30.5.2023).

Karakaşoğlu, Yasemin/Mecheril, Paul et. al. (2017): Angekommen in der Migrationsgesellschaft? Grundlagen der Lehrerbildung auf dem Prüfstand, Stiftung Mercator (Hrsg.), Essen, online: www.stiftung-mercator.de/content/uploads/2020/12/Stiftung_Mercator_Handreichung_Lehrerbildung.pdf (zuletzt 7.6.2023).

Karakayali, Juliane (2018): (K)eine Frage der Wahl. Segregation und Grundschule in der Perspektive des institutionellen Rassismus, in: Institut für Sozialarbeit und Sozialpädagogik e.V. (Hrsg.): Migration und Soziale Arbeit, Nr. 2/2018, 40. Jg., Frankfurt a.M., S. 131–138.

Karstens, Claudia (2019): Sonder-/Förderschulbesuch aufgrund mangelnder deutscher Sprachkenntnisse und das Recht auf Bildung, in: der Paritätische Gesamtverband online, 29.4., online: www.der-paritaetische.de/alle-meldungen/sonder-foerderschulbesuch-aufgrund-mangelnder-deutscher-sprachkenntnisse-und-das-recht-auf-bildung/ (zuletzt 7.6.2023).

Kollender, Ellen (2020=: Eltern-Schule-Migrationsgesellschaft. Neuformation von rassistischen Ein- und Ausschlüssen in Zeiten neoliberaler Staatlichkeit, Bielefeld.

Kourabas, Veronika (2021): Die Anderen ge-brauchen. Eine rassismustheoretische Analyse von ›Gastarbeit‹ im migrationsgesellschaftlichen Deutschland, Bielefeld.

Lebedowicz, Aleksandra (2020): Schwarze Therapeuten in Deutschland »Wir sind alle rassistisch sozialisiert«, in: Tagesspiegel, 22.9., online: www.tagesspiegel.de/gesellschaft/schwarze-therapeuten-in-deutschland-wir-sind-alle-rassistisch-sozialisiert/26205892.html (zuletzt 30.5.2023).

Macpherson of Cluny, Sir William (1999): The Stephen Lawrence Inquiry: Report of an inquiry. Stationery Office.

Rackles, Mark (2020): Ein Austausch zu schulischer Antidiskriminierungsarbeit, in: ResearchGate.net, Dezember, unter: www.researchgate.net/publication/350691514_Austausch_zu_schulischer_Antidiskriminierungsarbeit_Saraya_Gomis_und_Mark_Rackles (zuletzt 20.7.2023).

Steele, Claude M./Aronson, Joshua M. (1995): Stereotype Threat and The Intellectual Test-Performance of African-Americans, in: American Psychological Association (Hrsg.): Journal of Personality and Social Psychology, 69. Jg., Nr. 4, S. 797–811.

Steinke, Ronen (2021): Dr. Allmächtig, in: Süddeutsche Zeitung, 12.8., online: www.sueddeutsche.de/meinung/kinderpsychiater-michael-winterhoff-psychiatrie-justiz-1.5380510?reduced=true (zuletzt 7.6.2023).

Traußneck, Matti (2021): Ein offenes Wort. Sich der eigenen Verwicklung in Rassismus stellen, in: Gewerkschaft Erziehung und Wissenschaft Landesverband Hessen (Hrsg.): Hessische Lehrerzeitung HLZ, 74. Jg., Nr. 7–8/2021, Frankfurt a.M., online: www.gew-hessen.de/fileadmin/user_upload/veroeffentlichungen/hlz/hlz_2021/HLZ-07-08-2021-web.pdf (zuletzt 7.6.2023).

Yeboah, Amma (2017): Rassismus und psychische Gesundheit in Deutschland, in: Fereidooni, Karim/El, Meral: Rassismuskritik und Widerstandsformen, Wiesbaden, S. 143–161.

Yeboah, Amma (2017): Rassismus und psychische Gesundheit. Hintergrundpapier zum Parallelbericht an den UN-Antirassismusausschuss zum 19.–22. Bericht der Bundesrepublik Deutschland nach Artikel 9 des Internationalen Übereinkommens zur Beseitigung jeder Form von rassistischer Diskriminierung. Wiesbaden. Online: rassismusbericht.de/wp-co ntent/uploads/Rassismus-und-psychische-Gesundheit.pdf (zuletzt 10.8.2023).

O.A. (2021): Mehr Erkrankungen bei von Vorurteilen und Diskriminierung betroffenen Menschen, in: aerzteblatt.de, 3.8., online: www.aerzteblatt.de/nachrichten/126078/Mehr-Erkrankungen-bei-von-Vorurteilen-und-Diskriminierung-betroffenen-Menschen (zuletzt 7.6.2023).

O.A. (2021): Vorurteile und Diskriminierung machen krank. Studie belegt Wirkung von Diskriminierungserfahrungen auf die Gesundheit, in: ikk-classic.de, 3.8., online: www.ikk-classic.de/information/presse/pressemitteilungen/bundesweit/2020-08-03-vorurteile-und-diskriminierung-machen-krank (zuletzt 7.6.2023).

Emine Aslan

Neutralitätsdebatte: Ein Werkzeug der Gouvernementalität?

Wenn wir Debatten führen, die realpolitische Folgen haben, können und dürfen wir den gesellschaftlichen sowie politischen Hintergrund dieser Debatten nicht ausblenden. Insbesondere dann nicht, wenn diese Debatten politische Tradition haben.[1] Einer der ersten politischen Erinnerungen meines Lebens sind die »Kopftuch- und Islamdebatten« in Deutschland – in den Medien, in Zeitungsartikeln und Magazinen, auf Wahlplakaten der NPD und später der AfD. Mal war »ich« eine Illustration im Niqab und einer zur Sichel geformten Augenbraue auf dem Spiegel-Cover, mal ein »unheimlicher Gast« auf dem Focus-Cover. Ein anderes Mal erfuhr ich vom Spiegel-Magazin, dass Mekka in Deutschland liegt, was mir die Pilgerfahrt definitiv vereinfachen würde. Und ganz besonders oft war ich »Allahs rechtlose Tochter«. Sogar im Schulunterricht, wenn es gerade »thematisch« passte und ich mit fünfzehn Jahren unfreiwillig zur »Nahost«- und Islam-Expertin wurde.

Der Soundtrack meines Lebens, bzw. die Diskursanalyse meines Lebens ist durchdrungen von Widersprüchen. Einerseits bin ich aufgrund meiner »persönlichen Betroffenheit« eine »authentische« Quelle, wenn es um die emotionale Seite von Rassismus im Alltagsleben geht. Andererseits bin ich aufgrund jener »persönlichen Betroffenheit« zu befangen für eine akkurate Analyse der strukturellen Verwobenheit von Rassismus in der Gesellschaft. Gleichzeitig beobachte ich, wie der Neutralitätsposten jenen vorbehalten ist, die jahrzehntelang weggehört haben, als rassifizierte Menschen die strukturellen Verhältnisse bei Behörden und Polizei sowie Hinweise auf rechte Netzwerke adressierten.

Politische Projektionsfläche für die deutsche Mehrheitsgesellschaft und ihre Identitätsaushandlungen zu sein, war ein ständiger Begleiter beim Heranwachsen. Für eine muslimische Person, die 1990 in Deutschland geboren wurde, liegt es also auf der Hand, dass antimuslimische[2] Diskurse weitaus vor *9/11*

---

[1] »Das Kopftuch etwa galt in Deutschland schon in den 1970ern als Marker der Andersartigkeit, hier des ›Gastarbeiter*innen‹-Status, hatte aber in der Hauptsache Konnotationen von Klasse und ländlichem Status und wurde erst im Laufe der 1980er zum Symbol für eine hierarchische, dem westlichen Wert entgegensetzte Geschlechterordnung, die angeblich den Islam charakterisiert. Beide Lesarten machten es möglich, kategorische Urteile über die Kopftuchträgerin zu fällen, ohne individuelle Motivationen berücksichtigen zu müssen.« (El-Tayeb 2016:35).

[2] Nach Attia beinhaltet der antimuslimische Rassismus »die Konstruktion und Essentialisierung ›der/des Anderen‹ als Muslime/islamisch […] und damit die diskursive Verschrän-

bereits Bestandteil deutscher identitätspolitischer[3] Aushandlungen waren. Hiermit sind gezielt nicht etwa antirassistische Befreiungskämpfe gemeint, die in Mainstream-Diskursen gerne als »Identitätspolitik« degradiert werden. Vielmehr betrachte ich die stetige diskursive Grenzziehung zwischen dem *weißen*[4] deutschen »Wir« und dem rassifizierten »Ihr« als Pfeiler der *weißen* Identitätskonstruktion bzw. der Konstruktion der »imaginierten Nation«. Dass die deutsche Besessenheit mit dem Hijab alles andere als neutral ist, wird spätestens dann deutlich, wenn man versteht, dass diese reduktionistische Debatte bzw. die Politisierung des Hijab einerseits ein politisches Instrument zur Ablenkung von existenzielleren gesellschaftlichen Herrschaftsverhältnissen ist, und dass es andererseits auch als ein Werkzeug der Gouvernementalität dient. Die His-

---

kung von (islamischer) Religion mit Kultur, Gesellschaft, Politik etc.« (Attia 2009: 55). »Aus einer dominanten gesellschaftlichen Position heraus werden sie [die Muslim*innen bzw. diejenigen, die als solche gelesen werden, Anm.d.Verf.] unabhängig von einem individuellen Glaubensbekenntnis als eine homogene und quasi-natürliche Gruppe in binärer Anordnung zu weißen christlichen/atheistischen Deutschen bzw. Europäern konstruiert und mit kollektiven Zuschreibungen versehen; es wird ein Wissen über sie und ihr Wesen als Gruppe erzeugt, und sie gelten anhand verschiedener Merkmale als identifizierbar.« Demnach werden »Muslime und Menschen, die als Muslime markiert werden, [...] als homogene, essentialistische, dichotome Gruppe konstruiert, die im Verhältnis zur ebenfalls konstruierten Eigengruppe als weniger zivilisiert, weniger emanzipiert, weniger frei und weniger fortschrittlich konstruiert wird.« (Aslan/Fereidooni 2019: 64 n. Attia 2014: o.S.).

3 Siehe hierzu auch Aslan/Fereidooni (2019: 49): »Nationen, so Etienne Balibar, bedürfen der Konstitution ›fiktiver Ethnizitäten‹. Anderweitig zu argumentieren, bedeute zu vergessen, dass ›Völker‹ genauso wenig ›natürlicher‹ Existenz sind wie ›Rassen‹. Die Konstruktion der imaginierten Nation definiert Anderson (1996:15) folgendermaßen: »Nation [...] ist eine vorgestellte politische Gemeinschaft [...]. Vorgestellt ist sie deswegen, weil die Mitglieder selbst der kleinsten Nation die meisten anderen niemals kennen, ihnen begegnen oder auch nur von ihnen hören werden, aber im Kopf eines jeden die Vorstellung ihrer Gemeinschaft existiert. Ähnlich wie andere sozialwirkmächtige Konstruktionen bedarf somit auch die Vorstellung der kollektiven Identität einer stetigen Reproduktion, die auf das selektive soziale Gedächtnis zurückgreifend mit dem dort gefundenem Wissensbestand Gegenwart und Zukunft konstituiert.«

4 *weiß* und Schwarz meinen hier sozial konstruierte und sozial wirkmächtige Prozesse. »›Schwarz‹ bezeichnet hier eine politische Kategorie im Sinne einer ›Identität der Unterdrückungserfahrungen, die alle Gruppen von people of color einschließt‹.« (Piesche 1999: 204) und verweist auf das Widerstandspotenzial, das in der selbstbewussten Bezeichnung Schwarzer Menschen seinen Ausdruck findet. »[*weiß*, Anm.d.Verf.] bezeichnet ebenfalls eine politische Kategorie, allerdings im Sinne von Machterfahrungen solcher Menschen, die als [*weiß*, Anm.d.Verf.] konstruiert sind und denen meist diese Macht gar nicht bewusst ist« (Wollrad, 2005: 20). In Anlehnung an Eggers et. al. (2017: 13) wird Schwarz großgeschrieben, während weiß klein und kursiv geschrieben wird, »um den Konstruktionscharakter markieren zu können und diese Kategorie ganz bewusst von der Bedeutungsebene des Schwarzen Widerstandspotenzials, das von Schwarzen und People of Color dieser Kategorie eingeschrieben worden ist, abzugrenzen« (Aslan/Fereidooni 2019).

torikerin Fatima El-Tayeb beschreibt dies folgendermaßen: »[…] ›Rassifiziert‹ meint die Zuschreibung kollektiver quasi-biologischer und/oder kultureller Eigenschaften, die die Wahrnehmung bestimmter Gruppen als nicht-zugehörig erlaubt, auch wenn sie bereits Teil der Gesellschaft sind. Da diese Eigenschaften sowohl als der dominanten Identität entgegengesetzt und mit ihr nicht kompatibel definiert werden als auch als den rassifizierten Subjekten anhaftend, ist die oft verlangte Assimilierung oder Integration faktisch unmöglich bzw. kann nur stattfinden, wenn die dominante Gruppe, die die alleinige Definitionsmacht besitzt, die Kompatibilitätskriterien ändert. Dieser oberflächlich paradoxe Prozess ist tatsächlich notwendiger Teil des Funktionierens westlicher Gesellschaften (vgl. Balibar/Wallerstein 1992; Chow 2002). Ich behaupte, dass Rassifizierung und die Produktion des Undeutschen in einem Abhängigkeitsverhältnis zueinander stehen, dass also das Verhältnis von Rassismus und nationaler Identität ein intimeres ist, als oft zugegeben wird, dass Rassismus Aktion, nicht Reaktion, ist, dass er nicht einfach ausgeklammert oder an den gesellschaftlichen Rand projiziert werden kann, nicht nur eine Variante der ›gruppenspezifischen Menschenfeindlichkeit‹ darstellt, sondern fundamentaler Bestandteil des globalen kapitalistischen Systems ist, auch in seiner spezifisch deutschen lokalen Ausprägung. Die zentrale Frage in diesem Prozess ist nicht wie und warum die ›Integration‹ bestimmter Gruppen scheitert, sondern wie und warum bestimmte Gruppen innerhalb der Nation zu Außenseitern gemacht werden. Es geht mir um das normalisierte, sogar naturalisierte nicht-zur-nationalen-Gemeinschaft-Gehören, das sich seit der Staatsgründung im späten 19. Jahrhundert durch die deutsche Geschichte zieht. Der Fokus meiner Untersuchung liegt auf den letzten vier Jahrzehnten, von den Jahren unmittelbar vor dem Fall der Mauer bis zur Gegenwart, und auf dem Prozess, durch den die neue Normalität durch Abgrenzung vom alten, nun als Abweichung definierten Normalen produziert wird. Hierbei, so behaupte ich, bildet Rassifizierung eine der Konstanten, durch die sich deutsche Identität in der Abgrenzung von verschiedenen Variationen des Undeutschen stabilisiert.« (El-Tayeb 2016:35).

Hierbei geht es jedoch nicht ausschließlich um die Regierbarkeit von Muslim*innen, sondern die reziproke Wechselwirkung, die mit dem *»othering«*[5] von Muslim*innen einhergeht.

---

[5] Siehe hierzu Aslan/Fereidooni (2019: 49): »Othering als ›Markierungspraxis […] rassifizierter Machtdifferenz‹ (Eggers: 2017) geht auf Spivak (1985) zurück und bezeichnet folgende soziale Handlung: Basierend auf ›Wir‹–›Ihr‹ -Konstruktionen wird das ›Ihr‹ zum/zur vermeintlich gänzlich Anderen, der/die im Gegensatz zum ›Wir‹ als weniger emanzipiert, aufgeklärt, tolerant, demokratisch, gebildet etc. gedacht wird. Es werden elementare Differenzen konstruiert, die negativ bewertet und betont werden.« (Glossar IDA). Ahmed (2005: 281f) weist darauf hin, dass es keine hundertprozentige Übersetzung von »Othering« gibt.

Vergleichbar mit der vom symbolischen Interaktionismus geprägten Sozialisations- und Identitätstheorie George Herbert Meads, bei dem der Mensch ein »Anderes« benötigt, um ein »Selbst« zu konstituieren, bedarf auch Gesellschaft als imaginäres Kollektiv eines »konstitutiven Außen« mit dessen Hilfe sie sich als geschlossene Einheit etabliert (Aslan/Fereidooni 2019 n. Reckwitz 2008: 86). Identität und auch kulturelle Identitäten als niemals vollkommen abgeschlossene, sondern kommunikative Prozesse, (vgl. Hall 1990) sind somit relativ unsichere Gebilde, »[…] deren wirklichkeitskonstruierenden symbolischen Sinnwelten durch Reproduktionsprozesse legitimiert und gefestigt werden.« (Aslan/Fereidooni 2019: 49).

Gesellschaftlich konstruierte Normen funktionieren nur, indem sie »die jederzeit bestehende Gemeinschaft der ›Nation‹ als besonders angewiesen auf die Reproduktion der eigenen Deutungshoheit und die normative Definition von ›Neutralität‹ ansehen«.

Carolin Emcke betont, dass mit der räumlichen Zuordnung von kollektiver Identität auch eine »scharfe Grenzziehung von Innen und Außen einhergehe, die sich manchmal auf der epistemologischen Ebene in der Vorstellung symbolisch geschlossener Kulturen widerspiegelt« (Aslan/Fereidooni 2019 n. Emcke 2018: 96). Das Narrativ einer europäischen Identität ist also in ständiger Bestrebung, die Verwischung der »angeblich klaren Grenzen europäischer Identität zu verhindern« (Aslan/Fereidooni 2019 n. El Tayeb 2016: 144).

Die Vorstellung, dass der säkulare Staat, der immer noch als christliches Abendland definiert wird, besonders neutral und objektiv sei, bedarf also der stetigen diskursiven und juridischen Verfestigung. Diese Definition des westlichen, christlichen »Wir« als neutral und sachlich gegenüber dem kolonisierten und orientalischen »Anderen« als subjektiv und emotional, hat immerhin koloniale und imperiale Tradition.[6] Machtvoll strukturierte Wissensregime legitimieren mit dem Anspruch der »Neutralität« letztlich die eigene normative Deutungshoheit.

Ver-Andern soll darauf hinweisen, dass es sich um einen macht- und häufig auch gewaltvollen Prozess der Differenzmarkierung handelt.

[6] Siehe hierzu auch den Artikel von Ahmad (2021) auf dem »Dis:orient«-Blog: »Kant zum Beispiel hat das protestantische Christentum als rational vorausgesetzt, um andere Religionen zu kritisieren. Während er das Judentum als ›eigentlich gar keine Religion‹ betrachtete, galt ihm der Islam als Antithese zu allem vermeintlich Rationalen. […] Der Islam und der Prophet Muhammad verkörpern für Kant die Gefahren des Eifers, des Fanatismus, der Sinnlichkeit und des Nomadismus. In seinem ›Versuch über die Krankheit des Kopfes‹ beschreibt Kant Muhammad als ›Schwärmer‹.«

Konstruieren und korrigieren

Gesellschaftlich konstruierte Wirklichkeiten (Berger/Luckmann 1989) und die damit verbundenen Wissensarchive wirken in solchen Diskursen nicht nur mit, sondern konstruieren den Rahmen, in dem diese Diskurse stattfinden. Welche Fragen und welche Stimmen tauchen in diesen Diskursen auf? Welche Fragen und Stimmen werden an den Rand gedrängt? Und welche Wahrheiten werden auf diese Weise konstruiert? In diesem Beitrag widme ich mich dem »Neutralitätsgesetz«, den »Neutralitätsdebatten« aus der Perspektive der *governmentality studies* mit dem Fokus auf die Regierbarkeit muslimischer Bürger*innen. Das von Foucault entwickelte Konzept der Gouvernementalität drückt sich im Referenzrahmen der *governmentality studies* mit dem Fokus auf Foucaults Diskursbegriff aus. Im Zusammenhang mit einer rassismuskritischen Perspektive auf Macht/Wissens-Regime beziehe ich mich in diesem Beitrag ebenfalls auf Postkoloniale Theorien. Den Fokus legen die Postkolonialen Theorien auf die Frage, wie es »eurozentrische Epistemologien geschafft haben, ihre eigenen geopolitischen und biographischen Verortungen zu verschweigen und den Mythos vom abstrakten und universal gültigen Wissen erfolgreich in die Welt zu setzen« (Mignolo 2009 zit.n. Amir-Moazami 2018: 14).

Die leitende Prämisse in diesem Beitrag lautet, dass machtfreies Wissen nicht existiert,[7] und dass zwischen Macht und Wissen eine untrennbare Verbindung besteht (Amir-Moazami 2018: 11). Amir-Moazami plädiert vor diesem Hintergrund dafür, dass die kritische Reflexion der Zusammenhänge von Wissen und Macht sich nicht auf bestimmte Methodologien, Disziplinen oder Formate beschränken darf, sondern vielmehr die grundlegende Frage stellen müsse, inwieweit »unterschiedlichste Formen des Wissens selbst ›belastbare Daten‹ und ›gesicherte Wahrheiten‹ nicht allein politische Interventionen anleiten und befördern, sondern selbst politische Interventionen darstellen. Es [sei] also immer zu fragen, inwieweit Wissen produziert, was es prognostiziert« (Amir-Moazami 2018: 11).

Die öffentliche und politische Adressierung von Muslim:innen bringen nach Amir-Moazami die angesprochenen Subjekte auf eine bestimmte Weise zum Sprechen. Der »Aufforderung an Muslime zum Diskurs, ihrer Anrufung und Selbstanrufung, als muslimische Subjekte zu sprechen, [...]« liege die von Foucault verdeutlichte »Ambivalenz von Diskursanreizung und -verknappung zugrunde«. Diskurse unterliegen immer zugleich »[...] bestimmten Prinzipien und Mechanismen, die sie ordnen und anordnen, und sie ermöglichen damit

7 Siehe Haraway (1988) und Harding (2004).

bestimmte Subjektformen und erschweren oder verhindern zugleich andere« (Amir-Moazami 2018: 11).

Foucaults viel zitierte Definition von Gouvernementalität lautet: »Unter Gouvernementalität verstehe ich die Gesamtheit, gebildet aus den Institutionen, den Verfahren, Analysen und Reflexionen, den Berechnungen und den Taktiken, die es gestatten, diese recht spezifische und doch komplexe Form der Macht auszuüben, die als Hauptzielscheibe die Bevölkerung, als Hauptwissensform die politische Ökonomie und als wesentliches technisches Instrument die Sicherheitsdispositive hat.« (Foucault 2003: 820f.)

In der Politisierung von Muslim*innen und »des Islam« sind Sicherheitsdispositive ein fundamentaler Baustein (vgl. Attia/Keskinkılıç/Okcu 2021). Fragen wie »Wie gefährlich ist der Islam?« und »Gehört der Islam zu Deutschland?« sind mittlerweile Talkshow-Klassiker geworden. Verschärfte Asyl- und Abschieberegelungen im Anschluss an rassistische Diskurse um sexualisierte Gewalt (Kölner Silvesternacht 2016) stellen die juridische Manifestation dieser Diskurse dar.

Das reziproke Verhältnis zwischen politischen und medialen Diskursen hierzu wirkt entsprechend wahrheits- und wirklichkeitskonstruierend und ist eng mit den gesellschaftlichen Denk- und Wahrnehmungsstrukturen verwoben. Das Resultat sind nicht nur die Produktion von muslimischen Bürger*innen als Objekte der Regierbarkeit, sondern auch jener Bürger*innen, in die diese hegemonialen Wissensbestände um Muslim*innen und »den Islam« soweit eingeschrieben sind, dass sie Muslim*innen als »besondere Herausforderung« für die deutsche Gesellschaft und Regierung bezeugen können.

Die *governmentality studies* beschäftigen sich mit der Frage, wie »sich politische Programme inmitten von breiteren Diskursen entwickeln, um Subjekte regierbar zu machen, und wie sich Regierungsinstitutionen dazu legitimieren. Dabei geht es nicht nur darum, welche Programme ausgeübt werden, sondern auch um die Kategorien und Probleme, die das Regierungshandeln erst schafft, also die Frage, wie sich Regierung selbst herbeidenkt« (»Gouvernementalität«, 2003). Wie bereits weiter oben angedeutet, spielen Wissensproduktionen und konstitutive Zusammenhänge zwischen Wissen und Macht bei Foucault eine ausschlaggebende Rolle. Über die drei Achsen Wissen (Wissens- bzw. Wahrheitsregime, also wie Wissen und darüber Wahrheit produziert wird), Macht (Machtregime, also wie funktioniert Macht und wie wird sie ausgeübt), und Subjektregime (wie unterschiedliche Arten von Subjekten produziert werden) sind Foucaults Theorien zu Biopolitik, Rassismus und Gouvernementalität eng miteinander verknüpft. Die organisierte und wissenschaftliche Wissensproduktion über das Objekt, das regiert wird, operiert dabei als wichtiges Instrument des Regierens.

Foucaults Begriff der Biopolitik kann als Theorie zusammengefasst werden, die sich mit den Strategien und Mechanismen beschäftigt, mit denen menschliches Leben mithilfe von Wissen und Macht und Subjektivierungsprozessen diszipliniert und reguliert wird. Im Fokus steht hierbei die Beziehung zwischen Macht und Wissen, und wie dieses machtförmige Wissen als eine Form von sozialer Kontrolle durch Institutionen auf das menschliche Leben einwirkt. Ein weiterer ausschlaggebender Faktor des Foucault'schen Begriffs der Biopolitik ist die Machtförmigkeit von Wissen, bzw. hegemonialem und somit normativem Wissen. Foucaults Begriff der Biopolitik verweist auf die Entwicklung von spezifischem politischen Wissen und Disziplinen wie Statistik, Demografie, Biologie etc., die zur Analyse der Bevölkerung genutzt werden, um dann mittels »korrigierender, exkludierender, normalisierender, disziplinierender, therapierender oder optimierender Maßnahmen [die Bevölkerung] zu regieren.« (Lemke 2008: 81).

Im Anschluss an Foucault wurde der Begriff der Biopolitik um die Analyse von »Wissensregimen und Subjektivierungsformen« erweitert (vgl. Lemke 2008). Lemke betont, dass eine »Analytik der Biopolitik« es erlauben sollte, »das Beziehungsgeflecht zwischen Machtprozessen, Wissenspraktiken und Subjektivierungsformen in den Blick zu nehmen« (Lemke 2008: 83). Die kritische Reflexion von Wissensregimen, die wir in dem von Foucault angestoßenen und später erweiterten gesellschaftskritischen Begriff der Biopolitik vorfinden, stellt ebenfalls einen theoretischen Rahmen der postkolonialen Theorien und der kritischen Theorien der Rassismusforschung dar. In seinem Begriff der Biopolitik betont Foucault, dass der Rassismus einen elementaren Bestandteil der Biomacht darstellt und führt dies insofern aus, als dass er Rassismus als eine Fragmentierung der Bevölkerung in wertvolles und wertloses Leben versteht. Als weitere wichtige Funktion führt Foucault in »Der Wille zum Wissen« aus: »[...] die zweite wichtige Funktion ist explizit auf das Leben ausgerichtet: das Leben des einen Bevölkerungsteils wird vom Sterben des anderen abhängig gemacht: Der Rassismus ist die Bedingung für die Ausübung des Rechts auf Tötung.« (Foucault 1976 zit.n. Folkers 2014: 106).

Foucault betont, dass damit auch indirekte Formen des Mordes gemeint sind: »[...] jemanden der Gefahr des Todes ausliefern, für bestimmte Leute das Todesrisiko oder ganz einfach den politischen Tod, die Vertreibung, Abschiebung usw. erhöhen« (ebd.). Lebewesen werden nach Foucault zu Wissensobjekten und somit zur Zielschreibe biopolitischer Kontrolle (vgl. Foucault 1976 n. Folkers 2014).

Mit der Biomacht ziehe demnach Rassismus in die Mechanismen des Staates ein: »Ab da schreibt sich der Rassismus in die Grundlegenden Mechanismen der Macht ein, wie sie in den modernen Staaten eingesetzt wird, und bedingt, dass es kaum ein modernes Funktionieren des Staates gibt, das sich nicht zu einem bestimmten Zeitpunkt an einer gewissen Grenze und zu bestimmten Bedingungen des Rassismus bedient« (Foucault 1976 zit.n. Folkers 2014: 104). Weiter schreibt Foucault: »Die Tötungsfunktion des Staates kann, sobald der Staat nach dem Modus der Bio-Macht funktioniert, nicht anders gesichert werden als durch Rassismus« (Foucault 1976 zit.n. Folkers 2014: 106).

Rassismus ist an die Rassifizierung von Menschen und somit an die fremdbestimmte Wissensproduktion über die »Anderen« geknüpft. Kolonialismus und Imperialismus wären ohne die Zuschreibung von rassistischen Eigenschaften, die die Inferiorität der Kolonisierten und die Superiorität der Kolonisierer definierten und darüber die Herrschafts- und Ausbeutungsverhältnisse unter dem Deckmantel der Aufklärung legitimierten, nicht möglich gewesen.

Diese Wissensbestände wirken auch gegenwärtig als gesellschaftliche Normen fort. Terkessidis beschreibt dies auch als »rassistisches Wissen« (Terkessidis 2004). Dieses Wissen stellt Individuen und Gesellschaften »ein Interpretationsangebot zum Verstehen sozialer Vorgänge [...] bereit und bietet ihnen eine Option, soziale Welt mittels rassistisch konstruierter Kategorien zu strukturieren« (Scherschel 2006: 12). Dieses rassistische Wissen ist »ebenso wie das grammatikalische, pädagogische und wirtschaftliche Wissen eines Menschen, ein erworbenes Wissen. Demnach existiert das rassistische Wissen nicht qua Geburt, sondern qua Sozialisation. Rassismus ist nicht irrational oder angeboren, es ist von Menschen gemacht und folgt einer Logik: Es dient als Legitimationsgrundlage, um Ungleichheitsverhältnisse etablieren und aufrechterhalten zu können. Bereits Kleinkinder besitzen rassistisches Wissen und benutzen dieses, um sich selbst und ihr soziales Umfeld zu kategorisieren.« (Eggers 2005)

Das Berliner Neutralitätsgesetz – und mit einer ähnlichen Logik operierende Gesetze und Diskurse – betrachte ich vor diesem Hintergrund, ähnlich wie andere auf ausschließlich muslimische Lebensweisen und Religionspraktiken ausgerichtete politische Interventionen, als ein Instrument der Gouvernementalität einer strukturell rassistischen Regierung, in der Muslim*innen in erster Linie als Hürde für das friedvolle Miteinander sowie eine Gefährdung der inneren Sicherheit diskutiert und behandelt werden. Insbesondere bei dem Stichwort Neutralitätsgesetz ist rhetorisch zwar von Säkularität die Rede, inhaltlich richten sich die Argumentationen jedoch immer wieder nach dem laizistischen Konzept einer strikten Trennung von Staat und Religion bzw. Kirche.

Die vier häufigsten fehlerhaften argumentativen Anker der Neutralitätsdebatten lassen sich folgendermaßen zusammenfassen:

a) die Annahme, dass Säkularität mit einer Verbannung des Religiösen aus dem öffentlichen und staatlichen Spektrum gleichzusetzen sei;

b) die Annahme, dass Neutralität und religiöse Kleidung bzw. sichtbare religiöse Praktiken sich gegenseitig ausschließen;
c) die Annahme, dass Subjekte jemals vollkommen »neutral« und objektiv sein können und dass diese Neutralität für *weiße* Subjekte erreichbarer sei als ihre rassistisch markierten[8] »Anderen«, und
d) die Annahme, dass die staatliche Neutralitätspflicht durch die religiöse Benachteiligung von religiösen Minderheiten nicht verletzt, sondern gewährleistet werde.

Die aktuell wieder erhitzten Debatten um das Neutralitätsgesetz und den Hijab im öffentlichen Dienst, etwa der Gesetzentwurf,[9] der am 23. Februar 2021 von dem Bundesministerium des Innern, für Bau und Heimat eingereicht und am 07. Mai 2021 von Frank-Walter Steinmeier verabschiedet wurde, sind in einem breiteren Diskurs um Muslim*innen zu verorten, der nicht von transnationalen politischen Ereignissen und Diskursen losgelöst betrachtet werden kann. Obwohl etwa zwischen dem laizistischen Frankreich und dem säkularen Deutschland erhebliche Unterschiede bestehen, rücken die Debatten und politischen Interventionen zum Hijab in der Bundesrepublik immer weiter an die französischen Realitäten heran. Die transnationale Verwobenheit dieser Debatten kann mitunter auf die Historizität der kolonialen und orientalistischen Logik zurückgeführt werden, in der diese Debatten wurzeln. Während die Rassierung von Religion und damit auch antimuslimischer Rassismus von einigen Wissenschaftler*innen bereits im Mittelalter verortet wird,[10] sind die transnationalen politischen

---

8 Der scheinbar »wissenschaftliche« Rassismus entstand im Zeitalter der Aufklärung in Europa, durch die Einteilung von Menschen in unterschiedliche Gruppen, die als »Rassifizierung« bezeichnet wird. Wollrad (2005:14) definiert »Rassifizierung« wie folgt: »weiße europäische Philosophen, Anthropologen und Ethnologen haben nicht aus schlichter Ordnungsliebe Kategorien zur Klassifikation der gesamten Menschheit eingeführt, sondern die Ordnung wurde in Form einer Hierarchisierung gestaltet, deren Kern in der Selbstpositionierung der Erfinder an der Spitze der Hierarchie bestand«. Diese Hierarchisierung von Menschen nach scheinbar »objektiven« Kriterien wie beispielsweise der Hautfarbe geschah, »um die ausbeuterische und mörderische Kolonialisierung [...] legitimieren zu können. Die rassismusrelevante Hierarchisierung von Menschen dient(e) somit als ›Legitimationslegende‹, [welche, Anm. d. Verf.] die Tatsache der Ungleichbehandlung von Menschen ›rational‹ zu erklären versucht[e], obgleich die Gesellschaft [im Zeitalter der Aufklärung, Anm.d.Verf.] von der prinzipiellen Gleichheit aller Menschen [ausging, Anm. d. Verf.].« (Rommelspacher 2005: 1)

9 Abrufbar unter: dip21.bundestag.de/dip21/btd/19/268/1926839.pdf (zuletzt 12.6.2023).

10 »Andere Wissenschaftler(innen) gehen indes davon aus, daß es sich bei dem antimuslimischen Rassismus keinesfalls um ein neues Phänomen handelt. Francois Soyer (2018) etwa geht Prozessen der Rassifizierung von Musliminnen und Muslimen an der Schnittstelle von ›Rasse‹, Religion und Kultur auf der iberischen Halbinsel der Frühen Neuzeit im Zuge der sogenannten Reconquista nach. Er zeichnet ein Bündel von Maßnahmen nach, die Musliminnen und Muslime bzw. ›Moriscos‹ als innere Feinde stigmatisieren und zur Zielschei-

Repressalien und die antimuslimischen Topoi vor dem Hintergrund der *War on Terror*-Politik nach *9/11* auch für Laien ersichtlich. Schirin Amir-Moazami widmet sich in »Der inspizierte Muslim. Zur Politisierung der Islamforschung in Europa« der wissenschaftlichen Beforschung muslimischen Lebens in Europa: »Muslime in Europa sind im Visier. Sie werden beäugt und beobachtet. Ihre religiöse Praxis wird kontrolliert, gezähmt oder auch anerkannt. Ihre Formen des sozialen Lebens werden vermessen und archiviert.« (Amir-Moazami 2018: 9). Öffentliche Repräsentationen von Muslim*innen in Europa seien demnach an »tiefersitzende Wissensregime geknüpft« und bringen diverse Regierungstechniken hervor (ebd.:10). Die von Amir-Moazami herausgegebenen Beiträge stellen einen ersten Versuch dar, »den Zusammenhängen von Macht und Wissen bei der ›Entdeckung‹ des Islam als Problem und als Ressource und damit dem Zusammenspiel von Wissensproduktion und staatlich-politischer Intervention in Europa genauer auf den Grund zu gehen« (ebd.: 10f.). Diese »tiefersitzenden Wissensregime« lassen sich entlang der Neutralitätsdebatten und des kürzlich vom Bundesrat verabschiedeten Gesetzes zur Regelung des äußerlichen Erscheinungsbildes von Beamt*innen veranschaulichen, da die Politisierung des Hijab sehr eng mit kolonialen und orientalistischen Wissensbeständen verflochten ist.

Als Grund für die Notwendigkeit dieser Regelung gab das Ministerium ein Urteil des Bundesverwaltungsgerichts vom November 2017 an. Das äußere Erscheinungsbild eines Polizisten, der Tätowierungen mit verfassungsfeindlichem Inhalt trug, und nachweislich Kontakte in die rechte Szene pflegte, führte letztlich zu einer erfolglosen Klage gegen seine Entfernung aus dem Beamtenverhältnis. Laut der Pressemitteilung des »Aktionsbündnis Muslimische Frauen« vom 23. April 2021 war allerdings nicht die Existenz der Tätowierungen ausschlaggebend für die Niederlage vor Gericht, sondern die Gesamtschau seines Verhaltens (Beweisfotos mit Hitlergruß, Gegenstände mit Bezug zum Nationalsozialismus in seiner Wohnung etc). In diesem Fall kam das Gericht zu dem Schluss, dass der Kläger »außenwirksame Folgerungen aus seiner Überzeugung gezogen und gelebt [hat]«. Das Gericht stellte jedoch auch fest, »dass das Verbot des Tragens bestimmter Tätowierungen einen Eingriff in das Persönlichkeitsrecht (Art. 2 Abs. 1 GG) ist und – wie jeder Grundrechtseingriff – einer gesetzlichen Grundlage bedarf« (Pressemitteilung AmF 2021). Diese Grundlage soll laut BMI der vorgelegte Gesetzentwurf bieten.

Dieser als Anlass aufgeführte Hintergrund setzt diskursiv das »äußere Erscheinungsbild« einer Person mit Hijab, die eigentlich mit Religionsfreiheit und körperlicher Selbstbestimmung zusammenhängt, mit dem äußeren Erschei-

---

be von Assimilationsmaßnahmen, staatlicher Beobachtung, Disziplinierung und Vertreibung machen« (Keskinkılıç 2019: 22).

nungsbild eines nachweislichen Neonazis gleich. Diese Analogie ist bereits in antimuslimischen Narrativen verwurzelt. Der Vergleich der islamischen Kopfbedeckung mit der »Flagge des IS« (Alice Schwarzer) oder mit der SS-Uniform ist eine häufig auftauchende Rhetorik, die Millionen von Muslim*innen weltweit, die den Hijab tragen, eine einheitliche, frauenfeindliche und demokratiefeindliche Ideologie zuschreibt. Dies hängt unmittelbar mit der fremdbestimmten und machtvollen Zuschreibung von rassistischem Wissen über »die Muslime« und »den Islam« zusammen. Dieses machtvolle Wissen schreibt sich gesellschaftlich als objektives Wissen ein, und normalisiert die fremdbestimmte hegemoniale symbolische Ordnung um den Hijab.

Während der Nazi sich einer Symbolik bedient, die explizit mit einer menschenfeindlichen Ideologie zusammenhängt, und diese Symbolik keinen anderen Zweck erfüllt als diese ideologische Zugehörigkeit zu repräsentieren, wird der Hijab, der nicht von jeder Hijab-Trägerin aus den gleichen Beweggründen oder auf die gleiche Weise getragen wird, darüber hinaus auch mit einer sehr persönlichen körperlichen Scham bzw. körperlichen Grenze zusammenhängen, und/oder als Bestandteil einer gottesdienstlichen Handlungen begriffen werden kann, aus einer eurozentristischen Deutungshoheit heraus definiert und entlang dieser Definition politisiert und problematisiert.

In dem oben genannten Gesetzentwurf geht es, unabhängig vom ursprünglichen Anlass, »nicht mehr nur um Tätowierungen mit verfassungswidrigen Inhalten, sondern auch um Kopftuch, Kippa und Schmuckkreuz. Auch geht es nicht mehr darum, das Tragen dieser religiös konnotierten Bekleidungs- oder Schmuckstücke zu verbieten, wenn die Träger*innen ein verfassungsfeindliches Verhalten an den Tag legen und ihnen damit nicht mehr das erforderliche Vertrauen entgegengebracht werden kann. Vielmehr wird eine solche Wirkung generell unterstellt, indem die äußere Erscheinung gleichgesetzt wird mit dem Verhalten einer Person« (AmF 2021). Im Umkehrschluss wird damit auch suggeriert, dass Beamt*innen, die keine religiösen Kleidungsstücke tragen, »neutraler« sind bzw. »neutraler« wahrgenommen werden.

Während nun dieser Beschluss und die Neutralitätsdebatten mit dem Argument operieren, dass das religiöse Erscheinungsbild von Beamt*innen hypothetisch bei antizipierten Bürger*innen dazu führen könnte, dass sie aufgrund des Erscheinungsbildes der/des Beamt*in die Neutralität des Staates anzweifeln, begeht der Staat, um dieses hypothetische Szenario zu vermeiden, einen realen und existenziellen Verstoß gegen die staatliche Neutralitätspflicht. Denn während es sich bei dem vermeintlichen Anlass des Gesetzentwurfes (Beamter mit verfassungsfeindlichen Tätowierungen) um einen nachweislichen Zusammenhang zwischen Erscheinungsbild (Tätowierungen) und individueller politischer Gesinnung (Fotobeweise etc.) handelt, ist die pauschale Betroffenheit und somit Benachteiligung von Beamt*innen mit Kippa und Hijab bereits inhärent wertend. Der Gesetzgeber suggeriert damit, dass die Sichtbarkeit religiöser Praxis etwas Negatives ist, das vermieden werden muss und die Unsichtbarkeit religiöser und weltanschaulicher Praxis wird somit als positiv gewertet. Als Resultat werden damit Religions- und Weltanschauungsgruppen, die Bekleidungspflichten kennen, im Vergleich zu jenen ohne Bekleidungspflichten, benachteiligt (vgl. AmF 2021). Das betrifft vor allem Juden und Muslim*innen. Diese Ungleichbehandlung stellt eine deutliche Verletzung der staatlichen Neutralität dar, denn nach Rechtsprechung des Bundesverfassungsgerichts »muss der Staat allen Religionen und Weltanschauungen in gleicher Weise fördernd (und nicht abwehrend) gegenüberstehen und keine der Religionen oder Weltanschauungen bevorzugen oder benachteiligen« (AmF 2021).

In der Pressemitteilung des Aktionsbündnis Muslimischer Frauen heißt es weiter: »Dadurch, dass der Gesetzgeber die Sicht des objektiven Dritten zum Maßstab der Voreingenommenheit macht, stellt er gleichzeitig Vorurteile, Ressentiments und vielleicht sogar rassistische Einstellungen unter grundrechtlichen Schutz und wertet sie höher als die Religionsfreiheit.[…] Das Gesetz stärkt Stereotype mit allen daraus resultierenden Folgen dass nun – trotz der zunehmenden politischen und gesellschaftlichen Polarisierung – die Bundesregierung ein Gesetz anstrebt, das diesen freien Zugang abschafft, ist fatal. Es stigmatisiert vor allem Musliminnen und jüdische Männer als Menschen, denen, wenn sie hoheitlich tätig sind, von vornherein – sozusagen mit staatlichem Segen – mit Misstrauen begegnet werden kann. Er verstärkt bei den vom Verbot betroffenen Gruppen Zukunftsängste und adelt eine vorurteilsbeladene Sicht auf Menschen, die sichtbar religiös sind. Statt die gesellschaftliche Vielfalt zu verteidigen, auf die Qualität der staatlichen Ausbildung zu vertrauen und alle Chancen gleich zu verteilen […] befördert der Gesetzentwurf die Teilung der Gesellschaft in ›ihr‹- und ›wir‹-Gruppen. Der vorgelegte Gesetzentwurf gibt vor, seine Legitimation des Verbots von Kopftuch, Kippa und Kreuzkette zur Sicherstellung der staatlichen Neutralität aus der Entscheidung des Bundesverfassungsgerichts zum Tragen eines Kopftuches im Rechtsreferendariat zu ziehen. Zudem stellt das Bundesverfassungsgericht fest: ›Das Verwenden eines religiösen Symbols im richterlichen Dienst ist für sich genommen nicht geeignet, Zweifel an der Objektivität der betreffenden Richter zu begründen.‹ Deutlicher lässt sich nicht belegen: Ginge das Bundesverfassungsgericht von einer Verletzung der staatlichen Neutralität durch das bloße Tragen eines religiösen oder weltanschaulichen Zeichens aus, wäre das Abwägungsverhältnis anders ausgefallen und der Gesetzgeber hätte nicht die Wahl, ein Verbot zu erlassen oder eben auch nicht. Wenn das für den Bereich der Richter*innen und Staatsanwält*innen gilt, dann gilt es umso mehr für Bereiche, in denen bisher noch nie von der

Existenz oder Notwendigkeit einer bereichsspezifischen Neutralität die Rede war. Die Entscheidung des BMI, mit dem neuen Gesetz alle Beamt*innen zu adressieren, ist also keiner verfassungsrechtlichen Vorgabe geschuldet, sondern (politisch) gewollt.« (AmF 2021).

Selektive Neutralität. Die Politisierung muslimischer Körper

Die Politisierung von muslimischen Körpern bzw. die Politisierung des Islam fängt nicht erst mit der pauschalen und universellen Wertung des Hijab als »patriarchales Symbol« an, sondern bereits mit der Unterstellung, dass der Hijab in erster Linie eine »religiöse Bekundung« sei.

Den Hijab verallgemeinernd auf eine religiöse Bekundung zu reduzieren, unterschlägt die vielen Stimmen von ganz unterschiedlichen Muslim*innen, die den Hijab tragen. Oft wird eine »Selbstabgrenzung« unterstellt, obwohl viele Hijab-Träger*innen den Hijab als eine gottesdienstliche Handlung wie das Fasten oder das Beten kategorisieren. Daher greift es selbst in gutgesinnten Debatten um das Neutralitätsgesetz und den Hijab zu kurz, sich auf Glaubens- und Bekenntnisfreiheit zu fokussieren. Der Ansatz der körperlichen Selbstbestimmung kommt hierbei noch viel zu oft zu kurz. Diese Vorgehensweise hat koloniale Kontinuität und wird daher als postkoloniale Fortschreibung begriffen (Amir-Moazami 2018: 13). Man mag hier vielleicht zunächst an mehrheitlich muslimische Länder denken, in denen im Zuge der Kolonisierung »Zwangsentschleierungen« durchgeführt wurden (vgl. Fanon 1961), – etwa Algerien und Tunesien. An dieser Stelle ist es jedoch sinnvoll daran zu erinnern, dass Kolonialismus nicht nur nachwirkende Folgen für kolonisierte Länder hatte, sondern auch für die Kolonisierer*innen. Die Art und Weise, wie der »globale Norden« auf den »globalen Süden« blickt, wie er benennt und zuschreibt, was bereits Namen und Zuschreibung besitzt, stellt eine der vielfältigen postkolonialen Fortschreibungen dar.

Amir-Moazami führt dies weiter und bezieht sich auf Säkularität als Regierungstechnik: »Dass der Islam entsprechend nach wie vor unter das moderne Klassifikationssystem ›Religion‹ subsumiert wird, Muslime selbst an der Begriffsbildung jedoch kaum beteiligt sind, spricht für jene Kontinuitäten, die postkoloniale Denker seit Jahrzehnten aufzuzeigen versuchen.« (Amir-Moazami 2018: 14) Säkularität müsse, so Amir-Moazami, als religionsordnende und klassifizierende Größe in den Blick genommen werden (Amir-Moazami 2018: 19), da die »gegenwärtige Wissensproduktion zu Muslimen in Europa und generelle Kategorisierungen des Islams als anders oder als unverhältnismäßig zu inspizierende Größe [...] in ihren säkularen Machtverhältnissen begriffen« werden müssen (ebd.). Diese Wissensproduktionen seien nicht etwa dem »konkreten Forschungsgegenstand ›Muslim‹ geschuldet«, sondern (re)aktiviere vielmehr die Epistemologien, »[...] die dem Gegenstand selbst vorausgehen« (ebd.: 14). Demnach sei unter Säkularität keine »ontologische Konstante zu verstehen, die Religion schlechterdings aussondern« (ebd.: 19). Vielmehr verstehen Amir-Moazami et. al. Säkularität in dem bereits erwähnten Band als eine »durch moderne Wissensproduktion auf unterschiedliche Weise beförderte, aber fluide Matrix, die Religion befragt, verwaltet, zähmt und reguliert und die auf verschiedene Weise darüber bestimmt, wo die Grenzen zwischen dem Religiösen und dem Politischen zu ziehen sind« (ebd.).

Der politische Anthropologe Irfan Ahmad argumentiert, dass die europäische Aufklärung »keinen Bruch mit dem Christentum, sondern vielmehr eine Neueinschreibung des Letzteren« bedeutete. Kant habe zum Beispiel »das protestantische Christentum als rational vorausgesetzt, um andere Religionen zu kritisieren. Während er das Judentum als ›eigentlich gar keine Religion‹ betrachtete, galt ihm der Islam als Antithese zu allem vermeintlich Rationalem.« (Ahmad 2021) Ähnlich funktionieren gegenwärtige Diskurse, die »Säkularität« als ideengeschichtliche Errungenschaft der Aufklärung begreifen, die mit dem Christentum gebrochen habe und entsprechend mit »Neutralität« gleichzusetzen sei. Aus dem »rationalen«, »zivilisierten« Christentum der kolonialen Missionierungen wurde die vermeintlich areligiöse, neutrale und universelle Säkularität, die gleichzeitig die Deutungsmacht über Neutralität besitzt und nun als intervenierende und disziplinierende Instanz über muslimische Religionspraktiken bestimmt.

Die sich stets wiederholenden Diskurse über islamische Körperpraktiken im öffentlichen Raum beschreibt Amir-Moazami als »säkulare Praxis« die »permanent legitime von illegitimen Formen von Religionsausübung unterscheiden und damit auch religionsproduzierend wirken« (Amir-Moazami 2018: 21). Immer wieder wird in Diskursen über die Frage gestritten, ob das Kopftuch repressiv oder emanzipierend sei, ob es die staatliche Neutralität gefährde oder nicht. Nach Amir-Moazami besteht die Wirkmächtigkeit säkularer Epistemologien nicht in einer »ein für alle Mal vorgegebenen Religionsnorm«, als vielmehr darin, »dass der Rahmen der Fragen abgesteckt ist, innerhalb dessen über die (Un-)Zulässigkeit von Religiosität öffentlich verhandelt und wissenschaftlich nachgedacht wird« (ebd.: 20).

Diesen Diskursen liegt die bereits angesprochene koloniale Kontinuität inne, in denen die »Erste Welt« das Privileg besitzt, epistemische Ordnungen vorzudefinieren, ohne die Betroffenen selbst an der Begriffsbildung zu beteiligen. Foucaults Diskursanalyse und Studien zur Gouvernementalität bieten sich hier nach Brigitte Kerchner dafür an, kritisch nachzufragen, »welche überkommenen Denk- und Wissensordnungen eigentlich die Politik der Gegenwart strukturieren« (Kerchner 2006: 34). Sexualität und Geschlechtervorstellungen stellen laut Meyda Yeğenoglu »die wesentlichen Bezugsrahmen des europäischen Orientalismus« dar (Keskinkılıç 2019: 51 n. Yeğenoglu 1998). Vor diesem Hintergrund ist es kein Zufall, dass ausgerechnet islamische Körperpraktiken im Zentrum politischer Inspektionen und hegemonialer Wissens- und Wahrkeitkonstruktionen stehen. Keskinkılıç schreibt hierzu, dass der antimuslimische Rassismus sich »nicht für die Wahrheit der Anderen interessiert, sondern jene Wahrheit produziert, die es ermöglicht, ihre Kontrolle und Ausgrenzung, ihre Diskriminierung und Benachteiligung zu legitimieren.« (Keskinkılıç 2019: 31)

Fazit

Während die Neutralitätsdebatten unter der verkehrten Prämisse geführt werden, dass staatliche Neutralität als solche jemals erreicht werden kann und dies abgekürzt über die Unsichtbarmachung marginalisierter Religionsgruppen erreicht werden könne, gerät die Kritik an der normativen und religionsproduzierenden Funktion von Säkularität stets in den Hintergrund. Juristische und intellektuelle Debatten um »Neutralität des Staates vs. Religionsfreiheit« blenden häufig sowohl die hegemonialen und politisch wirkmächtigen Diskurse über Muslim*innen, als auch die Tatsache, dass diese Debatten und Gesetze eben jene bereits stigmatisierten Muslim*innen besonders (be)treffen werden, aus.

Während die Ausgangslage des am 7. Mai 2021 im Bundesrat beschlossenen »Gesetz zur Regelung des Erscheinungsbilds von Beamtinnen und Beamten sowie zur Änderung weiterer dienstrechtlicher Vorschriften« die nachweisliche rechtsradikale Gesinnung eines Polizeibeamten war, ist das Resultat nicht etwa eine von Rassismus-Expert*innen seit längerer Zeit geforderte Rassismus-Studie bei der Polizei bzw. andere Praktiken, die sich auf rechte Gesinnungen bei der Polizei und dem Verfassungsschutz konzentrieren, sondern ein Gesetz, das langfristig Muslim*innen stigmatisieren und von der Ausübung ihrer Berufe abhalten wird. Nachhaltige Folgen antimuslimischer Diskurse zeichnen sich bereits immer wieder in antimuslimischen Angriffen auf Personen und Moscheen ab. Die berufliche Diskriminierung von Muslim*innen hingegen bereitet den Nährboden für ihre Prekarisierung, und ist somit nicht nur ein antirassistisches Anliegen, sondern ein intersektionales Problem, dass entlang der Achsen »*class, race and gender*« operiert. In der einseitigen Inspektion und Stigmatisierung des Hijab sehen Sarah Bracke und Nadia Fadil die Normalisierung all jener »genderspezifischen Körperpraktiken [...], die nicht dem islamischen Register zugeordnet werden« (Amir-Moazami 2018: 20 n. Bracke/Fadil 2018).

Vor dem Hintergrund der skizzierten Theorien und Analysen ordne ich sogenannte Neutralitätsdebatten als Werkzeug der Gouvernementalität ein, die im Zusammenspiel mit Wissensregimen und kolonialen Kontinuitäten operieren und der Stabilisierung deutscher bzw. europäischer Identitätskonstruktionen dienen, indem sie sich von ihrem muslimischen, orientalischen, kolonisierten »Anderen« positiv abgrenzen. In dieser positiven Abgrenzung werden Muslim*innen zu einem stetigen Sicherheitsrisiko, das der besonderen staatlichen Aufmerksamkeit und entsprechender Regierungspraktiken bedarf.

Literatur

Ahmad, Irfan (2021): Islam als Kritik, in: www.disorient.de, 18.5., online: www.disorient.de/magazin/islam-als-kritik (zuletzt 12.6.2023).

Ahmed, Aischa (2017): ›Na ja, irgendwie hat man das ja gesehen‹. Passing in Deutschland – Überlegungen zu Repräsentation und Differenz, in: Eggers, Maisha/Kilomba, Grada/Piesche, Peggy/Arndt, Susan (Hrsg.): Mythen, Masken und Subjekte. Kritische Weißseinsforschung in Deutschland, 3. Aufl., Münster, S. 470–492.

Aktionsbündnis Muslimischer Frauen [AmF] (2021): Information zur gesetzlichen Regelung des Erscheinungsbilds von Beamtinnen und Beamten, in: www.muslimische-frauen.de, 23.4., online: muslimische-frauen.de/2021/04/23/bundesgesetz-erscheinungsbilds-von-beamt-innen/ (zuletzt 12.6.2023).

Amir-Moazami, Schirin (Hrsg.) (2018): Der inspizierte Muslim. Wissensproduktion und Machtreproduktion im Forschungsfeld Islam in Europa, Bielefeld.

Aslan, Emine/Fereidooni, Karim (2019): Same same but different?! Von Fluchthelfer_innen und Schleuser_innenbanden, in: Dimbath, Oliver/Kinzler, Anja/Meyer, Katinka (Hrsg): Vergangene Vertrautheit? Soziale Gedächtnisse des Ankommens, Aufnehmens und Abweisens. Wiesbaden, S. 43–73.

Attia, Iman (2009): Die »westliche Kultur« und ihr Anderes. Zur Dekonstruktion von Orientalismus und antimuslimischem Rassismus, Bielefeld.

O.A. (2014): Interview mit Iman Attia. Antimuslimischer Rassismus. Sie werden als Fremde behandelt, in: www.islamiq.de, 22.6., online: www.islamiq.de/2014/06/22/antimuslimischer-rassismus-sie-werden-als-fremde-behandelt/ (zuletzt 12.6.2023).

Attia, Iman/Keskinkılıç, Ozan Zakariya/Okcu, Büşra (2021): Muslimisch sein im Sicherheitsdiskurs. Eine rekonstruktive Studie über den Umgang mit dem Bedrohungsszenario, Bielefeld.

Anderson, Benedict (1996): Die Erfindung der Nation. Zur Karriere eines folgenreichen Konzepts, Frankfurt a.M.

Balibar, Ètienne (1990): The Nation Form: History and Ideology. in: Fernand Braudel Center (Hrsg.): Review, Vol. 13, Nr. 3, New York, USA, S. 329–361.

Balibar, Ètienne/ Wallerstein, Immanuel (1992): Rasse, Klasse, Nation. Ambivalente Identitäten, 2. Aufl., Hamburg.

Balibar, Ètienne (2002): Kultur und Identität, in: Demirovic, Alex/Bojadzijev, Manuela (Hrsg.): Konjunkturen des Rassismus, Köln, S. 136-156.

Berger, Peter L./ Luckmann, Thomas (1989): Die gesellschaftliche Konstruktion der Wirklichkeit. Eine Theorie der Wissenssoziologie, Frankfurt a.M.

Bracke, Sarah/Fadil Nadia (2018): Ist das Kopftuch unterdrückend oder emanzipatorisch? Feldnotizen aus der Multikulturalismusdebatte, in: Amir-Moazami, Shirin (Hrsg.): Der inspizierte Muslim. Zur Politisierung der Islamforschung in Europa, Bielefeld.

Butler, Judith (2010): Raster des Krieges. Warum wir nicht jedes Leid beklagen, Frankfurt a.M.

Chow, Rey (2002): The Protestant Ethnic and the Spirit of Capitalism, New York.

Eggers, Maureen Maisha (2005): Rassifizierung und kindliches Machtempfinden. Wie schwarze und weiße Kinder rassifizierte Machtdifferenz verhandeln auf der Ebene der Identität, Dissertation, Kiel, online: macau.uni-kiel.de/servlets/MCRFileNodeServlet/dissertation_derivate_00002289/Dissertation_Maureen_Eggers.pdf (zuletzt 12.6.2023).

Eggers, Maureen M. (2015): Rassifizierte Machtdifferenz als Deutungsperspektive in der kritischen Weißseinsforschung in Deutschland, in: Eggers, Maureen M./Kilomba, Grada/Pietsche, Peggy/Arndt, Susan (Hrsg.): Mythen, Masken, Subjekte. Kritische Weißseinsforschung in Deutschland, 2. Auflage, Münster, S. 56–72.

El-Tayeb, Fatima (2016): Undeutsch. Die Konstruktion des Anderen in der postmigrantischen Gesellschaft, Bielefeld.

Emcke, Carolin (2010): Kollektive Identitäten. Sozialphilosophische Grundlagen, 2. Aufl., Frankfurt a.M.

Fanon, Franz (1961): The Wretched of the Earth, London.

Foucault, Michel (1976): Recht über den Tod und Macht zum Leben; In Verteidigung der Gesellschaft, in: Folkers, Andreas/Lemke, Thomas (Hrsg.) (2014): Biopolitik. Ein Reader, 1. Aufl., Berlin, S. 65–117.

Foucault, Michel (2003): Die »Gouvernementalität« (Vortrag), in: ders. Dits et Ecrits. Schriften. Dritter Band, Frankfurt a.M., S. 796–822.

Deutsche Bundesregierung, 19. Wahlperiode (2021): Gesetz zur Regelung des Erscheinungsbilds von Beamtinnen und Beamten sowie zur Änderung weiterer dienstrechtlicher Vorschriften, Berlin 19.2., online: dserver.bundestag.de/btd/19/268/1926839.pdf (zuletzt 12.6.2023).

Wikipedia (2020): Gouvernementalität, Artikel Stand 23.7., online: de.wikipedia.org/w/index.php?title=Gouvernementalit%C3%A4t&oldid=202137047 (zuletzt 28.8.2023).

Hall, Stuart (1990): Cultural Identity and Diaspora, in: Jonathan Rutherford (Hrsg.): Identity. Community, Culture, Difference, London, S. 222–237.

Haraway, Donna (1988): Situated Knowledges. The Science Question in Feminism and the Privilege of Partial Perspective, in: Feminist Studies Vol. 14, Nr. 3, S. 575–599.

Harding, Sandra (Hrsg.) (2004): The Feminist Standpoint Theory Reader. Intellectual and Political Controversies, New York/London.

Informations- und Dokumentationszentrum für Antirassismusarbeit e.V.: Essentialisierung, Glossar des Arbeitsbereichs des IDA, unter: www.idaev.de/recherchetools/glossar?tx_dpnglossary_glossary%5Baction%5D=list&tx_dpnglossary_glossary%5Bcontroller%5D=Term&tx_dpnglossary_glossary%5BcurrentCharacter%5D=E&cHash=41bf59c0ab1dee21ea076c47f1fa58ff (zuletzt 12.6.2023).

Kerchner, Brigitte (2006): Diskursanalyse in der Politikwissenschaft. Ein Forschungsüberblick, in: Kerchner, Brigitte/Schneider, Silke (Hrsg.): Foucault. Diskursanalyse der Politik. Eine Einführung, 1. Aufl., Wiesbaden, S. 33-67.

Keskinkılıç, Ozan Zakariya (2019): Die Islamdebatte gehört zu Deutschland. Rechtspopulismus und antimuslimischer Rassismus im (post-)kolonialen Kontext, Berlin.

Lemke, Thomas (2008): Eine Analytik der Biopolitik. Überlegungen zu Geschichte und Gegenwart eines umstrittenen Begriffs, in: Adamowsy, Natascha/Bröckling, Ulrich et.al.: Behemoth. A Journal on Civilisation, Nr. 1, Sankt Augustin, S. 72–89.

Mignolo, Walter M. (2009): Epistemic Disobedience, Independent Thought and Decolonial Freedom, in: Sage Publications (Hrsg.): Theory, Culture & Society, Vol. 26, Nr. 7-8, London, S. 159–181.

Piesche, Peggy (1999): Identität und Wahrnehmung in literarischen Texten Schwarzer deutscher Autorinnen der 90er Jahre, in: Gelbin, Cathy S./Konuk, Kader/Piesche, Peggy (Hrsg.): AufBrüche. Kulturelle Produktionen von Migrantinnen, Schwarzen und jüdischen Frauen in Deutschland, Königstein/Taunus, S. 195–205.

Reckwitz, Andreas (2012): Subjekt, 3. Aufl., Bielefeld.

Rommelspacher, Birgit (2005): Was ist eigentlich Rassismus? Vortrag auf der Tagung des Informations- und Dokumentationszentrum für Antirassismusarbeit e.V. (IDA) »Rassismus – eine Jugendsünde?«. Bonn. online: www.birgit-rommelspacher.de/was_ist_rassismus.pdf (Stand: 2.11.2017).

Scherschel, Karin (2006): Rassismus als flexible symbolische Ressource. Eine Studie über rassistische Argumentationsfiguren, Bielefeld.

Shooman, Yasemin (2014): …, weil ihre Kultur so ist. Narrative des antimuslimischen Rassismus, Bielefeld.

Soyer, Francois (2018): Glaube, Kultur und Angst. Antimuslimischer Rassismus im Spanien der Frühen Neuzeit und im Europa des 21. Jahrhunderts – ein Vergleich, in: Attia, Iman/Popa, Mariam (Hrsg.): BeDeutungen dekolonisieren. Spuren von (antimuslimischem) Rassismus, Münster, S.126–148.

Spivak, Gayatri C. (1985): The Rani of Sirmur. An Essay in Reading the Archives, in: Wiley-Blackwell (Hrsg.): History and Theory, Vol. 24, Nr. 3, Hoboken, New Jersey S. 247–272.

Terkessidis, Mark (2004): Die Banalität des Rassismus. Migranten zweiter Generation entwickeln eine neue Perspektive, Bielefeld.

Wollrad, Eske (2005): Weißsein im Widerspruch. Feministische Perspektiven auf Rassismus, Kultur und Religion, Königstein/Taunus.

Die Autor*innen

Emine Aslan ist Autor*in, Trainer*in und Community Organizer*in mit dem Schwerpunkt (antimuslimischer) Rassismus, intersektionaler Feminismus, soziale Gerechtigkeit und Erinnerungspolitik. 2016 wurde Emine gemeinsam mit weiteren Feminist*innen für die #ausnahmslos Kampagne mit dem Clara Zetkin Preis für politische Intervention ausgezeichnet.

Biplab Basu ist Historiker und seit 2001 Mitarbeiter bei ReachOut, einer Beratungsstelle für Opfer rechter, rassistischer und antisemitischer Gewalt in Berlin. 2002 gründete er die »Kampagne für Opfer rassistischer Polizeigewalt« (KOP) und 2019 das Bündnis »Death in Custody«, eine Stelle, die Todesfälle in Gewahrsam dokumentiert.

To Doan arbeitet als freie*r Autor*in, Schreibcoach und Researcher in Berlin und schreibt Theater- und Prosatexte, Gedichte sowie Artikel zu Rassismuskritik und intersektionaler Diskriminierung. Gelegentlich bietet To Schreibgruppen und -Workshops an. To's Text »Riskant. Vögel aufscheuchen« wurde 2023 am Ballhaus Naunynstraße uraufgeführt. Eine Überschreibung von Mary Shelleys »Frankenstein« entstand zudem in Co-Autor*innenschaft mit Julienne De Muirier am Theater Lübeck.

Saraya Gomis lernt und lehrt und schreibt hier basierend auf dem Wissen, der Kompetenz und Erfahrung von Vielen und insbesondere der Antidiskriminierungsberatung.

Klaus Kohlmeyer ist Autor, Journalist und Politikberater zum Abbau von Diskriminierung und Ausgrenzung beim Zugang zum Arbeitsmarkt in Berlin. Er ist Vorstandsmitglied der Eberhard-Schultz-Stiftung für Soziale Menschenrechte und Partizipation in Berlin.

Dr. Emilia Roig ist Gründerin und Direktorin des Center for Intersectional Justice (CIJ) und Autorin des Buches »Why We Matter. Das Ende der Unterdrückung«. Sie ist Dozentin im Social Justice Study Abroad Program der DePaul University of Chicago an der Hertie School of Berlin und lehrt zu Intersektionalitätstheorie, Postkoloniale Studien, kritische Rassismusforschung und internationalem und europäischem Recht. Sie hat in Politikwissenschaft promoviert, hat einen Master of Public Policy und einen MBA in Völkerrecht. Sie war Jurymitglied des Deutschen Sachbuchpreises in 2020 und in der Jury des 25. Frauen Awards der Edition F in 2019. 2020 wurde sie als Ashoka Fellow ernannt.

Eberhard Schultz streitet seit bald fünf Jahrzehnten als engagierter Rechtsanwalt und Menschenrechtler für seine Mandant*innen und gegen Menschenrechtsverletzungen. Er ist Vorstandsmitglied der Internationalen Liga für

Menschenrechte und Gründer und Vorstandsmitglied der Eberhard-Schultz-Stiftung für soziale Menschenrechte und Partizipation.

Gün Tank ist Autorin (Debütroman: »Die Optimistinnen. Roman unserer Mütter«) und Moderatorin. Sie hat die Geschäftsstelle der neuen deutschen organisationen mitaufgebaut und geleitet, einem bundesweiten Netzwerk, das sich für die gleichberechtigte Teilhabe von Menschen of Color und Schwarzen Menschen einsetzt. Neun Jahre lang war sie Integrationsbeauftragte eines Berliner Bezirks. Heute ist sie Beauftragte für Menschen mit Behinderung.

Parto Tavangar ist Erziehungswissenschaftlerin und seit 2021 Beraterin und Bildungsreferentin bei ReachOut – Beratungsstelle für Opfer rechter, rassistischer und antisemitischer Gewalt. Sie engagiert sich seit 2021 auch bei der Kampagne für Opfer rassistischer Polizeigewalt – KOP. Sie arbeitet und engagiert sich seit 2010 im Bereich der Flucht, des institutionellen Rassismus, dem Antidiskriminierungs- und Anti-Gewalt-Bereich.

Deniz Utlu ist Schriftsteller und Essayist, lebt und arbeitet in Berlin. Für einen Auszug aus dem Roman »Vaters Meer« (2023, Suhrkamp Verlag) erhielt er den Alfred-Döblin-Preis. 2019 erschien der Roman »Gegen Morgen« (Suhrkamp Verlag). Sein erster Roman »Die Ungehaltenen« (2014, Graf Verlag) wurde im Maxim Gorki Theater für die Bühne adaptiert. 2017 bis 2019 schrieb er für den Tagesspiegel die politische Kolumne »Einträge ins Logbuch«. Seine Essays erschienen im Feuilleton und in Anthologien (etwa in dem Sammelband »Eure Heimat ist unser Albtraum«, hrsg. von Fatma Aydemir und Hengameh Yaghoobifarah). Von 2003 bis 2014 gab er das Kultur- und Gesellschaftsmagazin »freitext« heraus. Utlu forscht am Deutschen Institut für Menschenrechte in Berlin zu internationaler Menschenrechtspolitik. Er lehrt literarisches Schreiben am Deutschen Literaturinstitut Leipzig sowie am Institut für Sprachkunst, Wien. www.denizutlu.de.

Koray Yılmaz-Günay ist seit den 1990er-Jahren politischer Bildner, Publizist und Aktivist, vor allem in den Themenfeldern Migration, (Anti-)Rassismus, Patriarchats-Kritik und queere Lebensweisen. Nach zahlreichen eigenen Publikationen hat er den »Verlag Yılmaz-Günay« gegründet, in dem vor allem Menschen of Color zu Fragen der Intersektionalität veröffentlichen. Hauptberuflich leitet er seit Januar 2020 die Geschäftsstelle des Migrationsrates Berlin.

Glossar

Empowerment bezeichnet sowohl den Prozess der Selbstermächtigung als auch die Strategien und Maßnahmen der professionellen Unterstützung der Menschen, ihre Gestaltungsspielräume und Ressourcen wahrzunehmen und zu nutzen.

Gouvernementalität umfasst die Gesamtheit an Strukturen und Maßnahmen, »gebildet aus den Institutionen, den Verfahren, Analysen und Reflexionen, den Berechnungen und den Taktiken, die es gestatten, diese recht spezifische und doch komplexe Form der Macht auszuüben, die als Hauptzielscheibe die Bevölkerung, als Hauptwissensform die politische Ökonomie und als wesentliches technisches Instrument die Sicherheitsdispositive hat.« Aslan, Emine in diesem Band mit Verweis auf Foucault (2003) und Wikipedia (2020).

Institutioneller Rassismus: Anders als der »strukturelle Rassismus« bezeichnet der »institutionelle Rassismus« konkrete Akteur*innen, nämlich die gesellschaftlichen Institutionen und die dort agierenden Menschen, von Polizist*innen über Lehrer*innen und Ärzt*innen bis hin zu Bankangestellten. Basis ist »die Summe der individuellen Handlungen und Entscheidungen, die von Menschen in Machtpositionen durchgeführt und getroffen werden« (vgl. Roig 2021, S. 79). Hierunter fallen umfassend »die von Institutionen der Gesellschaft, von ihren Gesetzen, Normen und staatlichen Institutionen ausgehen, unabhängig davon, inwiefern Akteur*innen innerhalb der Institutionen absichtsvoll handeln oder nicht« (Schultz 2023 in diesem Band). Sie handeln nicht vereinzelt, sondern auf Basis »kollektiver Vorurteile« und Interpretationen ihrer Lebensrealität, die einer gemeinsamen Quelle entspringt (vgl. Aslan 2023 in diesem Band) und zwar dauerhaft und gleichzeitig. In ihrer Gesamtwirkung bilden sie die »strukturelle Dimension von Diskriminierung und Unterdrückung« (Roig ebd., 80).

Intersektionalität beschreibt die Analyse verschiedener Diskriminierungsformen, die sich gleichzeitig gegen eine Person richten (z.B. rassistische, sexistische und klassistische Diskriminierung). Sie erscheinen nicht als isoliert voneinander, sondern sind in ihren Wechselwirkungen und Überkreuzungen (englisch *intersections*) zu betrachten (vgl. Roig in diesem Band).

Othering beschreibt die »Markierungspraxis […] rassifizierter Machtdifferenz« (Eggers 2009a: 59, 62). »Basierend auf ›Wir‹-›Ihr‹-Konstruktionen wird das ›Ihr‹ zum/zur vermeintlich gänzlich Anderen, der/die im Gegensatz zum ›Wir‹ als weniger emanzipiert, aufgeklärt, tolerant, demokratisch, gebildet etc. gedacht wird. Es werden elementare Differenzen konstruiert, die negativ bewertet und betont werden.« Aslan, Emine in diesem Band mit Verweis auf Spivak (1985).

Positive Maßnahmen sind alle Aktivitäten, die implementiert werden, um eine vollständige und effektive Chancengleichheit für alle Mitglieder der Gesellschaft zu gewährleisten, die benachteiligt sind oder anderweitig die Folgen vergangener oder gegenwärtiger Diskriminierung zu erleiden haben.

Racial Profiling beschreibt die rassistische Kontrolle von Polizei-/Sicherheits-/ Einwanderungs- und Zollpersonal. Ohne einen konkreten Anhaltspunkt oder Verdacht werden rassialisierte Personen verstärkt kontrolliert und kriminalisiert, somit als kriminell dargestellt, um die angewendete Gewalt zu begründen. Siehe Basu, Biplab in diesem Band.

Rassialisierung bedeutet die Zuschreibung kollektiver quasi-biologischer und/ oder kultureller Eigenschaften (z.B. Aussehen, Hautfarbe, ethnische Herkunft), die die Wahrnehmung bestimmter Gruppen als nicht-zugehörig erlaubt, auch wenn sie bereits Teil der Gesellschaft sind.

Rassialisiert oder auch **rassifiziert** meint, dass bestimmte Merkmale herangezogen werden, damit Menschen als erkennbar »anders«, »nicht-deutsch« bzw. »nicht von hier« verstanden werden (Mecheril & Melter 2010: 156).

Abkürzungen

ADVD	Antidiskriminierungsverband
AGG	Allgemeines Gleichstellungsgesetz
AmF	Aktionsbündnis Muslimischer Frauen
ARI	Antirassitische Initiative Berlin
AsylG	Asylgesetz
AsylbLG	Asylbewerberleistungsgesetz
BAMF	Bundesamt für Migration und Flüchtlinge
BeNeDiSK	Berliner Netzwerk gegen Diskriminierungen in Schulen und Kitas
BVerwG	Bundesverwaltungsgericht
BverfG	Bundesverfassungsgericht
BverfGE	Entscheidungen des Bundesverfassungsgerichts
CERD	UN-Ausschuss gegen Rassendiskriminierung
CIJ	Center for Intersectional Justice
ECHR	Europäische Menschenrechtskonvention
EGMR	Europäischer Gerichtshof für Menschenrechte
EMRK	Europäische Menschenrechtskonvention
ICERD	Internationales Übereinkommen zur Beseitigung jeder Form von Rassendiskriminierung
KOP	Kampagne für Opfer rassistischer Polizeigewalt
LADG	Landesantidiskriminierungsgesetz
LSBTI	Lesben, Schwulen, Bisexuellen, Transsexuellen und Intersexuellen
NSU	Nationalsozialistischer Untergrund
PartMigG	Partizipations- und Migrationsgesetz
POC	für People of Color
RKI	Robert-Koch-Institut
SEK	Spezialeinsatzkommando
TBB	Türkischer Bund Berlin-Brandenburg
UDHR	Universal Declaration of Human Rights/ Allgemeine Erklärung der Menschenrechte
UN	Vereinte Nationen
WHO	Weltgesundheitsorganisation